江西理工大学经济管理学院学术著作出版基金资助

U0668985

赣南脐橙产业
高质量发展研究

Study on High Quality Development of
Navel Orange Industry in Gannan

钟少君 许菱 吴梦琪 刘惠 | 著

中南大学出版社
www.csupress.com.cn
·长沙·

前 言

　　赣南脐橙是享誉全国的"兴农果""富民果"，作者通过认真学习习近平总书记及党中央关于市场主体保护和高质量发展指示、会议精神，从我国特色产业发展和市场主体改革创新视角出发，结合赣州建设革命老区高质量发展示范区实际，围绕新时代赣南脐橙产业和市场主体的高质量发展问题，探索促进产业兴旺以及激发市场主体活力的发展路径，助力乡村振兴以及中国梦的实现。笔者在赣州市市场监督管理局的支持下，对赣南脐橙产业进行了考察调研。

　　全书对赣南脐橙产业高质量发展进行分析，基于赣南脐橙产业的市场主体发展情况，分析了其产业竞争力水平、产业链成熟度水平、就业增收效应、产业高质量发展指数等，指出了现阶段赣南脐橙产业发展面临的问题并提出了相关建议，可为政府决策、橙农和脐橙生产加工企业等提供参考，力求让读者对现阶段赣南脐橙产业经营和市场主体发展情况有较深刻的理解。

　　全书共分七章：

　　第一章，导论，由钟少君编写。首先，阐述了赣南脐橙产业高质量发展的研究背景、研究目的及研究意义；然后，梳理了高质量发展、赣南脐橙产业发展现状的研究成果，并客观评价，在文献述评中提出了本书的三点创新；最后，阐述了研究方法和研究内容，构建了技术路线图。

　　第二章，赣南脐橙产业市场主体高质量发展分析，由许菱编写。首先，从赣南脐橙产业种植面积、产量、品牌价值、出口、产业发展历程、相关政府政策支持文件、未来发展路径等方面对赣南脐橙产业进行了讨论；然后，从赣南脐橙产业市场主体累计登记注册量、市场主体累计保有量、市场主体组织形式发展、市场主体注册资金、市场主体存续时长等产业市场主体发展情况等方面，对赣南脐橙市场主体进行了讨论；最后，总结出赣南脐橙产业市场主体的发展特点。

第三章，赣南脐橙产业竞争力研究，由凌金云编写。首先，运用 CiteSpace 对作者合作、机构合作、关键词共现和研究前沿进行分析；然后，对关于产业竞争力相关理论研究和产业竞争力水平评价的模型方法进行了梳理与总结；最后，在此基础上，构建了赣南脐橙产业竞争力评价指标体系，运用主成分分析法对2013—2021 年赣南脐橙产业竞争力水平进行综合评价。

第四章，赣南脐橙产业链成熟度研究，由王亚楠编写。首先，对产业链的内涵、产业链类型、产业链指标评价体系、产业链发展的相关研究进行梳理与总结；然后，对赣南脐橙产业链发展情况进行分析；最后，运用专家调查法从完整性评价、协调性评价、产业韧性评价 3 方面共 11 个指标构建了赣南脐橙产业链成熟度评价指标体系，邀请 7 位赣南脐橙相关领域的专家学者进行了深入访谈，运用层次分析法对赣南脐橙产业链成熟度进行评价。

第五章，赣南脐橙产业的就业增收效应研究，由刘惠编写。首先，对产业发展的就业增收效应相关文献进行了综述；然后，基于理论基础，运用熵值法构建了赣南脐橙产业整体发展水平，探究其与农民就业增收效应的一元回归关系；最后，在此基础上，进一步运用向量自回归(VAR)模型探究了赣南脐橙产业链的种植环节、加工环节和服务环节与就业水平和农民收入之间的关系。

第六章，赣南脐橙产业高质量发展指数研究，由吴梦琪编写。首先，对产业高质量发展的内涵、评价指标体系、模型方法进行了梳理与总结，并列举出部分农业高质量发展的指标体系；然后，在此基础上，结合新发展理念以及赣南脐橙产业的实际发展情况，构建了赣南脐橙产业高质量发展评价指标体系，运用熵值法对 2013—2020 年赣南脐橙产业高质量发展整体水平和各子系统发展水平进行评价；最后，运用障碍度模型分析了制约赣南脐橙产业高质量发展障碍因子。

第七章，赣南脐橙产业高质量发展结论、对策建议与展望，由黄顺春编写。总结全书对赣南脐橙产业高质量发展的分析内容，并根据前述分析内容，从政府、产业和市场主体角度提出相关建议以及本书的展望。

钟少君负责全书的修改及统稿工作。由于编者水平有限，书中不当之处在所难免，欢迎广大同行和读者批评指正。同时感谢江西理工大学经济管理学院学术著作出版基金提供的资助。本书的研究灵感来自赣州市高质量发展研究院的"市场主体数据调研报告"项目，研究院全体同仁为本书的编写给予了大力支持，在此一并表示感谢。

作者

2023 年 2 月

目　录

第一章

导　论

一、引言

2017 年 10 月 18 日，党的十九大报告指出，我国经济已由高速增长阶段转向高质量发展阶段。从此，中国特色社会主义经济建设开启了新时代，面对新发展格局的新战略——高质量发展战略，体现了党中央和习近平总书记对现实发展复杂性的深刻洞见及对长远发展战略性的深邃远见，是对我国经济发展阶段的基本判断，也是我国各类经济主体制定产业发展政策的基本遵循。同时，党的十九大做出了实施乡村振兴战略的重大决策部署，提出坚持农业农村优先发展。党的二十大进一步做出了全面推进乡村振兴的重大决策部署，提出全面建设社会主义现代化国家，最艰巨的任务仍然在农村。由此可以看出，农业是国民经济的重要基础，在推动乡村振兴和共同富裕上具有关键作用。我国进入新时代以来，经济发展从追求"量"转向"质""量"并重，农业作为三大产业之一，也必然需要寻找农业发展的新模式，来带动农业农村现代化发展。2004 年至今，中共中央已持续发布了 19 个中央一号资料文件，中心始终长期围绕"三农问题"，其已经成为国家重点关注的焦点。此外，农业农村部等在 2019 年印发《国家质量兴农战略规划（2018—2022 年）》政策文件，其目的在于发展质量兴农、绿色兴农、品牌兴农，推进农业高质量发展。此后接连发布的农业高质量发展政策文件，体现了我国对农业高质量发展的重视。农业高质量发展的重点是农业产业的高质量发展，产业振兴是乡村振兴战略的重点，各地区结合各自自然资源优势、劣势和发展的外在特点，根据市场和社会需求发展地区特色农业，是实现脱贫攻坚、乡村振兴的路径之一。因此，优势产业高质量发展是促进农业产业高质量发展的着力点之一。

党的二十大报告也指出，发展乡村特色产业，扩宽农民增收致富渠道。

江西省政府积极落实党的政策，出台了《江西省农业七大产业高质量发展三年行动方案（2023—2025年）》，主要目的是推动产业振兴，加快农业大省向农业强省转变。同时，赣南脐橙作为赣州市的优势主导产业，赣州市政府也大力推进赣南脐橙产业高质量发展，出台了《赣南脐橙产业高质量发展行动计划（2021—2025年）》等一系列政策，推动赣南脐橙产业高质量发展。赣州是全国著名的革命老区，享有红色故都、客家摇篮、稀土王国、世界橙乡的美称，2021年，粮食播种面积达754.30万亩（1亩＝666.67 m²），总人口规模为984.02万人。凭借丰富的土壤资源和亚热带湿润季风气候等优势条件，赣南成为我国适宜脐橙种植的地区之一。50余年来，赣州市政府对赣南脐橙产业重点、全力帮助和支持，农民享受到赣南脐橙产业快速发展的红利。2018年，赣南脐橙产业带动70万果农实现收入增加，结合赣州市得天独厚的地理和资源禀赋优势，赣南脐橙产业已经显现出良好的经济效益。

2020年，决战脱贫攻坚取得全面胜利，如何不断巩固和扩大脱贫攻坚成果，使之与乡村振兴有效衔接，是推动经济社会高质量发展亟待解决的问题。赣南乡村振兴发展急需发展优势产业，20世纪70年代，脐橙在信丰试种成功，此后，赣南脐橙产业坚持走"生态研发好、质量安全管理好、龙头企业＋合作社＋农户、专业服务"的发展道路，产业不断优化升级，赣南脐橙产业链从一个单纯的种植生产向集苗种研发、种植生产、分拣贮藏加工、销售、物流运输、印刷包装、脐橙食品深加工开发、康养研学旅游、装备制造、知识经济（如服务咨询、文化创意）等于一体的优势产业集群发展。到2021年，赣南脐橙品牌价值为681.85亿元，种植面积为174.9万亩，产量为150.4万吨，年产值为166亿元。其品牌价值稳居水果类区域品牌全国第一，种植面积世界第一。在脱贫攻坚战的发展过程中，赣州市依托发展赣南脐橙特色农业产业，探索出了一条可持续发展之路。如今，赣南脐橙产业已成为赣州农业经济的"兴民果""富民果"，享誉海内外，享有"国家地理标志保护产品""国优产品""中华名果"等美誉，助推该市成为全国革命老区脱贫攻坚示范区。

脱贫摘帽不是终点，而是新奋斗的起点，作为农业大市，赣州市需接力脱贫攻坚成果，发展优势产业，继续带动农民就业增收。站在"十四五"新的历史起点上，赣州市正面临着新的发展战略机遇，2020年，江西省出台的《关于支持赣州打造对接融入粤港澳大湾区桥头堡的若干政策措施》，明确提出将赣州市打造成为全省融入粤港澳大湾区的桥头堡，粤港澳大湾区正成为赣州市的农产品主销地。目前，赣南脐橙产业是实施赣南乡村振兴、农业高质量发展的主要优势产业之一，但也存在生产成本高、品牌意识差、规模效应不显著等问题，形成"规模在赣南、数量在赣南、利润不在赣南"的现象。赣南脐橙产业如何接力脱贫攻坚成果，抓住发展新机遇，实现高质量发展，对早日实现赣南地区乡村振兴有着重要战略意义，是赣州市经济高质量发展的必要前提，也是赣南脐橙产业未来发展的必然趋势。

本书结合赣州革命老区高质量发展示范区建设的实际，研究赣南脐橙产业的高质量发展，与党中央、国务院的政策方向一致，响应了国家政策的号召，对激发赣南脐橙产业高质量发展、改革创新具有深远的现实意义。为促进赣南脐橙产业高质量发展，促进赣南脐橙产业进一步做大、做强，受赣州市市场监督管理局委托，我们成立专题调研组，走访了大量脐橙相关企业及单位，就赣南脐橙产业和市场主体发展做了深入调研，以期推动赣南脐橙产业及产品结构优化升级，提升赣南脐橙产业竞争力。本书的初稿作为江西省参加第四届全国市场主体数据分析大赛的支撑材料，得到了江西省市场监督管理局相关专家的肯定。

二、研究目的与研究意义

(一) 研究目的

为促进赣南脐橙产业高质量发展，积极响应国家政策号召，本书创造性地将市场主体引入产业分析，通过文献研究法、资料查阅法、会议调查法、走访调查法等方式，聚焦中微观视角，对赣南脐橙产业高质量问题进行探讨，对 1999 年以来赣南脐橙产业发展概况、市场主体发展概况及发展特点进行梳理和总结，并结合已有理论基础，运用主成分分析法、层次分析法、向量自回归模型、熵值法、障碍度模型等方法，从产业竞争力、产业链成熟度、产业就业增收效应、产业高质量发展指数四个方面探讨赣南脐橙产业高质量发展情况。通过理论与实践的有效结合，在分析赣南脐橙产业发展问题的基础上，对产业发展建设和改革创新提出了一系列具有可操作性的规划和建议，以期帮助政府、企业和果农了解其产业发展现状及存在的问题，助力于保护赣南脐橙市场主体，促进赣南脐橙产业全面、健康、高质量发展，同时为相关的学者研究提供借鉴。

(二) 研究意义

研究赣南脐橙产业高质量发展的意义如下。第一，有助于落实乡村振兴战略。党的二十大提出全面推进乡村振兴战略，加快建设农业强国，扎实推动乡村产业、人才、文化、生态、组织振兴。其中，产业振兴是乡村全面振兴的基础。赣南脐橙产业是赣州市的特色产业和优势产业,也是农民增收就业的重要渠道。进一步探究其发展过程中的问题和深层次原因,推动产业规模化、绿色化、优质化,实现高质量发展,这是产业振兴的重要体现,也是农民增收的重要保障。第二,有助于推动农业供给侧结构性改革。随着对美好生活需求的追求以及城乡居民收入的持续增加,人民对于健康、绿色、高端农产品的需求也不断增加。加快赣南脐橙产业的高质量发展,以赣南脐橙的品质、品牌、产量为着力点,深入挖掘赣南脐橙产业发展现状与问题,打造赣南脐橙种植、加工、旅游、休闲、观光、康养研学为一体的健康大产业,有助于推动农业供给侧结构性改革,满足消费者多元化、特色化、个性化的需求,不断增强消费者的幸福感。第三,为政府顶层设计提供思路。为政府有关部门如赣州市市场监督管理局、赣州市农业农村局、赣州市果业发展中心等制定产业发展规划、产业支持政策,为推动赣南脐橙产业高质量发展提供决策参考,通过梳理赣南脐橙产业和市场主体发展现状、赣南脐橙产业竞争力、产业链成熟度、产业就业增收效应、产业高质量发展指数,发现影响赣南脐橙产业发展的影响因素,并分析可能存在的问题,提出提高赣南脐橙产业质量效益和竞争力的具体路径,为政府制定赣南脐橙产业发展相关政策决策提供参考。

三、文献综述与文献述评

(一)文献综述

1. 高质量发展相关研究

推进高质量发展的前提是准确理解其内涵,而关于高质量发展的内涵,学术界众说纷纭,总体可归纳为以下三个方面。

一是微、中、宏观视角定义高质量发展的内涵。在微观层面,高质量发展主要是指产品与服务的质量。张军扩等[1]认为高质量发展要求企业提供的产品、工程和服务质量明显提升。孙祁祥和周新发[2]认为要实现高质量的发展,首先要提高经济效率,其次要通过技术创新增强企业的经济活力和市场竞争力,从而提高供应质量和水平,促进需求结构的升级。在中观层面,产业的价值链和结构正在发生变化。王一鸣[3]提出,过去我们更多地依靠加工组装来实现发展,但现在我们需要更多地关注研发、设计、标准、供应链管理和品牌等更具竞争力的领域,并努力提升它们在整个产业链中所占的比重。袁晓玲等[4]认为高质量发展体现在产业和区域层面，其中，产业发展的质量好不好体现在产业结构是否合理和具有层次、产业空间布局是否合理、产业生产的资源是否过度消耗、产业在发展过程中是否实现了利益共享等方面。在宏观层面，高质量发展不仅体现在供给体系的高效，更表现在供给与需求的平衡状态，其平衡性不仅需要体现在数量上，还需要体现在结构上。丁任重和李标[5]提出，供给是由需求决定的，反过来，供给也会创造、满足需求，供给与需求是相互匹配的。

二是五大发展理念视角。高质量发展是以新发展理念为基础，实现经济从高速增长转向高质量发展的一种经济形态。袁晓玲[4]等认为创新是第一动力，协调是内在要求，绿色是可持续发展要求，开放是必由之路，共享是最终目标。王锋和王瑞琦[6]认为高质量发展是集经济、政治、文化、社会和生态文明建设于一体的协调发展，体现在经济发展过程中追求高质量、高效率、更公平和可持续发展，即是以五大发展理念为指导的发展。金碚[7]认为实现高质量发展的新要求和评价准则是贯彻新发展理念。

三是社会主要矛盾视角。张涛[8]对高质量发展内涵进行定义，认为随着我国经济的快速发展和生产力水平的不断提高，其内涵在发展过程中不断丰富，新时代以来，高质量发展要满足人民日益增长的美好生活需要。梁丹和陈晨[9]认为高质量发展的核心是提质增效；高质量发展的目标是满足人民对美好生活的向往；高质量发展的动力是创新驱动；高质量发展的底线和必要条件是绿色低碳；高质量发展的内在要求是平衡协调；高质量发展的抓手是改革开放和补齐短板。

学术界对高质量发展的研究主要集中于高质量发展的产业研究、区域研究、机制研究等。

在产业研究中，学者们对制造业高质量发展、农业高质量发展、服务业高质量发展的水平测度、理论机制研究和实现路径等方面进行了研究。李晓钟[10]运用熵值法对全国30个省（区、市）的制造业高质量发展总体水平和区域水平进行评价分析。鲁钊阳和杜雨潼[11]经过实证研究发现，数字经济会正向促进农业高质量发展，且进一步的影响机制表明，数字经济通过产业结构优化（高级化、合理化）来促进农业高质量发展。崔宏桥等[12]通过构建服务业高质量发展评价指标体系，对16个省市进行综合评价，研究发现，北京和天津等地区发展水平较高，但广东、宁夏等地区发展水平却较低。雷戎[13]阐述了在新时代背景下，出版业高质量发展的内在逻辑，并提出了出版业高质量发展的可行建议。

在区域研究中，学者们的研究多侧重于黄河流域和长江经济带区域。黄河流域是我国重要的生态屏障，学者们对黄河流域水平测度、与生态保护的耦合协调、路径探析研究较多。沈路和钱丽[14]通过构建评价指标，测算了黄河流域高质量发展程度，发现其综合发展水平较低，且中下游区域高于上游区域。刘海霞和任栋栋[15]针对目前黄河流域生态环境承载力弱、法律制度不完善、产业结构待优化等问题，表示经济发展的顶层设计应加快做好，要构建现代生态产业体系，加强黄河流域生态治理和跨区域生态管控互助合作，推进黄河流域生态保护与经济协调发展。长江经济带区域的研究侧重于生态保护、水平测度与比较方面。王山等[16]对我国长三角区域高质量发展水平进行了分析，实证研究表明，其发展水平存在东部高于西部、中部高于南北部的区域差异。张中良和牛木川[17]综合评价了长江与黄河流域的高质量发展水平，并对两者进行了对比分析。

在机制研究中，创新是经济发展的第一动力，学者们较多地从技术创新和科技创新两方面入手，研究高质量发展的影响机制。贾洪文等[18]以2010年至2018年的数据为基础，建立了空间面板模型，研究发现，技术创新对本地区和附近地区产生了积极影响，但对东部和中部的促进作用更加明显，在西部地区并不明显。王旭霞等[19]基于面板模型，发现技术创新能够显著增强环境规制对绿色经济高质量发展的促进作用。此外，数字经济是我国最活跃的发展领域，数字经济是否能够影响高质量发展，以及通过何种作用机制发生，较多学者也对此进行了相关探讨。赵涛等[20]对数字经济、产业活跃度与高质量发展三者之间的关系进行了研究。李本庆和岳宏志[21]研究了数字经济与农业高质量发展之间的影响机制。

2. 赣南脐橙产业发展相关研究

1971年华盛顿脐橙被引入赣南，被称为赣南脐橙，得益于赣南得天独厚的自然条件、丰富的土地资源和富足的劳动力，经过50余年的发展，赣南脐橙产业得到了一定程度的发展壮大，且已成为促经济、稳就业、稳增收的优势产业[22]。截至2021年，赣南脐橙荣获脐橙种植面积世界第一、年产量世界第三、中国果品第一品牌、果品品质世界一流等荣誉。50余年来，不少学者针对赣南脐橙发展中存在的问题提出了各自的见解，并提出了相关对策建议，促进了赣南脐橙产业的发展：

第一，在赣南脐橙品牌管理方面，仍存在着品牌管理混乱的现象。赣南脐橙产业面临着地方品牌杂乱无章、品牌管理混乱、品牌经营理念落后、品牌包装落后等一系列难题挑战[23-25]。随着2005年《地理标志产品保护规定》的发布，赣南脐橙地理标志品牌建设得到了进一步发展，但仍受"信息不对称"和农产品质量的"内隐性"[26]的影响，使得市场上形成"劣币驱逐良币"的现象，假冒商品的出现对赣南脐橙地理标志经营产生了一定的阻碍作用。因此，学者们对赣南脐橙品牌建设进行了一些探讨，如方财源[27]认为要统一"赣南脐橙"名称，实行统一包装、统一宣传和统一产品形象等准则。彭剑[28]、钟雪莹和母赛花[29]提出加强政府指导，健全法律法规，完善地域产品保护标识、发展龙头企业等建议，以推动脐橙品牌化经营。胡婷婷和黄敬辉[30]认为应提高果农品牌意识、落实技术标准和质量标准，筹措产业建设资金和完善品牌保护，如从打假维权等方面提升赣南脐橙品牌知名度。朱捡发和陈旭明[31]认为，为加强赣南脐橙品牌建设，应从品牌宣传、政府监管等方面入手。汪淑群和谢培菡[32]认为品牌建设是企业实现长久经营和持续盈利的基本战略，应统一产品商标和包装，增加农业科技含量实现产品溯源，确保客户购买到货真价实的产品，在保障消费者利益的同时维护赣南脐橙品牌建设。齐文娥等[33]用扎根理论分析赣南脐橙区域品牌成长机理，发现赣南脐橙区域品牌经历了三阶段，并提出需要政府、龙头企业、合作社、电商和媒体等多元主体参与赣南脐橙区域品牌建设。

第二，在赣南脐橙质量管理方面，品种单一和品质问题是需要加强关注的重点。赣南脐橙的主要品种为纽荷尔，该品种是中熟品种，采摘期一般在11月下旬左右，供应期仅为三个月左右[24][34]，这导致赣南脐橙产品销售期较短、市场供应能力不足、加工品种缺乏，从而影响赣南脐橙种植的经济效益[35]。此外，赣南脐橙品质存在良莠不齐的现象，主要表现为果实大小参差不齐、香味减淡，不耐储存、口感不一等[32][36]。为了改善品种结构，何望和祁春节[37]提出坚持以脐橙为主、各种特色柑橘类品种协同发展的对策。马小焕和赖九江[35]认为一方面应减少化学类农药的使用，增施有机肥，改善土壤环境，另一方面应推行科学修建、扩穴改土等措施，提高优质果品的供给。

第三，在赣南脐橙生产规模方面，组织化程度不高、产品深加工不足是当前存在的主要问题。赣南地区果农组织程度低，有研究发现，近九成的果园是农民自主经营，既当种植者也当销售者[38]，缺乏龙头企业带动[39、40]，种植与销售处于零碎分散状态，产业规模效应不明显。卢占军等[41]提出培育龙头企业，认为对于产业链上要重点发展的企业，尤其是高新技术企业，政府应给予政策支持，对于产业链上相对薄弱的企业，则需要通过融资、招商等方法，加快健全与脐橙产业相关的仓储物流、包装印刷、生态旅游等产业发展，延伸赣南脐橙产业链，加快产业集群建设。杨小东和蒋荣[42]提出通过将赣南脐橙与客家文化相融合，提升品牌声誉、加大改良力度，开发多样化品种，以及利用大数据、物联网等人工智能手段，精准分析产品客户群，满足消费者个性需求等，以提高赣南脐橙产品附加值。

第四，在赣南脐橙病虫灾害防治和自然灾害抢救方面，以下几个方面需要重点关注。

首先，黄龙病是影响柑橘类种植和生产的重要病虫害，传播速度快[43]，2013年，黄龙病给赣南脐橙产业发展带来了严重打击，同时赣南脐橙也面临着霜冻的危险[44、45]。为了有效防治黄龙病，何望和祁春节[37]提出升级无病毒苗木基地基础设施、病虫害预测预报监测点基础设施等建议。谭巧巧等[46]认为黄龙病是一种可防可控的检疫性病害，应积极开展宣传培训，增强果农的"应防尽防"意识，建立黄龙病防控标准化基地，强化果园管理和服务水平，加快优势苗木研发培育和增强检疫力度等。面对霜冻的危害，肖鸿勇[44]等提出要按照政府引导、政策支持、市场运作、农民自愿的原则，建立健全农业保险体系，逐步形成农业巨灾风险转移分担机制，把脐橙生产纳入农业保险业务范围，减少灾害损失，促进产业健康持续发展。

其次，较多学者对赣南脐橙销售进行了相关研究。赣州市果业局的陈标强[47]在2001年提出，赣南脐橙要想远销国际市场，就必须大力推广优良品种、创立名牌、实现果品产业化等。因此，余承铨[48]根据赣南脐橙市场销售的特色，提出以主攻销售城市为主线，构建县级销售网络等做法。曾学昆等[49]进一步提出市、县、乡政府的销售模式。杨斌清和林璐[50]提出可以通过将脐橙加工成果汁并实施差异化战略来营销赣南脐橙。

随着网络的发展，网络营销打破了传统营销模式的时空的限制[51-52]，扩大了赣南脐橙的销售步伐，随之而来的物联网技术解决了赣南脐橙果品安全管理监控问题[53]。肖锋和张帆[54]认为，赣州脐橙电子商务必须探索自己的运营模式，如组建统一运营平台、品牌统一授权、组建线下供货联盟等运营方式。张小联[55]认为赣南脐橙的网络营销手段可从产品策略、价格策略、市场预测、竞争对手等多角度入手，强调以自身优势扩展销售市场。英瑛等[56]调查得知，赣南脐橙网络营销面临着营销网站功能不健全、网络竞争意识不强等问题，并提出加强网络基础设施建设、开展农业信息化培训、制定标准体系、建立专业化配送中心等策略。近几年新媒体营销成为赣南脐橙营销的重要方式之一，唐剑鸿[57]在分析网络营销问题的基础上，探讨在新媒体日益发达的情况下，如何对赣南脐橙网络营销策略进行优化。

最后，少数学者也关注了赣南脐橙的出口研究。陈亚艳和罗新祜[58]对赣南脐橙出口现状进行了分析，发现赣南脐橙出口产量较小、出口形式单一、自营出口不足、出口市场集中、出口成本高、贸易环境激烈等问题，针对以上问题，进一步提出以集约化种植经营、优化服务体系、加强信息化等方式，促进赣南脐橙产业的健康可持续发展。陈亚艳[59]基于省际视角，发现赣南脐橙的国际竞争力超过广东，但显著低于福建和云南，原因在于地理位置处于劣势、企业出口意识不强、果品质量和品质优势不突出、品牌效应不强等，进而提出标准化种植、加强品牌管理、搭建资源出口平台、政府支持等建议。邓淑华和黄小兵[60]也提出，赣南脐橙出口存在储藏保鲜技术落后、品种单一、商品化处理程度低、技术性贸易壁垒高、出口人才缺乏、品牌混乱等问题，应加大政府宏观监管力度、优化品种结构、完善基础设施建设、培育龙头企业。赵婷和谢丽芬[61]认为互联网经济的兴起减少了贸易成本，拓宽了交易范围，但也存在一些问题，如缺少成熟的电子商务平台和人才以及商品同质化严重等问题，提出人才引进、出口贸易模式创新等建议。李婷婷等[62]认为赣南脐橙品质优、规模大、潜力大等特点被大众所熟知，但也发现赣南脐橙出口存在加工能力低、营销方式落后、物流运送发展落后、贸易壁垒高等制约因素，应从加工能力、多元化生产、品牌意识、物流方式、龙头企业发展等方面改善。

（二）文献述评

对高质量发展、赣南脐橙产业发展的相关文献进行梳理，可知关于高质量发展和赣南脐橙产业发展的研究日益丰富，取得了一定的发展成就，已经具有一定的研究基础，但仍存在不少需要重点关注的地方。

一是高质量发展概念自2017年提出，较多学者对高质量发展、产业高质量发展、农业高质量发展进行了探讨，但鲜少聚焦到农业具体领域如赣南脐橙产业领域，前人对赣南脐橙产业高质量发展研究正处于初级阶段，赣南脐橙产业经过50余年的发展，已形成一定的产业规模、产业优势，成为赣州市农业的重要优势主导产业，成为乡村振兴的重要抓手，但多种原因导致目前产业发展出现诸多问题和瓶颈，急需从理论和实践上进行探索与创新。

二是从文献梳理来看，对赣南脐橙产业的现有研究主要集中在产业发展问题、品牌建设、销售和出口研究，鲜少对赣南脐橙产业高质量发展进行研究，且学者们对赣南脐橙产业高质量发展的研究多从定性角度出发，缺乏从实证角度对赣南脐橙产业高质量发展进行研究和评价。

三是自进入新时代新发展阶段，我国经济工作和宏观政策配置格局正在发生深刻变化。2020年4月，为应对突如其来的新型冠状病毒感染疫情，中共中央政治局会议首次提出"六保"新任务。2020年7月，习近平总书记在企业座谈会中强调"市场主体是经济的力量载体，保市场主体就是保社会生产力。要千方百计把市场主体保护好，激发市场主体活力，弘扬企业家精神，推动企业发挥更大作用实现更大发展，为经济发展积蓄基本力量"。2021年12月，中央经济工作会议指出，继续做好"六稳""六保"工作，特别是保就业、保民生和保市场主体。2022年6月，国务院常务会议指出保住1.5亿户市场主体，稳住宏观经济大盘的"先手棋"。2022年7月，国务院131次常务会议通过《中华人民共和国市场主体登记管理条例》，为市场主体登记管理行为的规范化提供了依据，说明我国将经济工作和宏观政策配置的焦点主要放在了市场主体这一微观视角。赣南脐橙产业市场主体是从事赣南脐橙生产和交易活动的组织和个人，是赣南脐橙产业发展和经济运行的微观基础，将赣南脐橙市场主体引入赣南脐橙产业高质量发展研究中，正是对国家政策的积极反应，也是促进赣南脐橙产业升级的重要举措。

四、研究方法、研究内容与技术路线图

（一）研究方法

1. 会议调查法

用座谈或讨论的形式，召集对赣南脐橙产业有更深入了解的同志，包括赣州市果业局、赣州市柑桔科学研究所和赣州市市场监督管理局、赣州市旅游局、赣州市委宣传部和赣州电视台的同志们，请他们介绍和讨论赣南脐橙产业目前的发展情况、对赣南脐橙市场主体发展特点的认识，以及对未来赣南脐橙产业高质量发展的建设性建议，通过口头交谈的形式在短时间内了解比较详细可靠的情况。

2. 走访调查法

选择具有代表性的赣南脐橙市场主体进行走访调研，包括江西裕丰智能农业科技有限公司、于都璞实生态农业有限公司、信丰农夫山泉果业有限公司和江西绿萌科技控股有限公司，通过企业负责人口头介绍以及带领参观企业简介文化墙、生产车间等方式深入了解企业发展特点及发展现状。

3. 资料查询法

利用赣州市市场监督管理局登记注册系统，获取赣南脐橙市场主体 13795 家样本数据，其中包括每个赣南脐橙市场主体的名称、注册号、统一社会信用代码、企业类型、币种、国籍、法定代表人姓名及其身份证号、登记机关、登记机关编码、企业状态、行业门类、行业代码、成立日期、投资总额、注册资本、经营范围、管辖机关和住所等。

利用搜索引擎工具在网上获取《赣州市统计年鉴》、赣南脐橙历年进出口情况以及政府为推动赣南脐橙产业的发展所出台的一系列政策文件等。

4. 文献调查法

通过大量查阅有关赣南脐橙产业高质量发展的文献，详细梳理并总结归纳了重要理论和观点，获取赣南脐橙产业高质量发展的相关信息，充分了解赣南脐橙产业的发展背景和发展趋势等，为后续分析奠定基础。

5. 定量分析与定性分析相结合

本书不仅注重对赣南脐橙产业发展状况的描述性分析，同时也从量化的角度对相关数据进行整理，运用主成分分析法、熵值法、层次分析法、向量自回归模型等数据进行定量分析。

(二) 研究内容与技术路线图

本书研究技术路线如图 1-1 所示，全书由七个章节组成，书的主要内容与结构安排如下。

第一章为导论。首先，阐述了赣南脐橙产业高质量发展的研究背景、研究目的及研究意义；其次，梳理了高质量发展、赣南脐橙产业发展现状的研究成果，并客观评价，在文献述评中提出了本书的三个创新点；最后，阐述了研究方法和研究内容，构建了技术路线图。

第二章为赣南脐橙产业市场主体高质量发展分析。本章基于赣州市市场监督管理局登记注册系统的数据，运用描述分析法对赣南脐橙种植面积、产量、品牌价值、出口、产业发展历程、相关政府政策支持文件、未来发展路径等产业发展状况进行分析，对截至 2022 年 7 月 15 日赣南脐橙产业市场主体累计登记注册量、市场主体累计保有量、市场主体组织形式发展、市场主体注册资金、市场主体存续时长等产业市场主体发展情况进行分析，并进一步总结赣南脐橙产业市场主体发展特点，即赣南脐橙产业市场主体展现出三大"扎根情怀"、产业市场主体科技化趋高、高质量市场主体趋高等特点。此外，运用 Cox 比例风险回归模型来判断影响赣南脐橙产业市场主体经营存续时长的因素。

第三章为赣南脐橙产业竞争力研究。本章运用 CiteSpace 通过对作者合作、机构合作、关键词共现和研究前沿进行分析，对关于产业竞争力相关理论研究和产业竞争力水平评价的模型方法进行了梳理与总结，在此基础上，遵循全面性、科学性、可操作性、可比性原则，从赣南脐橙生产要素竞争力、赣南脐橙产业规模化竞争力、赣南脐橙产业市场竞争力、赣南脐橙产出效益竞争力 4 个层面，共选取了赣南脐橙产量、赣南脐橙种植面积、赣南脐橙品牌价值、赣南脐橙市场占有率等 22 个二级指标，构建了赣南脐橙产业竞争力评价指标体系，运用主成分分析法对 2013—2021 年赣南脐橙产业竞争力水平进行综合评价。

第四章为赣南脐橙产业链成熟度研究。本章首先对产业链的内涵、产业链类型、产业链指标评价体系、产业链发展的相关研究进行梳理与总结；其次对赣南脐橙产业链发展情况进行分析；最后运用专家调查法从完整性评价、协调性评价、产业韧性评价 3 方面共 11 个指标构建了赣南脐橙产业链成熟度评价指标体

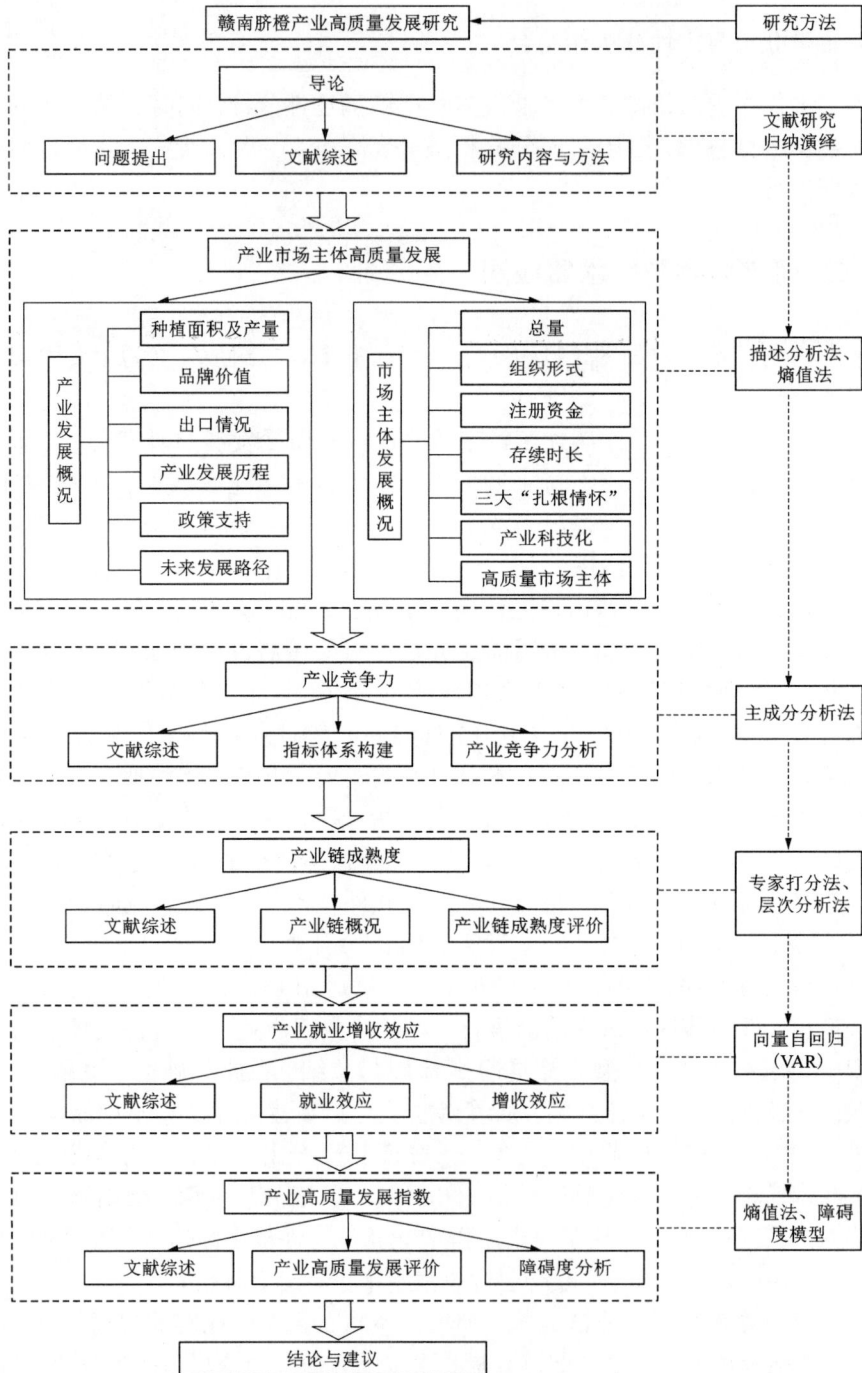

图 1-1　技术路线图

系，邀请 7 位院校科研院所、政府部门、脐橙类企业、产业链研究、营销管理等相关领域的专家学者进行了深入访谈，运用层次分析法对赣南脐橙产业链成熟度进行评价。

第五章为赣南脐橙产业的就业增收效应研究。本章对产业发展的就业增收效应相关文献进行了综述，基于以上理论基础，运用熵值法构建了赣南脐橙产业整体发展水平，探究其与农民就业增收效应的一元回归关系，在此基础上，进一步运用向量自回归（VAR）模型探究赣南脐橙产业链的种植环节、加工环节和服务环节与就业水平和农民收入之间的关系。

第六章为赣南脐橙产业高质量发展指数研究。本章对产业高质量发展的内涵、评价指标体系、模型方法进行了梳理与总结，并列举出部分农业高质量发展的指标体系，在此基础上，结合新发展理念以及赣南脐橙产业的实际发展情况，遵循科学性、全面性、可行性原则、客观性原则，构建了赣南脐橙产业高质量发展评价体系，从创新、协调、绿色、开放、共享 5 个方面共选取 17 个指标因子构建赣南脐橙产业高质量发展评价指标体系，运用熵值法对 2013—2020 年赣南脐橙产业高质量发展整体水平和各子系统发展水平进行评价，并运用障碍度模型发现，明确制约赣南脐橙产业高质量发展障碍因子为单位面积农用薄膜使用强度、企业与个体工商户之比、赣南脐橙产值增长率。

第七章为赣南脐橙产业高质量发展结论、对策建议与展望。本章总结了对赣南脐橙产业高质量发展的全部分析内容，并根据前述分析内容，从政府、产业和市场主体角度提出相关建议。

第二章

赣南脐橙产业市场主体高质量发展分析

党的二十大报告指出,"坚持把发展经济的着眼点放在实体经济上""以高质量的市场主体发展推动现代产业体系建设"。习近平总书记在主持学习党的二十大报告时强调,要千方百计保护好市场主体,为经济发展提供基础力量。因此,在赣南脐橙产业高质量发展中,培育好、发展好、规范好赣南脐橙产业市场主体,为赣南脐橙产业升级、建设现代化产业体系提供有力的支撑,研究赣南脐橙产业市场主体高质量发展至关重要。

一、赣南脐橙产业发展概况

(一)赣南脐橙种植面积及产量情况

赣州被称为"世界橙乡"。20世纪80年代以来,在赣南政府的支持引导下,广大的赣南人民艰苦奋斗、齐心协力,共同发展赣南脐橙产业。赣南政府对于赣南脐橙产业的发展先后实施了"山上再造""兴果富民"和打造"赣南脐橙"品牌等一系列战略举措。如今,赣南已形成了脐橙优势产区,赣南脐橙产业已由单纯的种植业发展成为集苗木种植研发、种植生产加工、仓储物流、精深加工、康养研学旅游等为一体的产业集群,赣南脐橙产业日趋现代化、科技化、规模化,产业规模不断扩大,产业结构不断优化。随着赣南脐橙产业转向高质量发展,赣南农民的收入和就业水平也得到了提高,赣南脐橙是赣州货真价实的农业"当家树"、农村"致富树"和农民"摇钱树"。

赣州市的土壤是酸性红土壤,适合脐橙的生长,多丘陵和山地的地势也为脐橙的生长创造了良好的条件。赣州市有 4560 万亩山地，其中 450 万亩(约占 1/10)属于我国橙类适宜区和柑橘优势地带。

据赣州市果业局的数据统计，1999—2021 年赣南脐橙种植面积、产量及增长率情况如表 2-1 所示。赣南脐橙种植面积由 1999 年的 328790 亩增长至 2021 年 1748549 亩，对比 1999 年赣南脐橙的种植面积增长了 4.3 倍；赣南脐橙的产量也从 1999 年的 47639 吨增长至 2021 年的 1504197 吨，对比 1999 年赣南脐橙的产量增加了 30.57 倍。赣南脐橙的单位面积产量从 1999 年的 0.14 吨 1 亩上涨到了 2021 年的 0.86 吨 1 亩。目前，赣南脐橙的种植面积排名世界第一，产量排名世界第三。整体来说，1999—2021 年赣南脐橙种植面积和产量呈现稳步增长的态势，两者的增长率都呈现先下降后上升再下降最后趋于稳定波动的状态，说明历经波折，赣南脐橙产业正逐渐稳定发展，形成一定的规模。

表 2-1　1999—2021 年赣南脐橙种植面积、产量及增长率情况

年份	种植面积/亩	种植面积增长率/%	产量/吨	产量增长率/%
1999	328790	0.00	47639	0.00
2000	295309	−10.18	22765	−52.21
2001	347731	17.75	39851	75.05
2002	524954	50.97	84498	112.03
2003	750784	43.02	133901	58.47
2004	996877	32.78	222360	66.06
2005	1153820	15.74	361303	62.49
2006	1238213	7.31	497768	37.77
2007	1490207	20.35	749809	50.63
2008	1574223	5.64	991115	32.18
2009	1621656	3.01	1168907	17.94
2010	1664865	2.66	1106877	−5.31
2011	1739026	4.45	1334109	20.53
2012	1781225	2.43	1250860	−6.24
2013	1739343	−2.35	1500542	19.96
2014	1683581	−3.21	1222655	−18.52
2015	1567659	−6.89	1275111	4.29

续表2-1

年份	种植面积/亩	种植面积增长率/%	产量/吨	产量增长率/%
2016	1548538	−1.22	1079199	−15.36
2017	1543344	−0.34	1235747	14.51
2018	1563359	1.30	1166663	−5.59
2019	1630511	4.30	1251317	7.26
2020	1700666	4.30	1378436	10.16
2021	1748549	2.82	1504197	9.12

为进一步深入分析赣南脐橙种植面积及产量情况，表2-2统计了2011—2021年赣州市果园面积、赣南脐橙种植面积及各自增长率情况，表2-3统计了2011—2020年赣州市水果总产量、赣南脐橙产量及赣南脐橙产量占比情况。

表2-2 2011—2021年赣州市果园面积、赣南脐橙种植面积及各自增长率情况

年份	果园面积/万亩	果园面积增长率/%	赣南脐橙种植面积/亩	赣南脐橙种植面积增长率/%
2011	18.3	33.41	1739026	4.45
2012	18.8	2.73	1781225	2.43
2013	18.9	0.53	1739343	−2.35
2014	18.1	−4.23	1683581	−3.21
2015	17.3	−4.42	1567659	−6.89
2016	16.5	−4.62	1548538	−1.22
2017	16.0	−3.03	1543344	−0.34
2018	16.5	3.13	1563359	1.30
2019	23.9	44.85	1630511	4.30
2020	28.5	19.25	1700666	4.30
2021	36.3	27.37	1748549	2.82

2011—2021年赣州市的果园面积虽然有些许波动，但是整体上呈增长趋势，2011年赣州市果园的面积为18.3万亩，到2021年，赣州市果园面积增长至36.3万亩，是2011年果园面积的两倍左右。2013年，黄龙病疫情第一次在赣州市出现，受黄龙病的影响，赣州市果园面积和赣南脐橙种植面积增长幅度减小，

2014—2017 年，赣州市果园面积甚至出现了减少的现象：赣州市果园面积从 2013 年的 18.9 万亩下降到了 2014 年的 18.1 万亩，2015 年赣州市果园面积持续下降至 17.3 万亩，2016 年赣州市果园面积下降至 16.5 万亩，2017 年赣州市果园面积下降到最低值 16.0 万亩。赣南脐橙种植面积也遭受了黄龙病的影响，在 2014—2017 年这 4 年间，赣南脐橙种植面积也持续减少。直至 2018 年，赣州市果园面积、赣南脐橙种植面积止跌回升，至 2019 年果园面积、赣南脐橙种植面积增幅均达到最高，分别为 44.85%、4.30%。近些年，黄龙病已经得到了有效的防控管理，赣州市的果园面积和赣南脐橙种植面积重新呈现稳定增长状态。

表 2-3 2011—2021 年赣州市水果总产量、赣南脐橙产量及赣南脐橙产量占比情况

年份	赣州市水果总产量/吨	赣州市水果总产量增长率/%	赣南脐橙产量/吨	赣南脐橙产量增长率/%	赣南脐橙产量占比/%
2011	1761358	—	1334109	20.53	75.74
2012	1690161	-4.04	1250860	-6.24	74.01
2013	1952762	15.54	1500542	19.96	76.84
2014	1631976	-16.43	1222655	-18.52	74.92
2015	1666461	2.11	1275111	4.29	76.52
2016	1427838	-14.32	1079199	-15.36	75.58
2017	1580957	10.72	1235747	14.51	78.16
2018	1641866	3.85	1166663	-5.59	71.06
2019	1707135	3.98	1251317	7.26	73.30
2020	1861247	9.03	1378436	10.16	74.06
2021	2007800	7.87	1504197	9.12	74.92

由表 2-3 统计数据得知，历年赣州市水果总产量有 70% 以上来自赣南脐橙，当 2014 年赣南脐橙受到黄龙病侵害严重减产时，赣州市水果总产量也随之受到了巨大的影响。随后，2016 年起，赣南脐橙的产量又恢复了增长的趋势，到 2021 年赣州市水果总产量达 2007800 吨，赣南脐橙产量达 1504197 吨，赣南脐橙产量占赣州市水果总产量的 74.92%。

表 2-4 为 2011—2021 年赣南脐橙产业集群产值情况。赣南脐橙产业集群产值呈现不断增长的趋势，2011 年赣南脐橙产业的集群产值还只有 75 亿元，2021 年赣南脐橙产业的集群产值已上升至 166 亿元，增长了 1 倍多。

表 2-4　2011—2021 年赣南脐橙产业集群产值

年份	赣南脐橙产业集群产值/亿元
2011	75
2012	80
2013	80
2014	96
2015	108
2016	110
2017	118
2018	122
2019	132
2020	139
2021	166

　　赣州市一直被誉为"中国脐橙之乡""世界橙乡"，脐橙种植面积排全国第一。具体来看，赣州市的脐橙种植主要分布于信丰、寻乌、于都、会昌和宁都 5 个县，南康、兴国、赣县和瑞金等其他县（市、区）也均有分布。2020 年赣州市各县（市、区）脐橙种植分布情况如表 2-5 所示。2020 年赣州市全市脐橙种植面积为 170 万亩左右，其中种植面积名列前 5 的县（市、区）分别为：信丰县（249100 亩）、寻乌县（192009 亩）、于都县（164305 亩）、会昌县（163780 亩）和宁都县（162780 亩）。

表 2-5　2020 年赣州市各县（市、区）脐橙种植分布

县（市、区）	种植面积/亩	县（市、区）	种植面积/亩
宁都县	162780	石城县	35045
瑞金市	157590	会昌县	163780
寻乌县	192009	安远县	118405
于都县	164305	兴国县	142000
赣县区	113458	信丰县	249100
定南县	34820	南康区	25683
上犹县	29685	崇义县	50051
大余县	27447	龙南市	58773
全南县	20932	章贡、经开、蓉江新区	13260

(二)赣南脐橙地理标志品牌价值情况

赣南脐橙地理标志证明商标于 2009 年核准注册。

2011 年,国家工商总局认定"赣南脐橙"地理标志为中国驰名商标。

2013 年,"赣南脐橙"获得"最具影响力中国农产品百强区域公用品牌"。

2015 年,"赣南脐橙"荣获"最受消费者喜爱的中国农产品区域公用品牌",品牌评估价达 657.84 亿元。

2016 年,"赣南脐橙"获得"全国名优果品区域公用品牌",品牌价值达 668.11 亿元。

2017 年,"赣南脐橙"获得"最受消费者喜爱的中国农产品区域公用品牌"和"中国百强农产品区域公用品牌",荣获"2017 中国农业品牌建设学府奖",品牌价值达 668.11 亿元,在全国区域品牌榜单上排名第九,在水果类产品中排名第一。

2018 年,"赣南脐橙"获得"中国最受欢迎的柑橘区域公用品牌 10 强",品牌价值达 601.13 亿元。

2019 年,"赣南脐橙"入选"中国农业品牌目录 2019 农产品区域公用品牌",荣获"影响力农产品区域公用品牌"和江西农产品"十大区域公用品牌",品牌价值达 675.41 亿元。

2020 年,"赣南脐橙"获得"2020 年度最受欢迎的果品区域公用品牌 100 强""区域公用品牌二十强"和"2020 年标杆品牌"等称号,品牌价值达 678.34 亿元。

2021 年,"赣南脐橙"品牌价值达 681.85 亿元,在中国品牌价值评价信息发布上,"赣南脐橙"品牌在区域品牌(地理标志产品)榜单排名第六,在区域品牌(地理标志产品)水果类榜单中排名第一,实现了水果类品牌榜单的六连冠,是名副其实的"中国第一橙"、中国水果类的第一品牌。

2011—2021 年"赣南脐橙"历年品牌价值及其发展趋势如表 2-6 和图 2-1 所示。

表 2-6　2011—2021 年"赣南脐橙"历年品牌价值

年份	"赣南脐橙"品牌价值/亿元	年份	"赣南脐橙"品牌价值/亿元
2011	32.11	2017	668.11
2012	43.22	2018	601.13
2013	48.81	2019	675.41
2014	53.89	2020	678.34
2015	657.84	2021	681.85
2016	668.11		

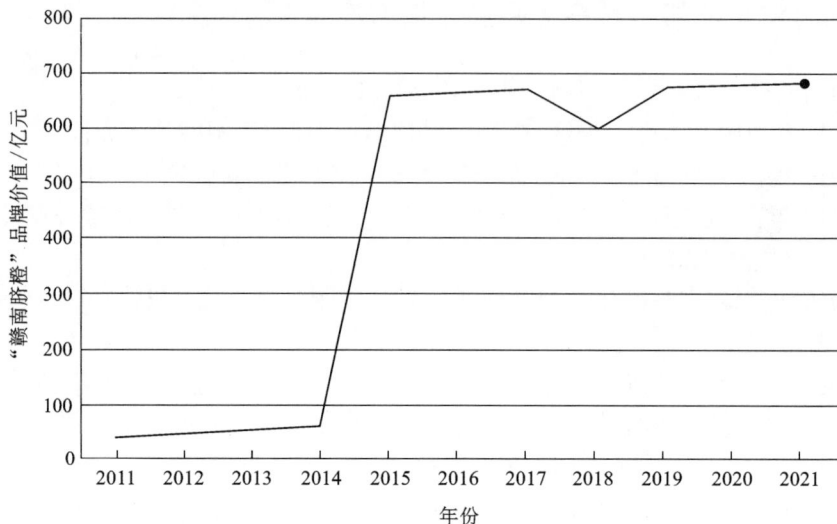

图 2-1　2011—2021 年赣南脐橙历年品牌价值发展趋势

（三）赣南脐橙出口情况

1. 赣南脐橙出口规模

近年来，随着赣南脐橙产业的不断发展，赣州市政府对赣南脐橙产业的重视度不断提高，不断完善赣南脐橙出口服务体系，对赣南脐橙出口产业的扶持力度不断加大，还为赣南脐橙出口企业提供了专业培训。在政府的帮助扶持下，赣南脐橙的出口规模得到了大幅度的提升。

表 2-7 列举了 2008—2018 年赣南脐橙出口量情况，2005 年赣南脐橙的出口量不足 10000 吨，到 2008 年赣南脐橙的出口量已达 90000 吨，赣南脐橙出口量占比达 11.32%，占全国脐橙出口量的 19.41%。之后，赣南脐橙的出口量快速增长至 100000 吨以上，2009 年赣南脐橙出口量达 140000 吨，赣南脐橙出口量占比达 16.24%，占全国脐橙出口量的 20.45%。2011—2013 年赣南脐橙出口量出现了大幅度减少后又恢复增加的情况，2012 年赣南脐橙出口量从 2011 年的 190000 吨下降到了 130000 吨，在 2013 年赣南脐橙出口量又增长至峰值 330000 吨。受黄龙病影响，2013 年后赣南脐橙产量及出口量都受到了影响，2013—2016 年赣南脐橙出口量持续减少，2016 年赣南脐橙出口量一直下降到了 210000 吨。赣州市政府为恢复赣南脐橙外销产业发展采取了包括加大赣南脐橙品牌建设宣传力度、提升赣南脐橙品牌影响力、强化市场监督管理等一系列措施。2017 年底赣南脐橙出口量

再度增长,2018 年出口量增至 290000 吨。然而,随着 2020 年暴发新型冠状病毒感染疫情,赣南脐橙外销产业再遭重创。

表 2-7　2008—2018 年赣南脐橙出口量情况

年份	赣南脐橙出口量/万吨	赣南脐橙出口量占比/%	全国脐橙出口量占比/%
2008	9	11.32	19.41
2009	14	16.24	20.45
2010	15	12.72	18.65
2011	19	14.28	19.53
2012	13	16.80	19.37
2013	33	21.29	22.91
2014	30	24.59	20.35
2015	27	21.95	20.11
2016	21	20.19	19.40
2017	26	20.16	20.03
2018	29	21.12	20.56

2. 赣南脐橙出口商品结构

在 2017 年以前,赣南脐橙出口商品大多数是初级鲜果,这些初级鲜果只进行了粗略的清洗、分选等简单处理,没有进行任何深加工,其附加值较低,且新鲜果实出口到国外,果实的保鲜也是一大难题,新鲜果实的运输贮藏成本非常高。总的来说,以脐橙鲜果的商品结构出口国外利润较低并且出口空间十分有限。

近年来,赣南脐橙出口商品结构发生了变化,除了以未进行任何深加工的初级鲜果形式出口,还对新鲜果实进行深加工处理,以"脐橙糕""脐橙酒""脐橙精油"和"脐橙罐头"等深加工脐橙商品的形式出口。以这种深加工后的脐橙制品出口增加了赣南脐橙的附加值,赣南脐橙出口的价格也随之得到了提高,同时也增加了出口品类,出口量也随之得到了提高。2010—2019 年赣南脐橙平均出口价格如表 2-8 所示。

表 2-8   2010—2019 年赣南脐橙平均出口价格

年份	平均出口价格/(美元·千克$^{-1}$)	年份	平均出口价格/(美元·千克$^{-1}$)
2010	0.99	2015	2.14
2011	1.06	2016	2.26
2012	1.28	2017	2.21
2013	1.53	2018	2.41
2014	1.85	2019	2.62

3. 赣南脐橙出口市场结构

2004 年以前，赣南脐橙出口市场主要分布在东南亚国家(如新加坡、泰国、印尼等地)以及我国港澳地区，实现了自营脐橙出口零的突破。2007 年，赣南脐橙远销加拿大。2008 年，赣南脐橙首次向中东国家出口，如伊朗。2012 年，赣南脐橙出口市场以东南亚、中东、东欧国家或地区为主。2013 年，包括新加坡、印尼、泰国、阿联酋、伊朗、沙特、俄罗斯、哈萨克斯坦等国家在内的 25 个赣南脐橙出口国家和地区达到 31 个，市场结构不断丰富和完善。2016 年，赣南脐橙累计出口总量达 20.94 万吨。从赣南脐橙的国外市场分布来看，近年来赣南脐橙出口市场主要集中在东盟、中东、东欧等地。

总的来看，赣南脐橙的出口国大部分集中在亚洲国家，对于赣南脐橙的出口管理，下一步应改善出口产品的结构，使出口产品形式更多元化，改善出口市场结构，使赣南脐橙的出口市场不断扩宽，走向"一带一路"沿线地区。

(四)赣南脐橙产业发展历程

赣南脐橙产业的发展主要经历了以下六个阶段。

1. 试种探索阶段

以寻乌园艺场成立、信丰首次试种脐橙为标志，从 20 世纪 60 年代中期到 70 年代，赣州柑橘业的发展之路由此开启。

2. 引种调整阶段

20 世纪 80 年代，时任中共中央总书记胡耀邦向赣南发出了发展柑橘业的指示，在赣南引进华中农业大学纽荷尔等 8 个脐橙品种种植，开启了赣南脐橙产业发展之路。

1985 年，章文才教授在赣州地区柑橘研究所指导下，创办了脐橙栽培实验园。1990 年 11 月，赣州科技部门组织专家对该课题进行验收和成果鉴定，现场检测亩产达 2964.18 千克，试种的果树硕果累累、色泽鲜艳，果肉风味浓郁。章文才教授亲临鉴定现场，认为这次试种是成功的，并向江西省委领导和赣州地委提出建议：要大力发展脐橙生产，发展脐橙产业。随后，赣州地委决定优先发展 30 万亩脐橙，这为从此拥有自己当家品种的赣南柑橘生产吹响了发展脐橙的号角。

3. 山上再造阶段

20 世纪 90 年代，随着赣南柑橘种植品种由以宽皮柑橘为主调整为以脐橙为主，赣南开始实施"再造山上""兴果富民"战略，掀起了赣南脐橙产业的第一轮发展高潮，鼓励外出务工农民回乡种植脐橙，赣南脐橙种植面积经过多年的大力发展，已初具规模。

4. 发展壮大阶段

以安远誓师大会为标志，在 21 世纪的前五年掀起了果园经营机制全面转换的第二轮发展高潮，脐橙产业大发展由此拉开序幕。中国取消了进口美国柑橘的限制，以争取加入 WTO。从 2002 年开始，赣州市新发展种植的脐橙面积迅速扩大，平均每年以近 20 万亩的速度增长。2005 年底，赣州市脐橙种植总面积增至115 万亩，较 2000 年全市种植面积增加约 85 万亩，产量也由 2000 年的 2.3 万吨增至 36 万吨，增长了 14.65 倍，脐橙产业规模在赣南日益壮大。

5. 转型提升阶段

2005 年以来，赣州市开始打造具有国际影响力和市场话语权的优质脐橙产业基地的新征程，以培育百亿元以上产业集群为标志，带动了相关配套产业的发展，如种苗、生产、养殖、农资、分级、包装、加工、贮藏、运输，以及机械制造、旅游休闲等，推动产业发展转型升级。

6. 发展升级阶段

2013 年开始，以柑橘黄龙病精准防控为标志，赣南脐橙逐步向适度规模、生态开发模式转变，开启赣南脐橙产业发展升级、建设赣南脐橙优质产品供应链、打造世界最大优质脐橙产业基地的新阶段。

以"生态开发、绿色发展"理念为核心，以标准化生态果园建设为抓手，推行"适度密植、高干低冠、宽行窄株"栽培模式，推广假植大苗定植、生态隔离防护、改土增施有机肥等措施，全面推进赣南脐橙标准化、生态化建设。果品采后商品化处理能力和精深加工取得突破，大力推广了内部品质无损检测技术，引进建成信丰农夫山泉等果品精深加工企业。推动赣南脐橙品质品牌溯源系统建设，实施"互联网+赣南脐橙"行动，打响年销售额超亿元的赣南脐橙电商品牌。赣南脐橙成为全国脐橙最大、最优主产区，赣南脐橙产业成为全国三大产业扶贫典范之一，赣南脐橙品牌价值连续位居全国地理标志产品价值榜前列。

(五)赣南脐橙产业发展相关政策支持

表 2-9 展示了部分赣南脐橙产业发展相关文件。赣南脐橙产业的发展离不开国家的各项支持战略和地方政府的相关措施。

表 2-9　赣南脐橙产业发展相关政策

发布时间	文件名称	发布机关/发文编号
2003 年 1 月 29 日	《优势农产品区域布局规划(2003—2007 年)》	农业部 农计发〔2003〕1 号
2008 年 2 月 28 日	《江西省交通厅、江西省农业厅关于对运输赣南脐橙等水果车辆实行免收车辆通行费的紧急通知》	江西省农业厅、江西省交通运输厅 赣交发电〔2008〕20 号
2011 年 7 月 6 日	《2011 年赣南脐橙"提质量树品牌保安全"主题教育活动实施方案》	赣州市人民政府 赣市府办字〔2011〕138 号
2012 年 3 月 23 日	《2012—2016 年赣南脐橙市场营销体系建设方案》	赣州市人民政府 赣市府办发〔2012〕8 号
2012 年 5 月 4 日	《关于加快推进赣南脐橙产业现代化建设的实施意见》	赣州市人民政府 赣市府发〔2012〕5 号
2012 年 6 月 28 日	《国务院关于支持赣南等原中央苏区振兴发展的若干意见》	国务院 国发〔2012〕21 号
2012 年 7 月 13 日	《江西省人民政府办公厅关于进一步促进赣南脐橙产业发展的意见》	江西省人民政府 赣府厅发〔2012〕50 号
2012 年 8 月 31 日	《2012 年赣南脐橙"提质量树品牌保安全"主题活动实施方案》	赣州市人民政府 赣市府办字〔2012〕164 号

续表2-9

发布时间	文件名称	发布机关/发文编号
2015 年 8 月 17 日	《赣州市人民政府办公厅关于切实做好 2015 年赣南脐橙采收加工销售的通知》	赣州市人民政府 赣市府办字〔2015〕100 号
2016 年 7 月 1 日	《赣南脐橙产业发展升级行动计划（2016—2020 年）》	赣州市人民政府 赣市办字〔2016〕27 号
2019 年 3 月 16 日	《关于加快赣南脐橙产业发展升级的实施方案》	赣州市人民政府 赣市府办字〔2019〕20 号
2020 年 3 月 6 日	《赣州市人民政府办公室关于印发 2020 年赣州市柑橘黄龙病防控工作方案的通知》	赣州市人民政府 赣市府办字〔2020〕13 号
2021 年 10 月 9 日	《赣南脐橙产业高质量发展行动计划（2021—2025 年）》	赣州市人民政府 赣市府办字〔2021〕55 号

回顾赣南脐橙 50 余年的产业发展历程，赣州市政府在发展赣南脐橙产业方面采取了以下措施：①引进适宜本地种植的赣南脐橙品种。纽荷尔脐橙品种品质好、产量高、生态适应性好，适合商业化栽培，是 20 世纪 80 年代赣南地区引进种植的脐橙品种。②脐橙种植产业宣传工作。在赣南脐橙试种成功初期，赣州市政府积极宣传引导群众回乡种植脐橙，并通过完善公共基础设施、加大资金投入等措施，激发群众种植兴趣，带动地方经济发展。③创立"赣南脐橙"品牌，并进行品牌维护与宣传工作。树立"赣南脐橙"品牌，为提高"赣南脐橙"品牌知名度，积极承办各类展销会。同时，为了不让投机分子冒用"赣南脐橙"品牌，影响赣南脐橙品牌价值，相关职能部门每年都会到外省开展"赣南脐橙"打假活动。并且，严格规定每年最早脐橙采摘时间，不允许销售高倍农药的赣南脐橙，并对每批销售出去的脐橙进行抽样检测农药残留。④积极做好黄龙病疫情应对工作。2014 年黄龙病首次在赣州市出现，赣州市政府迅速采取政策积极应对，组织专业人员集中砍伐黄龙病株，并对砍伐树苗给予相应补贴，采取措施最大限度地减少农民的损失，积极组织烟叶、猕猴桃的种植；派遣专家对果农进行黄龙病相关知识的培训，组织果农利用物理技术、生物防治技术等控制木虱的繁殖和传播，力争将损失降到最低程度。

（六）赣南脐橙产业未来发展路径

贯彻落实习近平总书记在江西、赣州考察时提出的"坚持绿色发展"的重要要求，坚持以习近平新时代中国特色社会主义思想为指导，推动赣南脐橙产业未来发展。以全赣州市域共同创建全国绿色有机农产品基地试点区，共同打造国家现代农业产业园，共同构建国家农业高新技术示范区，发展优势特色产业集群，开发完善全国绿色食品原料标准化生产基地为发展定位（图 2-2）。坚持完善品种和苗木保障体系、人才和技术支撑体系、品质和品牌提升工程和全产业链社会化服务体系四大体系（图 2-3）。

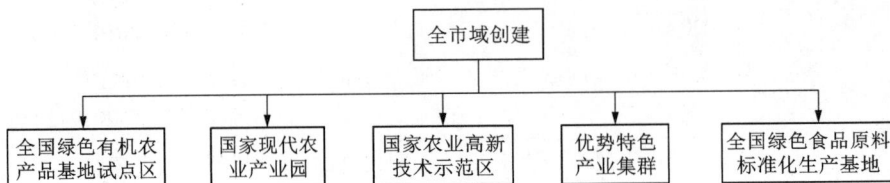

图 2-2　赣南脐橙产业发展定位

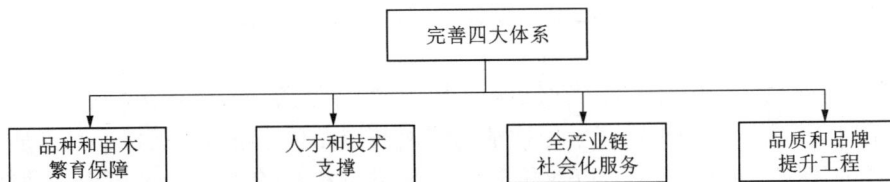

图 2-3　赣南脐橙产业发展路径

预计到 2025 年，赣州市柑橘种植面积将超 260 万亩，以脐橙为主，其中 200 万亩以上种植脐橙，总产量 240 万吨以上；全市柑橘黄龙病平均病株率控制在 2% 以内；果园标准化面积 160 万余亩，果园标准化覆盖率 85% 以上，优质栽培成效明显，优质果品率稳中有升；农业产业化（果业）市级以上龙头企业 100 家以上，使脐橙产业链条更加完善；凭借显著提升的科技创新能力、市场竞争力和品牌影响力，赣南脐橙品牌价值超 1000 亿元，名列全国地理标志产品价值榜前列。

二、赣南脐橙产业市场主体发展概况

（一）赣南脐橙产业市场主体总量情况

1. 赣南脐橙产业市场主体累计登记注册量

赣南脐橙产业市场主体是指市场上从事脐橙产业相关经营活动且在赣州市登

记机关登记注册的个人或组织。脐橙产业相关经营活动包括脐橙苗种研发、脐橙种植生产、脐橙分拣贮藏加工、脐橙销售、脐橙物流运输、脐橙印刷包装、脐橙食品深加工开发、脐橙康养研学旅游、脐橙装备制造、脐橙动画设计和脐橙书籍出版等。

赣州市市场监督管理局登记注册系统显示，2000 年赣南脐橙产业市场主体累计登记注册量为 27 户，2001 年赣南脐橙产业市场主体累计登记注册量为 31 户，2002 年赣南脐橙产业市场主体累计登记注册量为 42 户，2003 年赣南脐橙产业市场主体累计登记注册量为 83 户，2004 年赣南脐橙产业市场主体累计登记注册量为 137 户，2005 年赣南脐橙产业市场主体累计登记注册量为 241 户，2006 年赣南脐橙产业市场主体累计登记注册量为 357 户，2007 年赣南脐橙产业市场主体累计登记注册量为 488 户，2008 年赣南脐橙产业市场主体累计登记注册量为 702 户，2009 年赣南脐橙产业市场主体累计登记注册量为 994 户，2010 年赣南脐橙产业市场主体累计登记注册量为 1611 户，2011 年赣南脐橙产业市场主体累计登记注册量为 1997 户，2012 年赣南脐橙产业市场主体累计登记注册量为 2613 户，2013 年赣南脐橙产业市场主体累计登记注册量为 3083 户，2014 年赣南脐橙产业市场主体累计登记注册量为 3641 户，2015 年赣南脐橙产业市场主体累计登记注册量为 4519 户，2016 年赣南脐橙产业市场主体累计登记注册量为 6420 户，2017 年赣南脐橙产业市场主体累计登记注册量为 8642 户，2018 年赣南脐橙产业市场主体累计登记注册量为 10273 户，2019 年赣南脐橙产业市场主体累计登记注册量为 11985 户，2020 年赣南脐橙产业市场主体累计登记注册量为 12909 户，2021 年赣南脐橙产业市场主体累计登记注册量为 13610 户。截至 2022 年 7 月 15 日，登记在册的赣南脐橙产业市场主体总量达 13795 户，其中包括企业 4346 户、个体工商户 9449 户。赣南脐橙产业市场主体历年累计登记注册量变化和发展情况如表 2-10 和图 2-4 所示，数量整体呈现增长趋势。

表 2-10 2000—2022 年赣南脐橙产业市场主体历年累计登记注册量　　单位：户

年份	市场主体累计登记注册量	个体工商户累计登记注册量	企业累计登记注册量
2000	27	2	25
2001	31	2	29
2002	42	3	39
2003	83	21	62
2004	137	46	91
2005	241	126	115
2006	357	187	170

续表2-10

年份	市场主体累计登记注册量	个体工商户累计登记注册量	企业累计登记注册量
2007	488	247	241
2008	702	317	385
2009	994	423	571
2010	1611	870	741
2011	1997	1086	911
2012	2613	1461	1152
2013	3083	1679	1404
2014	3641	1992	1649
2015	4519	2526	1993
2016	6420	3819	2601
2017	8642	5394	3248
2018	10273	6470	3803
2019	11985	7794	4191
2020	12909	8580	4329
2021	13610	9266	4344
2022	13795	9449	4346

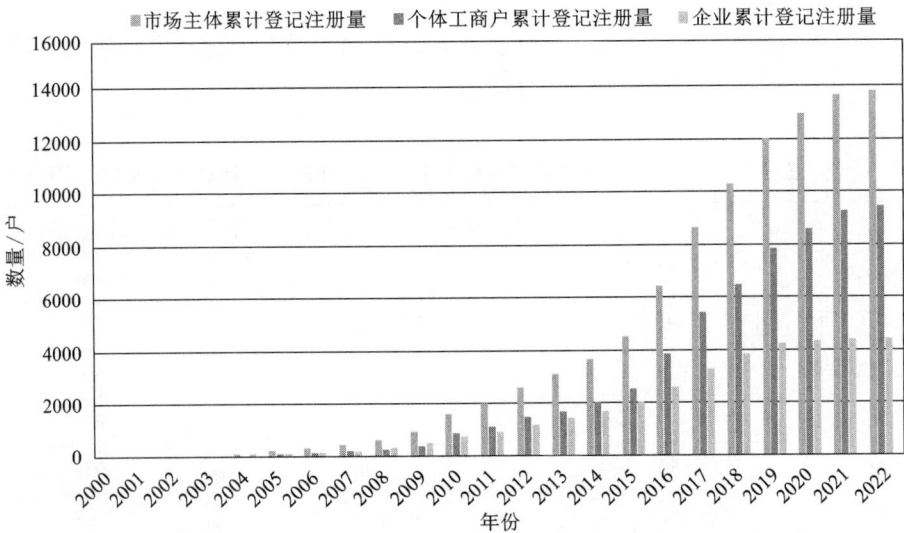

图 2-4　2000—2022 年赣南脐橙产业市场主体累计登记注册量发展情况

以上统计结果显示，2000 年以来，赣南脐橙产业市场主体累计登记注册量呈现增长的态势。2017 年受黄龙病的威胁导致赣南脐橙严重减产甚至毁园绝收，以及 2019 年以来受新型冠状病毒感染疫情、暖冬常态化等因素的影响，严重制约了赣南脐橙产业的发展。2017 年后赣南脐橙产业市场主体累计登记注册数量增长的速度减缓。

2. 赣南脐橙产业市场主体累计保有量

经营状态包括：开业、注销、吊销、迁出和歇业。

开业是指市场主体依法存在并继续正常运营；注销是指市场主体已不复存在，丧失法人资格；吊销是指市场主体由于违反了工商行政管理法规，丧失经营资格；迁出是指由于登记主管机关的变更，市场主体迁离原有登记主管机关；歇业是指出于某种原因，市场主体处于停止生产经营活动、待条件改变后仍恢复生产的状态。

历年赣南脐橙产业市场主体保有量，是指截至当年时间节点经营状态为开业的赣南脐橙产业市场主体数量。截至 2022 年 7 月 15 日，赣南脐橙产业市场主体历年累计保有量和变化情况如表 2-11 和图 2-5 所示。

表 2-11　2000—2022 年赣南脐橙产业市场主体历年累计保有量　　单位：户

年份	市场主体保有量	个体工商户保有量	企业保有量
2000	11	0	11
2001	13	0	13
2002	18	0	18
2003	24	2	22
2004	41	5	36
2005	56	10	46
2006	75	13	62
2007	110	26	84
2008	187	48	139
2009	313	85	228
2010	470	153	317
2011	671	247	424
2012	978	427	551

续表2-11

年份	市场主体保有量	个体工商户保有量	企业保有量
2013	1275	559	716
2014	1670	786	884
2015	2286	1178	1108
2016	3683	2137	1546
2017	5576	3525	2051
2018	6951	4482	2469
2019	8449	5660	2789
2020	9261	6365	2896
2021	9924	7016	2908
2022	10108	7199	2909

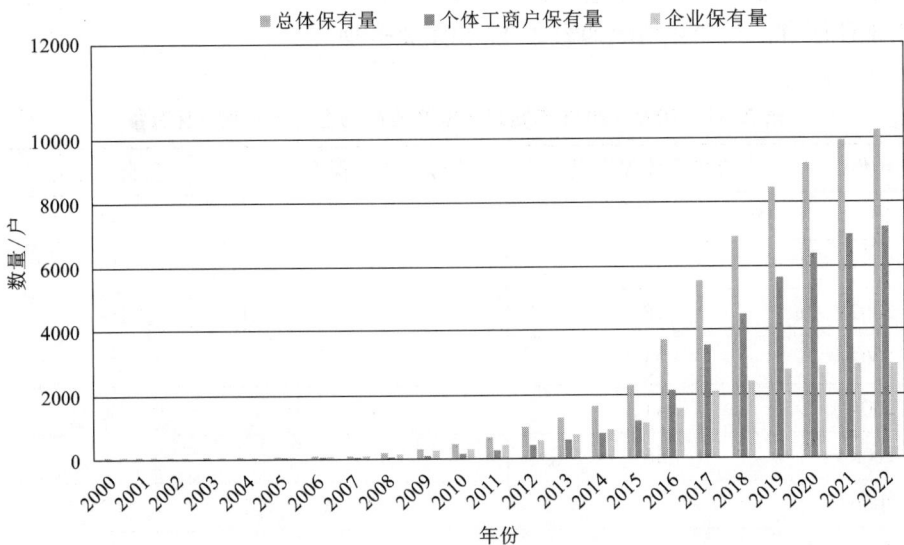

图2-5　2000—2022年赣南脐橙产业市场主体历年累计保有量

　　截至2022年7月15日，赣南脐橙产业市场主体保有量达10108户，其中包括企业2909户、个体工商户7199户。从1971年赣州的第一株脐橙在赣南落种，第一家赣南脐橙产业市场主体马岭崇园艺场在于都县新陂乡成立，历经50余年风雨，在党和政府支持引导、赣南人民不懈努力下，如今赣南脐橙产业市场主体实现了从小农果到大产业的华丽蝶变。

（二）赣南脐橙产业市场主体组织形式发展状况

1. 赣南脐橙产业市场主体类型

赣南脐橙产业市场主体包括企业和个体工商户两种类型。如图2-6所示，截至2022年7月15日累计登记注册的13795户赣南脐橙产业市场主体中，个体工商户数量为9449户，占比68.50%，企业数量为4346户，占比31.50%。

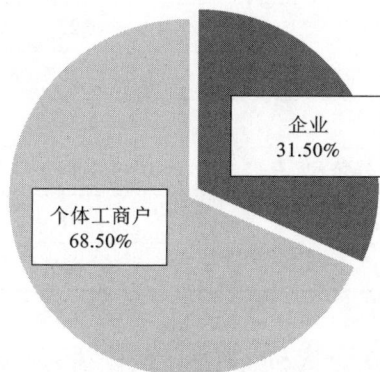

企业
31.50%

个体工商户
68.50%

图2-6 赣南脐橙产业市场主体类型

2. 赣南脐橙企业组成类型

赣州市市场监督管理局登记注册系统显示，赣南脐橙企业类型包括：个人独资企业，个人独资企业分支机构，股份合作制，股份有限公司(非上市、自然人投资或控股)，集体分支机构(非法人)，集体事业单位营业，集体所有制，农民专业合作社，农民专业合作社分支机构，普通合伙企业，其他有限责任公司，全民所有制，台、港、澳投资企业分公司，外商投资企业分公司，有限责任公司。

具体赣南脐橙企业类型分布数量以及占比情况如表2-12所示。

表2-12 赣南脐橙企业类型分布情况

企业类型	企业数量/户	占比/%
个人独资企业	695	16.00
个人独资企业分支机构	2	0.05
股份合作制	1	0.02

续表2-12

企业类型	企业数量/户	占比/%
股份有限公司(非上市、自然人投资或控股)	1	0.02
集体分支机构(非法人)	1	0.02
集体事业单位营业	1	0.02
集体所有制	4	0.09
农民专业合作社	2154	49.56
农民专业合作社分支机构	3	0.07
普通合伙企业	322	7.41
其他有限责任公司	3	0.07
全民所有制	2	0.05
台、港、澳投资企业分公司	1	0.02
外商投资企业分公司	10	0.23
有限责任公司	1146	26.37

将以上企业类型归纳为合伙和独资两大类。独资企业类型包括：个人独资企业、个人独资企业分支机构。合伙企业类型包括：股份合作制，股份有限公司(非上市、自然人投资或控股)，集体分支机构(非法人)，集体事业单位营业，集体所有制，农民专业合作社，农民专业合作社分支机构，普通合伙企业，其他有限责任公司，全民所有制，台、港、澳投资企业分公司，外商投资企业分公司，有限责任公司。合伙企业和独资企业具体分布情况如图2-7所示。

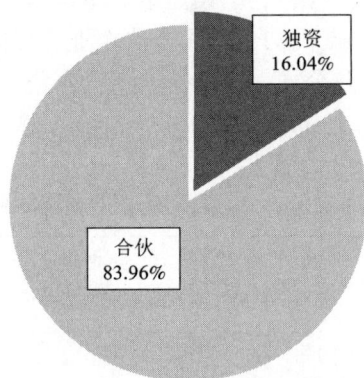

图2-7 企业组成类型

截至 2022 年 7 月 15 日，累计登记注册的赣南脐橙企业中，独资企业有 697 户，占比 16.04%；合伙企业有 3649 户，占比 83.96%。

3. 赣南脐橙个体工商户组成类型

赣南脐橙个体工商户的组成类型包括个人经营和家庭经营。如图 2-8 所示，截至 2022 年 7 月 15 日，登记注册的赣南脐橙个体工商户中，以家庭形式经营的个体工商户有 2608 户，占比 27.60%；以个人形式经营的个体工商户有 6841 户，占比 72.40%。

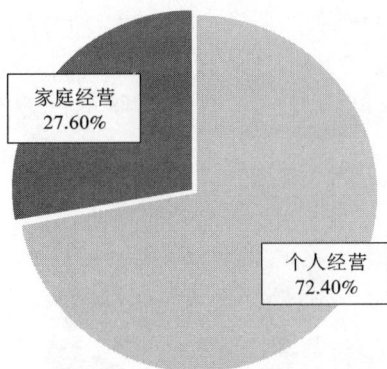

家庭经营
27.60%

个人经营
72.40%

图 2-8 个体组成类型

从组织形式分析，在赣南脐橙产业市场主体中，企业数量达 4346 户，占比 31.50%。在这 4346 户企业中，合伙企业达 3649 户，占比达 83.96%；在 9449 户个体工商户中，家庭经营的个体工商户为 2608 户，占比达 27.60%。这说明赣南脐橙产业正在从传统的以零散种植、销售为主的个体独资经营，向集种植生产、仓储物流、精深加工等于一体的企业合作经营转型，赣南脐橙产业正在不断走向现代化、规模化。

（三）赣南脐橙产业市场主体注册资金情况

注册资金情况是各个市场主体实力的一种体现，是市场主体承担资金风险能力的一种象征。注册资金越大，在一定程度上说明市场主体的实力越雄厚，发展空间大且有更多的发展机遇，特别是对处于市场开发初期的市场主体来说，注册资金越多，越可以加快市场主体的发展。赣南脐橙产业市场主体注册资金情况可以反映各赣南脐橙产业市场主体的实力和对赣南脐橙产业发展的信心。

1. 赣南脐橙产业总体注册资金情况

赣南脐橙产业市场主体注册资金情况如图 2-9 所示。注册资金为 10 万元及以内的赣南脐橙产业市场主体数为 2442 户，占比 17.70%；注册资金为 10 万~20 万元的赣南脐橙产业市场主体数为 1527 户，占比 11.07%；注册资金为 20 万~50 万元的赣南脐橙产业市场主体数为 3632 户，占比 26.33%；注册资金在 50 万~100 万元的赣南脐橙产业市场主体数为 2922 户，占比 21.18%；注册资金为 100 万元以上的赣南脐橙产业市场主体数为 3272 户，占比 23.72%。

由上述统计结果可知，注册资金为 50 万元以上的赣南脐橙产业市场主体数量达 6194 户，占比达 44.90%；注册资金为 100 万元以上的赣南脐橙产业市场主体数为 3272 户，占比达 23.72%，这体现了创业者们对赣南脐橙产业的发展有较坚定的信心，也在一定程度上反映了各赣南脐橙产业市场主体有较强的发展实力。

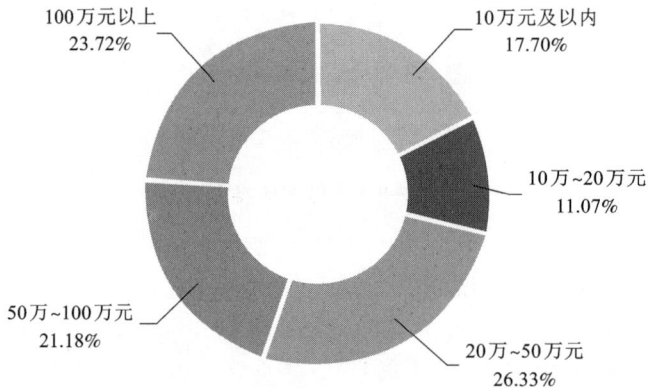

图 2-9　赣南脐橙产业总体注册资金

2. 赣南脐橙企业注册资金情况

赣南脐橙企业注册资金情况如图 2-10 所示。注册资金为 10 万元及以内的赣南脐橙企业数为 308 户，占比 7.09%；注册资金为 10 万~20 万元的赣南脐橙企业数为 147 户，占比 3.38%；注册资金为 20 万~50 万元的赣南脐橙企业数为 639 户，占比 14.70%；注册资金为 50 万~100 万元的赣南脐橙企业数为 1056 户，占比 24.30%；注册资金为 100 万以上的赣南脐橙企业数为 2196 户，占比 50.53%。

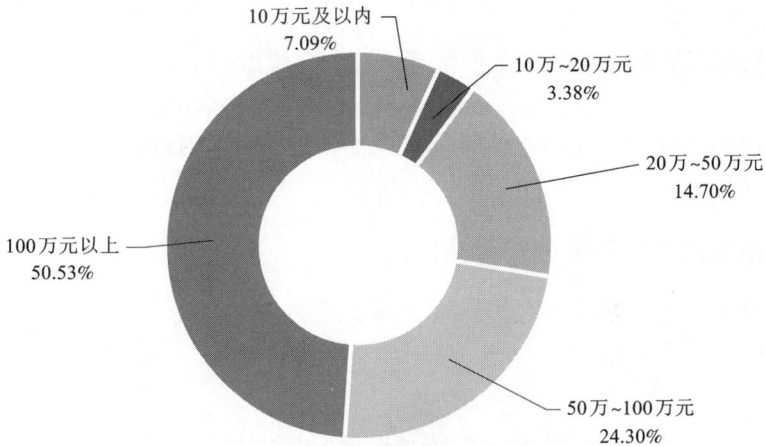

图 2-10　赣南脐橙企业注册资金

3. 赣南脐橙个体工商户注册资金情况

赣南脐橙个体工商户注册资金情况如图 2-11 所示。注册资金为 10 万元以内的赣南脐橙个体工商户数为 2134 户，占比 22.58%；注册资金为 10 万~20 万元的赣南脐橙个体工商户数为 1380 户，占比 14.60%；注册资金为 20 万~50 万元的赣南脐橙个体工商户数为 2993 户，占比 31.68%；注册资金为 50 万~100 万元的赣南脐橙个体工商户数为 1866 户，占比 19.75%；注册资金为 100 万元以上的赣南脐橙个体工商户数为 1076 户，占比 11.39%。

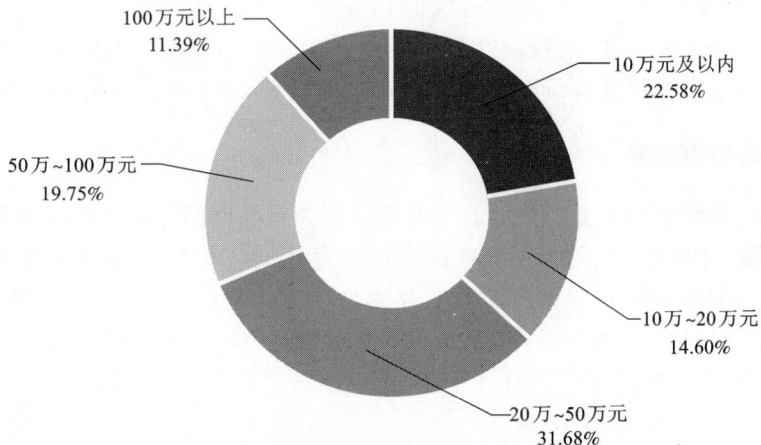

图 2-11　赣南脐橙个体工商户注册资金

（四）赣南脐橙产业市场主体存续时长状况

赣南脐橙产业市场主体存续时长体现了各市场主体对赣南脐橙产业发展的执着坚守。

1. 赣南脐橙产业市场主体存续时长

赣南脐橙产业市场主体存续时长状况如图 2-12 所示。

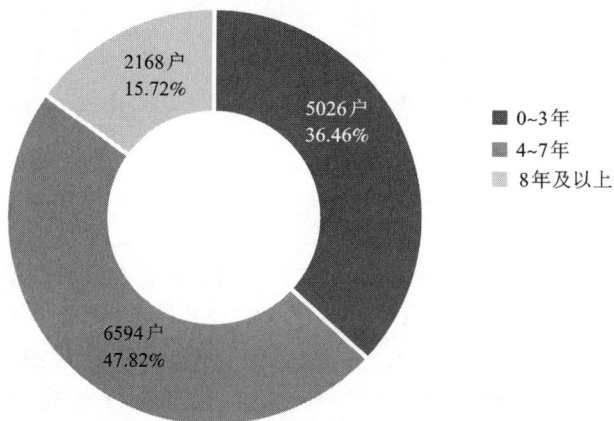

图 2-12　赣南脐橙产业市场主体存续时长

赣南脐橙产业市场主体经营存续时长为 0~3 年的有 5026 户，占比 36.46%；赣南脐橙产业市场主体经营存续时长为 4~7 年的有 6594 户，占比 47.82%；赣南脐橙产业市场主体经营存续时长为 8 年及以上的有 2168 户，占比 15.72%。

2. 赣南脐橙企业存续时长

在统计赣南脐橙企业存续时长过程中，有 7 户赣南脐橙企业的注销时间出现了缺失情况，因此，以下关于赣南脐橙企业存续时长的统计除去了数据缺失的 7 户企业。总共 4339 户赣南脐橙企业存续时长状况如图 2-13 所示。赣南脐橙企业经营存续时长为 0~3 年的有 1127 户，占比 25.97%；赣南脐橙企业经营存续时长为 4~7 年的有 2037 户，占比 46.95%；赣南脐橙企业经营存续时长为 8 年及以上的有 1175 户，占比 27.08%。

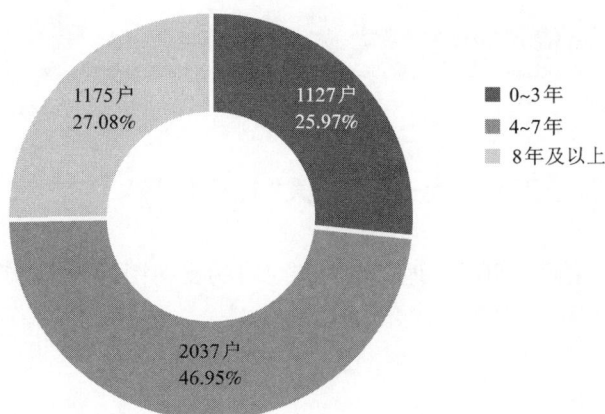

1175 户
27.08%

1127 户
25.97%

■ 0~3 年
■ 4~7 年
■ 8 年及以上

2037 户
46.95%

图 2-13　企业存续时长

3. 赣南脐橙个体工商户存续时长

赣南脐橙个体工商户存续时长状况如图 2-14 所示。赣南脐橙个体工商户经营存续时长为 0~3 年的有 3899 户，占比 41.26%；赣南脐橙个体工商户经营存续时长为 4~7 年的有 4557 户，占比 48.23%；赣南脐橙个体工商户经营存续时长为 8 年及以上的有 993 户，占比 10.51%。

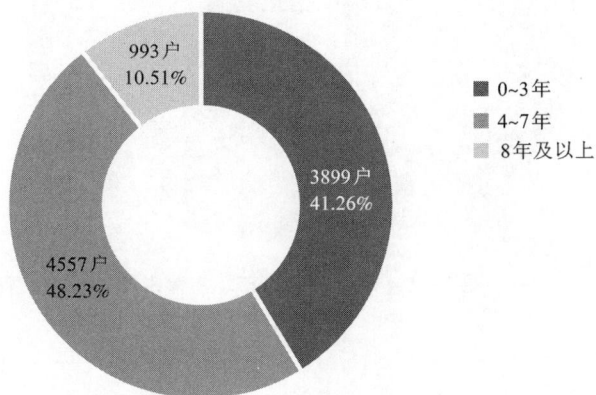

993 户
10.51%

■ 0~3 年
■ 4~7 年
■ 8 年及以上

3899 户
41.26%

4557 户
48.23%

图 2-14　个体工商户存续时长

相较全国中小企业平均寿命 2.5 年而言，赣南脐橙市场主体有更好的坚守。

三、赣南脐橙产业市场主体发展特点

(一)赣南脐橙产业市场主体三大"扎根情怀"

50余年春风化雨，润泽大地，在党和政府的支持引导下，赣南脐橙产业在赣南落地生根，展现出三大扎根情怀。

1. 扎根本土

如图2-15所示，截至2022年7月15日，在赣州市市场监督管理局登记注册系统上登记注册的13795户赣南脐橙产业市场主体中，有13216户是由赣南本地人创办经营的，占比95.80%；有579户是由赣南本地人以外的人口创办经营的，占比4.20%。

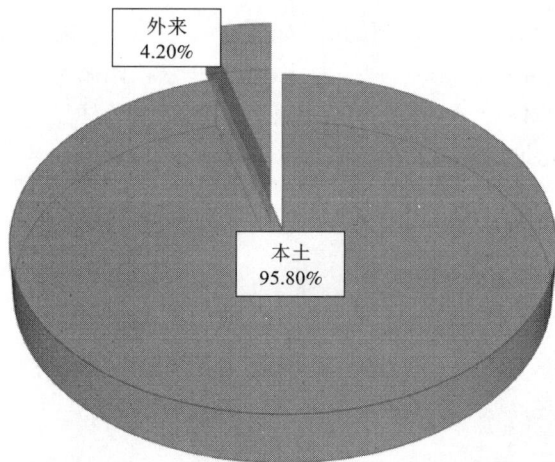

外来
4.20%

本土
95.80%

图2-15　本土与外来市场主体占比

2. 扎根乡村

如图2-16所示，截至2022年7月15日，在赣州市市场监督管理局登记注册系统上登记注册的13795家赣南脐橙产业市场主体中，有2173户市场主体位于中心城区(章贡、经开、赣县、蓉江、南康中心城区)，占比15.75%；有11622户市场主体位于非中心城区(除章贡、经开、赣县、蓉江、南康中心城区以外的其他区域)，占比84.25%。

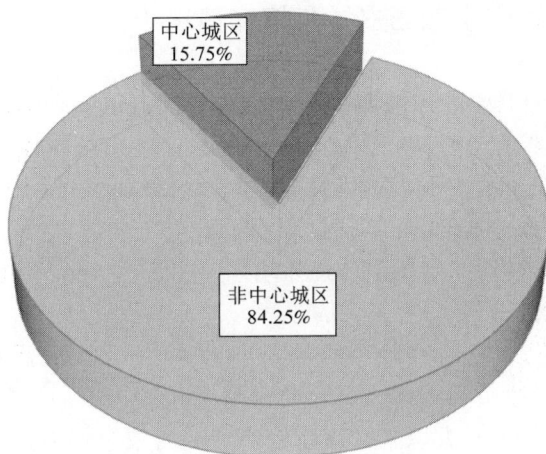

图 2-16 中心与非中心城区占比

3. 扎根一线

赣南脐橙产业链一共分为育苗、种植、农资、分选、加工、包装、销售、仓储、运输、旅游、设备制造等 11 个环节。如图 2-17 所示，截至 2022 年 7 月 15 日，在赣州市市场监督管理局登记注册系统上登记注册的 13795 家赣南脐橙产业市场主体中，有 7637 户市场主体位于赣南脐橙产业链的种植及销售等一线环节，占比 55.35%；有 6158 户市场主体位于赣南脐橙产业链的种植及销售等一线环节以外的其他环节，占比 44.65%。产业链的分布体现了赣南脐橙产业扎根一线。

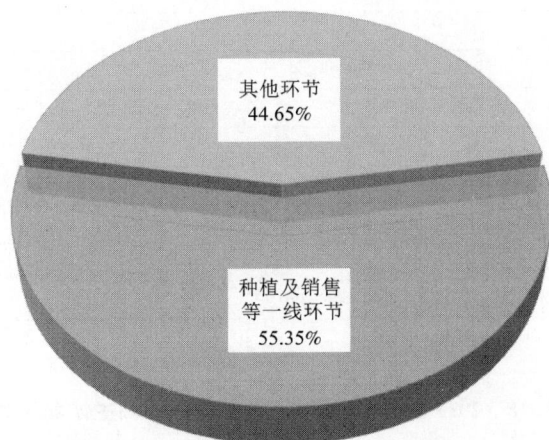

图 2-17 产业链各环节分布

(二)赣南脐橙产业市场主体科技化情况

科技创新在赣南脐橙产业高质量发展过程中起着重要的促进作用。赣南脐橙产业市场主体正在不断走向高科技化。赣南脐橙产业市场主体科技化水平趋高体现在两个方面:一是拥有专利、计算机著作权、科技研发部门人员实验室等从事脐橙科技研发的市场主体(如裕丰农业、绿萌等)数量逐年增多;二是采用科技设备、工具、技术进行经营的市场主体逐年增多,如脐橙 App、脐橙作业机器人、无毒苗木培育、智能分拣线等。

对截至 2021 年底在赣州市市场监督管理局登记注册系统上登记注册的13610 户赣南脐橙产业市场主体,筛选经营范围包含表 2-13 中体现高科技化词频,统计 2013 年党的十八大以来赣南脐橙产业高科技市场主体发展情况,结果如图 2-18 所示,党的十八大以来赣南脐橙产业高科技市场主体呈显著上升趋势,说明科技强国国策在赣南脐橙产业发展中得到了很好的践行。

表 2-13　体现科技化词频

人工智能	自动化	实验室	标准化	微生物	网上	制造	科技	防治
科学技术	计算机	无人机	现代化	软硬件	咨询	制作	研发	数字
生物防治	经纪人	智能化	新品种	培育	电子	器械	开发	设计
互联网	信息化	机械化	专业化	技术	设备	设施	网络	网

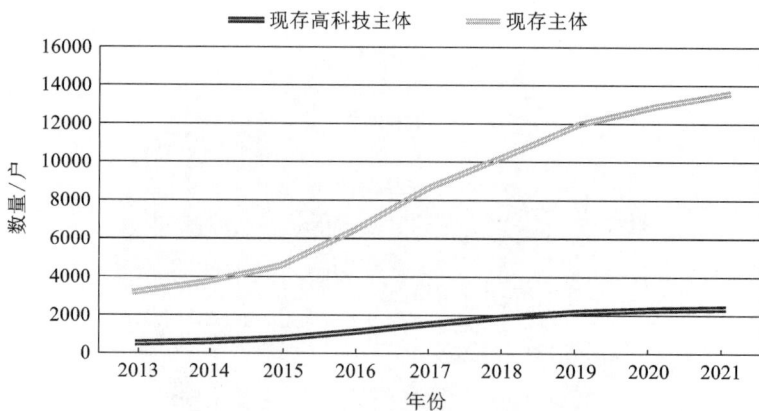

图 2-18　2013—2021 年赣南脐橙高科技市场主体发展情况

(三)赣南脐橙产业高质量市场主体情况

1. 赣南脐橙产业高质量市场主体定义

赣南脐橙产业高质量市场主体是指对赣南脐橙产业的发展更具有支撑力、引领力和赋能力的市场主体。具体来看,赣南脐橙产业高质量市场主体评价指标如表2-14所示。评价指标内容包括:家庭经营占个体工商户之比、合资经营占比、市场主体法人年龄为30~55岁的市场主体占比、注册资本大于50万的市场主体占比和存续时长在3年及以上的市场主体占比。

表2-14 赣南脐橙产业高质量市场主体评价指标

	家庭经营占个体工商户之比
	合资经营占比
赣南脐橙产业高质量市场主体评价指标	市场主体法人年龄为30~55岁的市场主体占比
	注册资本大于50万的市场主体占比
	存续时长在3年及以上的市场主体占比

2. 赣南脐橙产业高质量市场主体评价

本书利用熵值法,以家庭经营占个体工商户之比、非个人独资企业占比、法人年龄为30~55岁的市场主体占比、注册资本大于50万的市场主体占比、存续3年及以上的市场主体占比为指标,拟合了赣南脐橙产业高质量市场主体的占比发展情况。指标数据来源于赣州市市场监督管理局登记注册系统。2013—2021年赣南脐橙产业高质量市场主体历年综合占比情况如表2-15所示。

表2-15 2013—2021年赣南脐橙产业高质量市场主体历年综合占比情况 单位:%

年份	家庭经营占个体工商户之比	非个人独资企业占比	法人年龄为30~55岁的市场主体占比	注册资本大于50万的市场主体占比	存续3年及以上的市场主体占比	综合占比
2013	6.98	29.06	68.34	46.74	47.55	0.65
2014	12.39	32.93	68.94	49.99	54.68	22.72
2015	18.47	34.77	69.77	53.09	61.94	41.77
2016	33.69	34.87	71.29	59.27	71.03	71.87
2017	42.84	34.05	70.85	60.11	76.22	72.56

续表2-15

年份	家庭经营占个体工商户之比	非个人独资企业占比	法人年龄为30~55岁的市场主体占比	注册资本大于50万的市场主体占比	存续3年及以上的市场主体占比	综合占比
2018	35.85	33.53	71.00	60.09	78.17	65.67
2019	33.88	36.05	71.05	58.40	79.68	58.41
2020	29.91	43.47	71.00	57.89	80.27	60.38
2021	28.88	52.97	70.99	57.20	81.01	65.95

3. 赣南脐橙产业高质量市场主体变化情况

赣南脐橙产业高质量市场主体综合占比自2013年以来变化情况如图2-19所示。2013—2021年，赣南脐橙产业高质量市场主体综合占比整体呈现增长趋势。

图2-19 2013—2021年赣南脐橙产业高质量市场主体综合占比趋势图

(四)赣南脐橙产业市场主体经营存续时长影响因素分析

习近平总书记指出，要千方百计把市场主体保护好，为经济发展积蓄基本力量，激发市场主体活力。市场主体是经济的力量载体，保1.5亿户市场主体就是保社会生产力、保就业人口、保中国就业底气。赣南脐橙产业作为赣南地区的富民产业，保赣南脐橙产业市场主体对加快赣南地区乡村振兴、共同富裕有着重要战略意义。

1. 生存分析相关文献综述

生存分析方法主要用来研究特定对象在经历了一段特定的时间之后，发生某种特定事件的概率，它是将研究对象的生存时间和生存结果同时考虑在内的动态统计分析方法，目的是在不同的影响因素存在的情况下，研究生存时间的分布情况。生存分析的应用领域很广，最早是运用在医学领域，目前生存分析也被运用到社会经济领域，多从企业的角度出发研究企业内外部差异对企业生存的影响。

有不少学者对我国企业生存及其影响因素进行了研究。经济环境不同，各位学者对企业生存研究的侧重方向不同，不同的学者从不同的角度出发，如从企业资源投入、学习能力、企业规模、战略选择、创新行为等角度出发，运用企业生存理论研究影响企业生存的因素。吴利华和刘宾[63]回顾了企业的生存理论研究，得出结论：企业的生存与否同时受企业内部的自生能力和企业外部的环境因素的影响。王淼薇和郝前进[64]对企业的初始规模、生产力对企业生存发展的影响进行了研究，得出结论：无论是企业的初始规模，还是企业的生产力，都对企业的生存产生了显著的影响。王峰[65]研究了我国企业的规模、效益、年龄与企业生存的关系，得出结论：企业越大越容易生存，企业效益与企业生存没有正相关关系，企业年龄与企业生存存在非线性关系，企业越老，企业生存能力在减少后也会相应增强。对于企业战略选择因素，戚建梅等[66]就多产品出口对企业生存的影响进行了分析，得出结论：企业的生存受企业出口产品的种类和企业出口核心产品的集中度的影响。鲍宗客[67]研究了企业的创新行为对企业生存的影响，得出结论：企业的技术创新行为能够增强企业抵御各类风险的能力。

生存分析的理论框架大多引入于上述企业生存理论研究和实证研究中，因为企业生存数据普遍存在删失的特征，通常应用生存分析中的生命表分析、Kaplan Meier 分析、Cox 比例风险回归模型描述企业生存过程[68]以及对企业生存过程的影响因素进行分析[69]。

本书参考张先锋等[70]的研究，使用 Cox 比例风险回归模型分析了赣南脐橙产业市场主体经营存续时长的影响因素。研究对象为截至 2022 年 7 月 15 日在赣州市市场监督管理局登记注册系统上登记注册的 13795 户赣南脐橙产业市场主体，包括赣南脐橙企业与赣南脐橙个体工商户，从各市场主体的内部基本特征，研究影响赣南脐橙市场主体生存的因素。

2. 研究方法

在模型选择上，由于事先没有对赣南脐橙产业市场主体生存风险的分布进行假设的需要，半参数化的 Cox 比例风险回归模型（Cox proportional hazards regression model）在进行生存分析时拥有较大优势[71]。Cox 比例风险回归模型基本形式如下：

$$h(t, X) = h_0(t) \exp(\beta_1 X_1 + \beta_2 X_2 + \cdots + \beta_p X_p) = h_0(t) e^{x'\beta} \qquad (2-1)$$

式中：t 为每户赣南脐橙产业市场主体的存续时间；$X = (X_1, X_2, \cdots, X_p)$，为可能影响赣南脐橙产业市场主体存续时间的有关因素，也称为协变量；$\beta = (\beta_1, \beta_2, \cdots, \beta_p)$，为 Cox 比例风险回归模型的相关系数；$h(t, X)$ 为具有协变量 X 的个体在时刻 t 时的风险函数；$h_0(t)$ 为所有协变量取值为 0 时的风险函数，也称为基线风险函数（baseline hazard function），独立于每户赣南脐橙产业市场主体且仅依赖于时间 t [在特定时间 t 下，$h_0(t)$ 为常数]，代表市场环境对于赣南脐橙产业市场主体生存的整体影响；$e^{x\beta}$ 为决定着赣南脐橙产业市场主体实际上面临的各种风险，X_i 每增加一个单位，赣南脐橙产业市场主体退出市场的概率将增加 $e^{\beta_i} - 1$。

3. 变量说明及数据来源

本书的数据主要来源于赣州市市场监督管理局登记注册系统，数据内容包括 13795 家赣南脐橙产业市场主体的登记注册信息，其中每一家赣南脐橙产业市场主体的登记信息包括：市场主体名称、注册号、统一社会信用代码、法定代表人名称、行业门类、注册资本、行业门类、行业代码、登记注册机关、经营场所、成立日期、核准日期、组成形式、经营状态、经营范围等。

本书选取了经营者进入市场时年龄、注册资本、脐橙市场主体盈利预期状况、恩格尔系数、组织形式、政策效应和经营范围等 7 个影响因素用于赣南脐橙产业市场主体的 Cox 比例风险回归，具体参数如表 2-16 所示。

表 2-16　各指标数据及赋值表

变量名称	变量说明
经营者进入市场时年龄 X_1	30~55 岁 =1，小于 30 岁或大于 55 岁 =0
注册资本 X_2/万元	—
脐橙市场主体盈利预期状况 X_3	盈利（实际价格>预期价格）=1，不盈利（实际价格<预期价格）=0
恩格尔系数 X_4/%	—
组织形式 X_5	独资 =1，合作 =0
政策效应 X_6	政策效应好 =1，政策效应差 =0
经营范围 X_7	混营 =1，专营 =0
存续时长 t/年	—
生存结局 Y	死亡 =1，删失 =0

（1）经营者进入市场时年龄（X_1）

该变量通过各赣南脐橙产业市场主体的法定代表人的身份证，识别出各赣南脐橙产业市场主体法定代表人的出生年份，再根据赣州市市场监督管理局登记注册系统中各个赣南脐橙产业市场主体的成立时间，计算出各个赣南脐橙产业市场主体对应的法定代表人在市场主体进入市场时的实际年龄。具体计算公式为：

经营者进入市场时年龄＝每位经营者对应市场主体的成立时间−经营者出生年份

经营者的年龄可以在一定程度上反映经营理念保守程度、经营者的经营经验是否丰富、经验者对新鲜的事物是否保持积极性等。在追求经营者年轻化的同时，不能忽略经营者的知识化和专业化。调查结果显示，年龄为 30~55 岁的经营者在赣南脐橙产业市场主体的经营中表现更出色。该变量为分类变量，将经营者年龄为 30~55 岁的赣南脐橙产业市场主体赋值为 1，经营者年龄小于 30 岁或大于 55 岁的赣南脐橙产业市场主体赋值为 0。

（2）注册资本（X_2）

现有的关于企业生存的研究结果表明：企业的规模会显著影响企业的生存。本书用注册资本规模代替企业规模，每户赣南脐橙产业市场主体注册资本情况从赣州市市场监督管理局登记注册系统获取，部分外资企业、外来人口经营的个体工商户注册资本为外币，则根据相应市场主体成立当年的汇率将注册资本换算成人民币单位。该变量为连续型变量，注册资本的单位统一为万元。

（3）脐橙市场主体盈利预期状况（X_3）

该变量分为赣南脐橙产业市场主体盈利（实际价格>预期价格）和赣南脐橙产业市场主体不盈利（实际价格<预期价格）。该变量为分类变量，当预期盈利时（实际价格>预期价格）赋值为 1，当预期不盈利时（实际价格<预期价格）赋值为 0。

（4）恩格尔系数（X_4）

恩格尔系数是根据恩格尔定律得出的比例数，反映的是食品支出总额占个人消费支出总额的比例。恩格尔系数越大，家庭或个人收入中用于购买生存性食品的支出比例越大，国民人均越贫穷；反之越富裕，表明其收入水平越高。本书统计了每户赣南脐橙产业市场主体成立当年的恩格尔系数情况，探究恩格尔系数对赣南脐橙产业市场主体存续时长的影响。该变量为连续变量，单位为%。

（5）组织形式（X_5）

根据赣州市市场监督管理局登记注册系统数据分析，赣南脐橙产业个体工商户中，包括个人经营的个体工商户和家庭经营的个体工商户。赣南脐橙企业类型可以归纳为合伙和独资两大类，独资企业包括个人独资企业、个人独资企业分支机构；合伙企业包括股份合作制，股份有限公司（非上市、自然人投资或控股），集体分支机构(非法人),集体事业单位营业,集体所有制,农民专业合作社,农民专业合作社分支机构,普通合伙企业,其他有限责任公司,全民所有制,台、港、澳投资企业分公司,外商投资企业分公司,有限责任公司。赣南脐橙产业市场主体总体组织形式这一变量为分类变量,可以分为独资形式和合作形式两个大类,将独资形式的赣南脐橙产业市场主体赋值为1,合作形式的赣南脐橙产业市场主体赋值为0。

(6)政策效应(X_6)

政策效应这一变量反映了政府对赣南脐橙产业发展的支持力度。在本书中,以每户赣南脐橙产业市场主体的成立时间作为基准年。用赣南脐橙每年的市场定价对比上一年的市场定价来反映赣南脐橙产业发展的政策效应,如果当年的赣南脐橙的市场定价大于上一年的赣南脐橙的市场定价,则说明当年赣南脐橙产业发展政策效应好;反之则说明当年的赣南脐橙产业发展政策效应相对去年差。政策效应这一变量为分类变量,将政策效应好的赣南脐橙产业市场主体赋值为1,将政策效应差的赣南脐橙产业市场主体赋值为0。

(7)经营范围(X_7)

市场主体的经营范围是指国家允许企业生产和经营的商品类别、品种及服务项目。市场主体的经营范围在一定程度上说明市场主体的可选择的发展方向,但经营范围是越广越好还是越精越好,是本书需要探讨的问题。经营范围这一变量为分类变量,将经营范围为混营的赣南脐橙产业市场主体赋值为1,经营范围为专营的赣南脐橙产业市场主体赋值为0。

(8)存续时长(t)

根据每户赣南脐橙产业市场主体成立时间、注(吊)销时间(死亡),以年为单位计算出注(吊)销市场主体的存续时长;根据成立时间和截止时间(2022年7月15日,市场主体未死亡),计算出未被注(吊)销市场主体的观察时间。

(9)生存结局(Y)

赣南脐橙产业市场主体的生存结局有两类,死亡和删失。截至2022年7月15日仍持续经营的赣南脐橙产业市场主体记为删失数据,赋值为0;截至2022年7月15日已经注吊销的赣南脐橙产业市场主体记为死亡数据,赋值为1。

4. 模型回归

将通过上述过程选择出的7个变量纳入 Cox 比例风险模型中进行回归。回归过程通过 SPSS 软件实现,采用"Forward:LR 法"让协变量进入模型,设定进出模型的概率均为0.1,在5%的显著性水平迭代回归多次后,得到如表2-17所示的模型回归结果。

表 2-17　Cox 模型回归结果

	β	标准误差	瓦尔德	自由度	Sig.	Exp(β)
经营者进入市场时年龄(X_1)	0.109	0.034	10.318	1	0.001	1.116
脐橙市场主体盈利预期状况(X_3)	0.218	0.066	10.793	1	0.001	1.243
恩格尔系数(X_4)	0.054	0.004	195.472	1	0.000	1.055
组织形式(X_5)	-0.414	0.034	147.120	1	0.000	0.661
经营范围(X_7)	-0.338	0.036	89.028	1	0.000	0.713

从表 2-17 显示的结果可以看出，最终只有经营者进入市场时年龄(X_1)、脐橙市场主体盈利预期状况(X_3)、恩格尔系数(X_4)、组织形式(X_5)、经营范围(X_7)这 5 个关键变量会对模型的结果产生显著的影响，且这 5 个变量的显著性全都小于 0.05，表明模型在 5% 的显著性水平上具有解释力。

Cox 比例风险回归模型最终形式为：

$$h(t, X) = (-0.044t + 0.992) Exp(0.109X_1 + 0.220X_3 + 0.054X_4 - 0.414X_5 - 0.339X_7)$$
（2-2）

①经营者进入市场时年龄(X_1)这一分类变量的回归系数 0.109>0，Exp(β)=1.116>1，说明进入市场时年龄不在 30~55 岁的经营者所经营的赣南脐橙产业市场主体发生死亡的风险是进入市场时年龄在 30~55 岁的经营者所经营的赣南脐橙产业市场主体发生死亡风险的 1.116 倍。

②脐橙市场主体盈利预期状况(X_3)这一分类变量的回归系数为 0.218>0，Exp(β)=1.243>1，说明不盈利时（实际价格<预期价格）赣南脐橙产业市场主体发生死亡的风险是盈利时（实际价格>预期价格）发生死亡风险的 1.243 倍。

③恩格尔系数(X_4)这一连续变量的回归系数为 0.054>0，Exp(β)=1.055>1，说明恩格尔系数每增加 1 单位，会增加 1.055 倍赣南脐橙产业市场主体发生死亡的概率。

④组织形式(X_5)这一分类变量的回归系数为-0.414<0，Exp(β)=0.661<1，说明合作形式赣南脐橙产业市场主体死亡的风险是独资形式赣南脐橙产业市场主体的 0.661 倍，合作形式比独资形式降低了 0.339 倍的死亡风险。

⑤经营范围(X_7)这一分类变量的回归系数为-0.338<0，Exp(β)=0.713<1，说明混营的赣南脐橙产业市场主体发生死亡的风险是专营的赣南脐橙产业市场主体发生死亡风险的 0.713 倍，混营形式比专营形式降低了 0.287 倍的死亡风险。

5. 生存曲线

图 2-20~图 2-22 分别为按经营者进入市场时年龄、按经营范围、按组织形式分组的赣南脐橙产业市场主体的生存曲线。

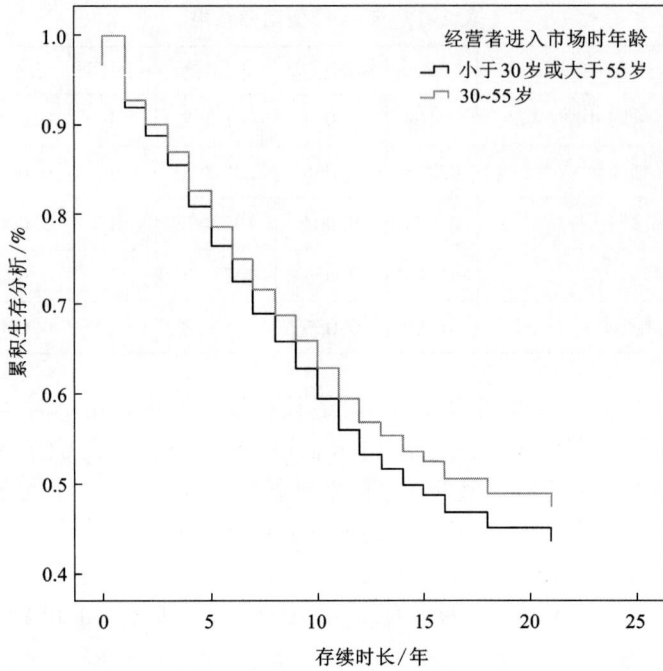

图 2-20　按经营者进入市场时年龄：30~55 岁–小于 30 岁或大于 55 岁生存曲线

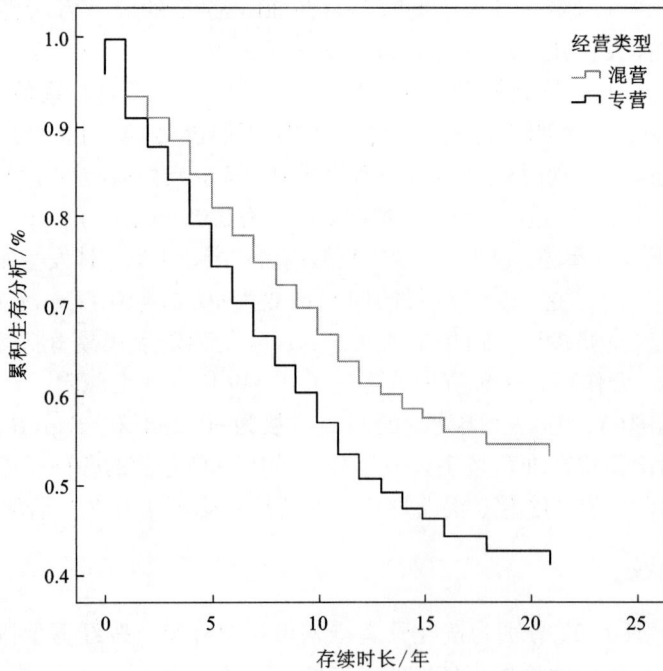

图 2-21　按经营范围：混营-专营生存曲线

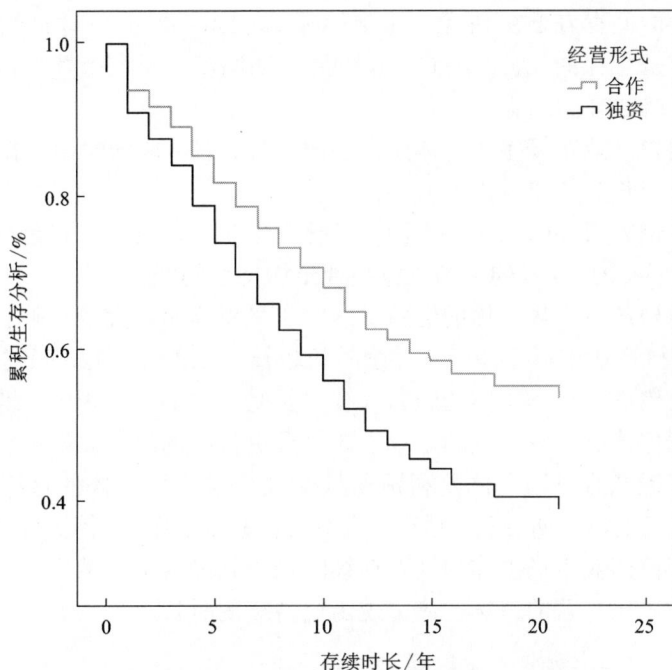

图 2-22　按组织形式：合作-独资生存曲线

①从图 2-20 按经营者进入市场时年龄分组后的生存曲线可以看出，相较于进入市场时年龄不为 30～55 岁经营者经营的赣南脐橙产业市场主体，进入市场时年龄为 30～55 岁经营者经营的赣南脐橙产业市场主体呈现更持续的经营存续时长，更能够降低市场主体的生存风险。

②从图 2-21 按经营范围分组后的生存曲线可以看出，相较于经营范围为专营的赣南脐橙产业市场主体，经营范围为混营的赣南脐橙产业市场主体呈现出更持续的经营存续时长，更能够降低市场主体的生存风险。

③从图 2-22 按组织形式分组后的生存曲线可以看出，相较于组织形式为独资的赣南脐橙产业市场主体，组织形式为合作的赣南脐橙产业市场主体呈现出更持续的经营存续时长，更能够降低市场主体的生存风险。

6. 本节小结

本节研究了赣南脐橙产业市场主体生存时间，截至 2022 年 7 月 15 日，在赣州市市场监督管理局登记注册系统中登记注册的赣南脐橙产业市场主体一共有 13795 户，其中 7 户市场主体出现数据缺失，最终对 13788 户市场主体进行分析。截至观察时间结束，一共有 3680 户市场主体死亡，10108 户市场主体未死亡。市场主体的生存时间存在删失现象。本节运用 Kaplan-Meier 估计描绘了赣南脐橙产业市场主体的生存曲线，运用 Cox 比例风险回归模型研究市场主体存续时间影响因素，主要结论有：

①赣南脐橙产业市场主体总体生存状况良好，有七成的赣南脐橙产业市场主体的经营存续时长为 5 年及以上；

②经营者进入市场时的年龄不同，市场主体的生存概率存在差异，经营者进入市场时年龄为 30~55 岁的市场主体呈现出更持续的经营时长；

③赣南脐橙产业市场主体的经营存续时长受恩格尔系数的影响，恩格尔系数越小，赣南脐橙产业市场主体经营存续时长越长，反之则存续时间越短；

④赣南脐橙产业市场主体的经营存续时长受组织形式的影响，组织形式为合作形式的市场主体比独资形式的市场主体呈现更持续的经营时长；

⑤赣南脐橙产业市场主体盈利预期状况也会对市场主体的存续市场产生影响，当脐橙市场主体预期盈利，则经营存续时间越长，反之则经营存续时长越短；

⑥赣南脐橙产业市场主体的经营存续时长受其经营范围的影响，经营范围为混营的市场主体比专营的市场主体呈现出更持续的时长。

(五)赣南脐橙产业高质量市场主体案例

1. 信丰农夫山泉果业有限公司

信丰农夫山泉果业有限公司于 2015 年 7 月 27 日在赣州市信丰县市场监督管理局登记注册，注册资本为 1000 万人民币，其经营范围包括：脐橙分选、榨汁、终端品灌装及其产品销售；水果、植物液汁、浸膏及农副产品、农产品收购、加工、销售；外包装的生产、销售；食品添加剂的生产、加工、销售；水、饮料、食品、化妆品、保健食品、日用品及其他商品的零售业务；工业旅游服务；食品及生物工程的技术开发、技术咨询、技术服务；货物进出口；餐饮服务(公司食堂)；货运代理服务；普通货物仓储、装卸服务。

信丰农夫山泉果业有限公司打造了"17.5°橙"和"NFC 橙汁"等品牌，其是目前为止亚洲最大、技术最先进的橙汁加工企业，该公司形成了集脐橙种植、脐橙分选加工、榨汁灌装、皮渣深加工、观光旅游为一体的全产业链发展。

2. 江西绿萌农业发展有限公司

江西绿萌农业发展有限公司于 2002 年 8 月 30 日在赣州市信丰县市场监督管理局登记注册，注册资本为 200 万人民币，其经营范围包括脐橙的种植、加工和销售、农机的经营等。

江西绿萌农业发展有限公司是一家专注从事果蔬采后智能装备研制的国家高新技术企业、国家专精特新"小巨人"企业,是国内规模最大、技术最先进、市场份额最高的果蔬采后装备整体解决服务商。截至今日,该公司承担了包括国家重点研发计划在内的省部级以上项目20余项,拥有近300项专利,获得"国家知识产权优势企业""江西省智能制造标杆企业""江西省服务型制造示范企业""江西省科技创新示范企业"等荣誉称号。江西绿萌农业开发有限公司先后在北京、深圳、无锡、信丰等地设立产品研发中心,获批建设长期与中科院、华中农业大学、华南农业大学等科研院校开展产学研合作的国家柑橘保鲜技术研发中心、省级工业设计中心、省级企业技术中心、省级工程技术研究中心、省级博士后创新实践基地等研发平台,引进邓秀新院士和中国工程院罗锡文院士及团队组建院士专家工作站2个,坚持走科技创新之路,目前技术水平已达到国际先进水平。

3. 瑞金市品冠农业发展有限公司

瑞金市品冠农业发展有限公司于2013年成立,2014年获得批准使用赣南脐橙地理标志,经营范围包括:脐橙种植、销售,组织采购,供应会员生产所需物资,开展会员所需运输、贮藏、包装,引进新技术、新品种,进行技术培训、技术交流、提供咨询服务。瑞金市品冠农业开发有限公司以"公司+基地+农户"的模式经营赣南脐橙,是一家集种植、收贮、商品化处理、包装、销售于一体和集一、二、三产业融合发展的产业化、规模化、品牌化、规范化、股份制农业企业。

4. 江西信明科技发展有限公司

江西信明科技发展有限公司成立于1998年,是一家民营企业,以农产品品牌化为主要经营业务。该企业按照龙头企业带动农业产业化发展的思路,打造了以地方农副产品推广为主的创业园,提供了信息咨询、创业培训、物流仓储等方面的服务;依托信丰脐橙产业的优势,帮助果农在网上销售脐橙,在脐橙采摘、分级清洗、仓储、包装、运输等方面为农户提供一站式服务。

第三章

赣南脐橙产业竞争力研究

一、基于 CiteSpace 的产业竞争力研究

(一) 数据来源与研究方法

1. 数据来源

本书以中国知网学术期刊 (CNKI) 数据集为来源,搜集并整理相关期刊文献数据,检索条件设置为:以"产业竞争力"为篇名进行检索。由于检索出来的结果显示,产业竞争力的相关文献最早出现时间为 1996 年,所以将检索时间设定为 1996 年 1 月 1 日至 2022 年 12 月 22 日;期刊来源为中文核心期刊和 CSSCI。精确检索到文献 1082 篇。结合具体检索情况,针对搜集到的文献,手动剔除会议论文、新闻稿等研究意义不大以及内容与"产业竞争力"关联性较弱的文献,最终得到有效文献 1074 篇。

2. 研究方法

科学知识图谱亦称知识图谱,是显示某一学科领域知识演化发展过程与内嵌结构关系的一种图像,兼具时间性、空间性和结构性。知识图谱绘制工具可经计算机技术对大量的引文数据进行信息的深度挖掘和加工,并生成可视化图形来揭示知识间的内在联系规律和相关研究主题的研究热点及发展潮流[72],便于对某一研究领域现有知识的理解和深化。

目前，能够绘制知识图谱的可视化工具较多，CiteSpace 是其中较为流行的一款，由陈超美博士主导设计和研发[73]。因此，本书选择 CiteSpace 5.5R2 软件对从中国知网数据库收集的产业竞争力相关文献进行搜集、处理和加工，力求以可视化的形式将一段时间内该研究领域的作者和研究机构的关联关系、研究热点及研究前沿形象地展现出来。

(二)作者合作网络分析

利用 CiteSpace 进行作者合作网络分析，绘制出 1864 个节点、1448 条连线构成的国内产业竞争力研究的作者合作网络图谱(频次≥3 次)，如图 3-1 所示，图中节点越大，代表相应作者发文数量越多；连线越多，代表作者之间的合作关系越广；连线越粗，代表作者之间的合作关系越紧密。产业竞争力的作者合作网络密度为 0.0008，说明目前我国学者对产业竞争力的研究尚处于分散研究的情况，虽然形成了以刘炳胜、王雪青为核心的研究团队，涉及建筑产业竞争力领域，但是大多核心作者之间的合作关系较为分散，处于"单打独斗"的模式，尚未形成稳定的合作关系网。

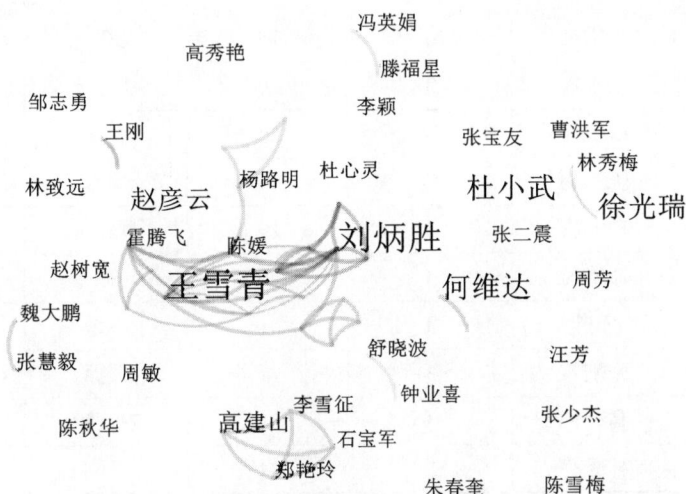

图 3-1　1996—2022 年国内产业竞争力研究文献作者合作网络图谱

根据普赖斯定律，判断其是否为核心作者的计算公式如下：

$$m_p = 0.749\sqrt{n_{p\max}} \qquad (3-1)$$

式中：$n_{p\max}$ 为发表论文数最多的学者所发表的文献数量。

由此，可以计算出我国产业竞争力研究领域的作者至少需要发表约 2.12 篇文献，也就是发文量达到 3 篇及以上的作者才能被称为产业竞争力领域的核心作者。作者发表文献数量如表 3-1 所示，共有 34 位核心作者，共发表 119 篇文献，占产业竞争力领域发文量的 11.08%（≤50%）。由此可以看出，国内产业竞争力领域的核心作者所产生的集群效益尚未凸显，可能是因为我国产业类型众多、范围较广，导致相关作者研究方向存在差异，抑制了作者之间的合作意愿。

表 3-1　1996—2022 年我国产业竞争力文献的核心作者与其发文量

序号	作者	发文量/篇	序号	作者	发文量/篇
1	刘炳胜	8	18	陈秋华	3
2	王雪青	7	19	张少杰	3
3	杜小武	5	20	邹志勇	3
4	徐光瑞	5	21	冯英娟	3
5	何维达	5	22	舒晓波	3
6	赵彦云	4	23	高秀艳	3
7	朱春奎	4	24	曹洪军	3
8	李雪征	3	25	赵树宽	3
9	张二震	3	26	杜心灵	3
10	石宝军	3	27	李颖	3
11	陈雪梅	3	28	周芳	3
12	钟业喜	3	29	林致远	3
13	郑艳玲	3	30	滕福星	3
14	汪芳	3	31	周敏	3
15	张宝友	3	32	张慧毅	3
16	高建山	3	33	魏大鹏	3
17	林秀梅	3	34	王刚	3

（三）机构合作网络分析

利用 CiteSpace 进行机构合作网络分析，绘制出 1075 个节点、425 条连线构成的，密度为 0.0007 的国内产业竞争力研究的机构合作网络图谱（频次≥4 次），如图 3-2 所示, 图中节点越大, 代表相应机构发文数量越多; 连线越多, 代表机构之间的合作关系越广; 连线越粗, 代表机构之间的合作关系越紧密。

从发文量来看, 发文量排前的机构依次为中南大学 (12 篇)、天津大学 (9 篇)、河海大学 (9 篇)、中南财经政法大学 (7 篇)、四川大学 (6 篇)、吉林大学 (6 篇)、武汉理工大学 (6 篇)、东北林业大学 (6 篇)、石河子大学 (6 篇)。从研究机构来看, 研究机构覆盖东部、西部、中部、东北部, 表明产业竞争力的研究受到了全国各地研究者的普遍关注。从机构类别来看, 多为国内重点高校, 也有少数研究所, 各高校下属二级学科多为经济学院、管理学院和商学院, 与学科特征相符。从合作关系来看, 中南大学和河海大学形成了一些合作子网络, 但除此之外, 我国关于产业竞争力领域的研究大多是通过独立机构进行的, 各机构间的合作关系仍需进一步加强, 特别是跨专业、跨学校和跨地域。

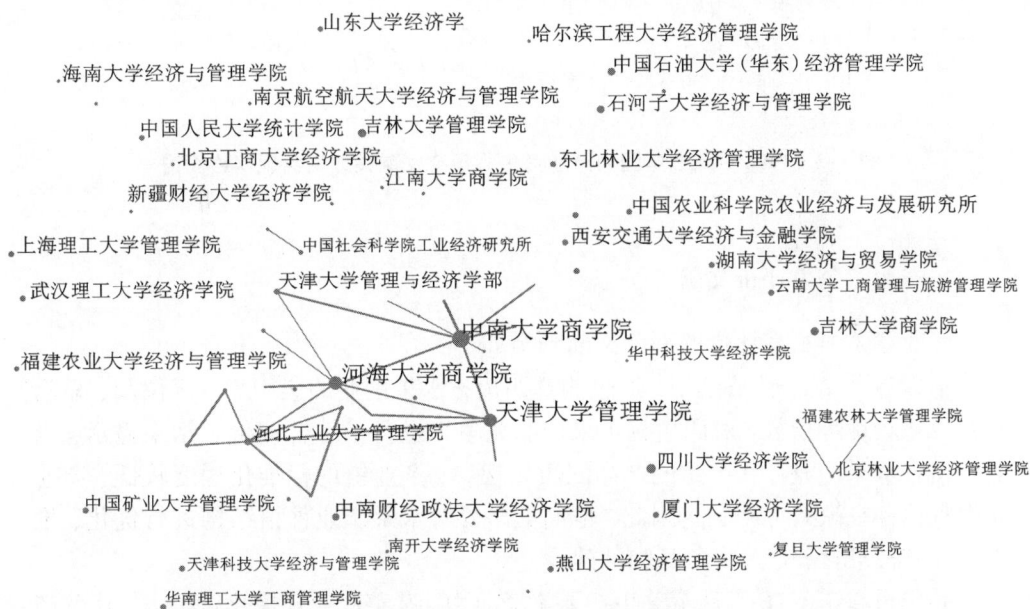

图 3-2　1996—2022 年国内产业竞争力研究文献机构合作网络图谱

(四) 关键词共现网络分析

利用 CiteSpace 进行关键词共现网络分析, 绘制出 683 个节点、1439 条连线构成的, 密度为 0.0062 的国内产业竞争力研究的关键词共现网络图谱 (频次 ≥15 次), 如图 3-3 所示。通过关键词分析, 能够了解 1996—2022 年国内产业竞争力研究的热点,节点越大,代表关键词出现次数越多。

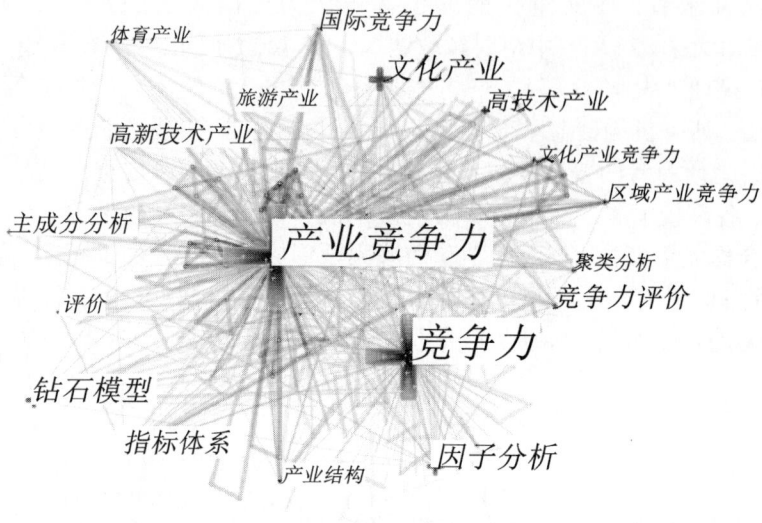

图 3-3　1996—2022 年国内产业竞争力研究文献关键词共现网络图谱

1. 产业竞争力评价文献

产业竞争力水平评价的部分文献列举如下:

卓攀等[74]基于钻石模型,通过测算四川省水果产业的集中率、区位熵、显示性对称比较优势指数,对四川省水果产业竞争力进行了综合评价。结果显示,当前四川省水果产业存在严重的产品同质化现象、产业链的标准化程度较低、产业品牌宣传存在缺失等问题。因此,他们提出要对水果产业种植结构进行优化、推进产业链标准化、打造特色品牌的建议。

乔俊勇和崔茂森[75]从蔬菜生产要素竞争力、蔬菜产业规模化竞争力、蔬菜产出效益竞争力、蔬菜产业市场竞争力四个层面构建了蔬菜产业竞争力评价指标体系,通过运用主成分分析法对 2006 年、2011 年、2016 年、2019 年山东省各地级市的蔬菜产业的竞争力水平进行了研究。研究发现,山东省蔬菜产业竞争力提高核心因素为现代要素投入与农业基础,它们与产业综合竞争力变化的一致性较为明显。

李媛媛等[76]基于钻石模型,从生产要素、需求条件、相关及支持产业、企业战略、同业竞争、政府支持等六个维度展开了我国葡萄酒产业竞争力分析。结果显示,我国葡萄酒产业竞争力强,主要体现在生产要素优势大、消费市场潜力大、相关及支持产业完备上，但受全球经济低迷及疫情影响，葡萄及酒产业发展面临严峻挑战。因此，他们提出要加快技术短板研发进度、加快推进葡萄酒产业数字化转型升级、正确引导消费文化的建议。

张丽莹等[77]运用优势指标评价法测算了河北省桃产业的市场占有率、资源禀赋系数、价格和成本收益，并对桃产业的比较优势进行了评价，最后运用系统聚类法对河北省桃产业在全国桃产业的竞争地位进行了分析。结果显示，河北省桃产业竞争力强，主要体现在面积、产量、市场占有率具有很强的竞争优势上。

霍晴等[78]从大葱产业形势、大葱产业结构、大葱成本效益三个方面对我国大葱产业竞争力进行了分析，发现我国大葱产业生产组织化程度低，近几年生产成本上升，而收益下降，这些问题有待解决。因此，他们提出要加快出台扶持政策、推进大葱优势区域布局、推进大葱绿色生产的建议。

吴琳和李珍[79]基于钻石模型，从生产要素、需求要素、相关产业和支持产业、产业战略结构与竞争对手四个方面构建了河北省肉羊产业国内竞争力评价指标体系，并通过运用主成分分析法对河北省肉羊产业国际竞争力和影响因素进行了评价分析。研究结果表明：在河北省肉羊产业国内竞争力评价的四个方面，排名最高的是相关产业和支持产业方面，排名为第四位；其次是产业战略结构与竞争对手方面，排名为第六位；再次是生产要素方面，排名为第八位；最后是需求要素方面，排名为第十七位。

吴孔明等[80]基于安全保障力、产业控制力、市场竞争力 3 个核心要素构建了新阶段农业产业竞争力评价指标体系，通过运用熵权法对农业产业竞争力进行了测算。结果显示，农业产业综合竞争力竞争优势不明显且总体薄弱并呈波动下降趋势，其中安全保障能力总体呈上升趋势，产业控制力呈现"W"形波动特征。因此，他们提出要在重要农产品稳定供应、农业产业增值空间拓宽、经营主体与服务主体现代化推动、国际农业合作话语权提升、农业科技优先发展上发力。

赖靖雯等[81]通过运用综合比较优势指数分析方法测算了 2011—2020 年四川省生猪产业比较优势指标值，分析发现四川省生猪产业存在生猪种业核心竞争力不足、标准化规模化水平不高、动物疫病防控体系薄弱、精深加工水平低、政策落实落地难等问题。因此，他们提出要高质量发展生猪饲料兽药产业、大力发展生猪标准化规模养殖、加快加强生猪良繁体系建设、建立市场信息监督预警机制、做好川猪产业品牌、规范生猪屠宰加工业、加强疫病防控和技术服务的建议。

于永霞等[82]通过应用综合比较优势指数模型和 AHP–SWOT 模型，对全国包括广西、云南等 19 个蚕区 2016—2020 年的桑园面积、蚕茧产值、规模优势指数（SAI）、效率优势指数（EAI）、综合比较优势指数（AAI）进行了比较分析。结果表明，广西蚕桑产业竞争力强，主要体现在桑蚕规模和桑蚕生产效率优势显著、综合比较优势稳定。因此，他们提出要在优质鲜茧及高等级生丝的生产与供应、蚕桑机械化研发应用、桑蚕茧丝绸全产业链条发展等方面加大投入力度。

何书朋等[83]基于《烟台统计年鉴》和《山东统计年鉴》的数据，构建了以气候竞争力、生产竞争力、市场竞争力、集群竞争力为二级指标的烟台地区主要水果产业竞争力指标体系，并运用熵权法、TOPSIS 方法对 2015—2019 年烟台地区苹果、梨、葡萄、樱桃产业竞争力进行了分析。结果表明，2015—2019 年烟台地区 4 种主要水果产业竞争力在时间层面上总体较弱，但平均竞争力逐年上升，4 种主要水果产业间竞争力差距逐年减小。因此，他们提出要激发产业活力、推进水果产品精深加工、加强农业基础设施建设、加大科技创新投入的建议。

黄京和刘瑞涵[84]通过测算 2010—2019 年世界冷冻甜玉米十强出口国的国际市场占有率、显示性比较优势指数和贸易竞争力指数，基于钻石模型分析中国甜玉米产业国际竞争力。结果显示，中国甜玉米产业国际竞争力不强，而开拓国际市场动力不足、产品出口的目标市场结构有待优化、交易市场空间有待深入挖掘是当前制约中国甜玉米产业国际竞争力提高的主要因素。因此，他们提出要加大生产要素投入、重点支持产业链相关环节、培育新型农业经营主体、深度开拓国际市场的建议。

陈雄等[85]基于钻石模型，从生产要素、相关产业、需求条件、企业战略、政府和机会六个方面对安龙县食用菌产业竞争力进行了分析。结果表明，安龙县食用菌产业发展迅速，自然条件、企业战略和政府政策是其发展的关键，但基础设施建设、风险预防机制建设和深加工体系建设不足是其薄弱环节。因此，他们提出要完善种植区域基础设施建设、建立食用菌菌种质量评价和监督体系、建立食用菌产业风险防控以及保障机制、创新和延长产业链、加强技术培训力度的建议。

刘晓雪等[86]从甘蔗种植环节、甘蔗加工环节、蔗糖贸易三个环节对蔗糖产业国际竞争力进行了比较分析，并以资源禀赋、产业现实、政策、技术作为约束条件，以提升糖业竞争力作为目标函数，给出了产业竞争力提升的发展路径：构建现代精准甘蔗产业发展模式、构建甘蔗全产业链资源要素高值化生产体系、用好价格和收入风险管理组合拳、多元政策助力糖业降本增效。

马晓萍和王明利[87]以资源禀赋竞争力、消费竞争力、生产竞争力、质量竞争力、环境竞争力、贸易竞争力作为一级指标构建了蛋鸡产业竞争力测定指标体系，并运用层次分析法对蛋鸡产业竞争力进行了评价。结果显示，首先，1995—2019 年中国蛋鸡产业竞争力有小幅提升，其中资源禀赋竞争力、消费竞争力、质量竞争力、环境竞争力均呈缓慢增强的趋势，生产竞争力呈下降趋势，贸易竞争力呈先上升后下降趋势；其次，中国蛋鸡产业竞争力不强，整体仍处于中等偏低水平，低于西班牙、日本、美国等国家；最后，中国蛋鸡产业各子系统表现为低水平协调，蛋鸡产业子系统协调度整体上低于西班牙、日本和美国，但呈现一定的上升趋势。因此，他们提出要增加饲料种植面积，并对高效饲料替代品进行开发和探寻；对规模化、疫病净化和技术化的养殖方式要继续推进；加强蛋鸡粪温室气体排放控制，提高环境竞争力。

余红红等[88]以基本竞争力、生产竞争力、市场竞争力、技术竞争力为一级指标构建了核桃产业竞争力指标体系，通过运用熵值法对中国18个主要核桃种植省、市、区进行了核桃产业竞争力测算。结果表明，产业竞争力最强的为云南、新疆、四川、北京、山东为代表的区域，其次为以浙江、河南、山西、河北为代表的区域，最后为以重庆、安徽、湖南、湖北、甘肃、贵州、吉林、西藏为代表的区域。

黄京等[89]以效率比较优势指数、规模比较优势指数、综合比较优势指数为指标，评价北京市草莓产业竞争力。结果表明：北京市草莓产业具有较高的产业竞争力，但综合比较优势指数低于辽宁省。制约北京市草莓产业竞争优势提升的主要因素为优质种苗保障性不足、主栽品种相对单一且出现种性退化现象、耕作与栽培技术有待提高、生产经营主体的品牌运营和市场开拓能力不足。

高希龙等[90]基于企业资源基础理论将葡萄酒产业资源分为了基础资源、战略资源和高阶资源三大类，并从价格竞争力、质量竞争力、营销竞争力、组织竞争力与风险控制竞争力五个方面对烟台市葡萄酒产业竞争力进行了分析。结果表明，烟台市葡萄酒产业竞争力在自然条件、科研实力、营销渠道等方面拥有优势，在生产成本、产业融合、品牌建设等方面存在劣势。

肖亮等[91]基于四川省生猪产业规模化率分析和成本与效益分析，通过测算效率优势指数（EAI）、规模优势指数（SAI）及综合优势指数（AAI）来分析四川省生猪产业的国内竞争力。结果显示，四川省生猪产业竞争力强，主要体现在饲养规模方面，但生产成本、生产效益及生产效率等方面仍是制约其产业竞争力提升的重要方面。因此，他们提出向规模化养殖转变、养殖标准化和产业化、打造"川猪"自主品牌等建议。

何佳俊等[92]基于钻石模型，构建了以生产要素、需求条件、相关性产业、企业战略与同行业竞争为一级指标的生猪产业竞争力指标体系，并运用熵权法测算了四川省、山东省、河南省、湖南省、广东省、云南省的生猪产业竞争力得分。研究发现，四川省生猪产业竞争力在全国六个养猪强省中位居前列，但四川省生猪产业发展不平衡，生产要素、需求条件两方面是其短板。因此，他们提出要加强基础设施建设、提高生猪养殖规模化和标准化程度、提高对外开放程度等建议。

黄茹琴和蔡臣[93]基于四川省桑蚕产业发展现状，通过测算效率优势指数、规模优势指数和综合优势指数来分析四川桑蚕产业竞争力。结果表明，四川桑蚕产业竞争力强，但仍存在种桑养蚕设备落后、品种研发更新体系不健全、优势资源开发不足等问题。因此，他们提出要延伸桑蚕产业链和促进产业融合、全面提升桑蚕产业科技创新能力、建立稳定的高素质科技队伍等建议。

弋凤蕊等[94]通过测算效率比较优势指数(EAI)、规模比较优势指数(SAI)和综合比较优势指数(RCCA)来评价2014—2018年中国各区域甘薯产业竞争力。结果显示,中国甘薯产业生产规模相对稳定,单产水平呈上升趋势,但甘薯产业竞争力的提升仍受政策环境、市场监管、消费文化环节等宏观环境因素和不同区域产业发展存在差异、微观生产经营主体面临产业链不同环节掣肘的影响。因此,他们提出要改善产业发展的宏观环境、因地制宜实施差异化竞争战略、鼓励微观生产经营主体弥补各自短板等建议。

许贤斌等[95]利用钻石模型分析法,从生产要素、需求要素、企业战略、企业结构、同业竞争、相关支持性产业机会、政府等方面对西藏茶产业竞争力进行了分析。结果显示,西藏优越的自然环境及悠久的茶文化是其茶产业竞争力的重要体现,但高素质人才的缺乏、西藏茶产业在企业战略和企业结构及同业竞争方面较薄弱是制约其茶产业竞争力提升的主要因素。因此,他们提出要结合西藏茶产业实际来制定企业战略、改善产业结构、加大创新力度、加大品牌塑造力度等建议。

赵姜等[96]基于北京市食用菌产业发展现状,利用钻石模型分析方法从生产要素、需求条件、产业组织和企业战略、相关产业与支持产业、政府五个方面对北京市食用菌产业竞争力进行了评价,并对北京市食用菌产业比较优势进行了分析。结果显示,北京市食用菌产业当前存在产业链较短及相关配套产业发展滞后、产业发展后劲不足、市场体系建设滞后、政策支持力度不够等问题。为提升北京市食用菌产业竞争力,他们提出要优化产业结构、加强科技创新、积极开拓市场、加大政策扶持力度及加快完善技术服务体系建设、发挥区域比较优势等建议。

张捷华和张毅[97]运用"新钻石模型",从生产要素、国内市场需求、产业发展模式、相关与辅助性产业、政府和机遇、创新能力六个方面对云南咖啡产业发展现状及产业竞争力进行了分析。结果显示,云南咖啡产业面临市场风险防范认识不足致使咖农种植积极性不高、国内咖啡文化发展还不成熟、政策扶持标准变动大、精深加工技术不足、产业创新能力提升慢等问题。因此,为提升云南咖啡产业竞争力,他们提出要建立云南咖啡信息网络平台、建立咖啡风险基金和咖啡豆收购最低价格保护机制等建议。

周林荣等[98]通过运用比较优势指数法,通过测算2013—2018年贵州省9个州市茶产业的规模优势指数、效率优势指数与综合优势指数值,对贵州省茶产业竞争力进行了分析。结果显示,贵州省茶园面积和茶叶产量呈快速上升趋势,其中,遵义市茶产业竞争力最强,铜仁市茶产业竞争力次之,但生产效率不足,贵阳市、毕节市与六盘水市为茶产业竞争力最低的几个地区。因此,为提升贵州省茶产业竞争力,他们提出要强化茶叶质量控制、加大茶叶品牌建设力度、加快茶产业加工升级进度、推进茶产业开拓市场等建议。

韩振兴等[99]基于江苏省草莓种植概况、产业集中度,通过测算 2003 年—2016 年江苏省草莓产业的效率比较优势指数、规模比较优势指数、综合比较优势指数,对江苏省草莓产业竞争力进行了分析。结果显示,品种单一及标准化生产水平低、种苗培育规模化程度低、连作障碍严重、产业组织化程度不高、品牌意识差等问题是制约江苏省草莓产业竞争力提升的主要因素。因此,他们提出要加快草莓新品种培育、种苗培育规范化和标准化、推广脱毒苗使用、提高草莓产业组织化程度、加强品牌建设等建议。

彭思云等[100]基于钻石模型,从生产要素、市场需求、相关及支持产业、企业与同业竞争企业的战略结构、机遇、政府支持六个方面对遵义市辣椒产业竞争力进行了分析。结果显示,遵义市辣椒产业竞争力不强,存在产业附加值低、科技服务体系不全、农民种植积极性不高等问题。因此,他们提出要进一步优化辣椒产业生产要素、进一步拉动辣椒市场需求、推进实施全球化战略、加快基础设施建设等建议。

高冰等[101]通过对河北省玉米产业竞争力构成要素、产业竞争力优势、产业竞争力劣势的分析,得出当前河北省玉米产业具有一定竞争力,但仍存在种植结构不合理和供需矛盾突出、加工产品结构单一、龙头企业少等问题。因此,为提升河北省玉米产业竞争力,他们提出要促进玉米种植规模化和产业化、加快调整玉米种植结构、推进玉米精深加工等建议。

刘斐等[102]从市场、生产、技术、组织、外部环境 5 个维度构建谷子产业竞争力评价体系,通过运用主成分分析法对中国谷子产业竞争力进行了综合评价。结果显示,中国谷子产业竞争力总体水平较高,呈现高高、低低集聚特征,其中谷子产业竞争力排名前三的省份为山西省、河北省、内蒙古。为进一步提升中国谷子产业竞争力,他们提出要优化谷子产业空间布局、加强科技支撑、延伸谷子产业链、完善政策扶持体系、培育新型经营主体等建议。

李亮等[103]通过对山西苹果产业进行显示性指标分析、分析性指标分析、比较优势分析,发现山西苹果产业竞争力强主要体现在资源禀赋、单产水平、规模单产综合水平和生产成本等方面,而价格和利润率是影响其竞争力的主要因素。因此,他们提出要扩大市场占有率、优化品种结构、注重分级包装和采后处理等建议。

冯丰寸和石道金[104]通过测算诸暨市 2012—2017 年国家现代农业产业园香榧特色产业区位商,并基于波特的钻石模型从生产要素、需求条件、生产组织和企业结构战略、相关和支持产业、政府的作用五个方面对诸暨市国家现代农业产业园香榧产业竞争力进行分析。分析发现,良好的生产要素、市场需求、政府支持及产业链完善和延长促进了诸暨市香榧产业的发展。因此，他们建议未来香榧特色产业的发展应从聚焦技术攻坚、产业升级、生态绿色发力。

金莹和韩东钊[105]从基础竞争力、企业竞争力、结构竞争力、环境竞争力四个方面构建了枸杞产业竞争力评价体系，并运用主成分分析法对全国五大枸杞产区的产业竞争力进行了分析。结果表明，我国五大枸杞主产区的农业经济水平与其产业竞争力呈现正相关关系，宁夏中宁是全国枸杞产业竞争力最强的产区，甘肃酒泉是枸杞产业竞争力提升最快的产区，新疆、青海、内蒙古的枸杞产业竞争力水平相对较弱。

龙蔚等[106]通过构建以马铃薯总播种面积、马铃薯总产量、马铃薯单位面积产量、资源禀赋系数、规模优势系数、效率优势指数、综合比较优势指数、马铃薯市场占有率、农业机械总动力为指标的马铃薯产业竞争力评价指标体系，运用因子分析法测算 2010—2015 年各省（区、市）马铃薯产业竞争力。结果表明，四川省、甘肃省、贵州省、内蒙古、云南省是我国马铃薯产业竞争力最强的几个省份，但这些省在生产效益和机械化综合水平上仍存在不足。

吴晓婷和杨锦秀[107]通过测算 2011—2013 年四川苍溪猕猴桃产业与国内 7 个猕猴桃主产区猕猴桃种植的比较优势来对比评价四川苍溪猕猴桃产业竞争力，并基于钻石模型分析影响其竞争力的因素。结果表明，苍溪县猕猴桃产业相对全国平均水平具有一定竞争优势，处于中游水平，种植品种单一、产量低、投入期长等是影响其竞争力提高的主要因素。因此，他们提出要提高猕猴桃种植优势、完善猕猴桃特色产业的产业链、提升营销能力。

石秋艳等[108]通过测算 2008—2012 年我国主要沿海省市淡水工厂化水产养殖 EAI 和 SAI，运用比较优势分析法评价 2008—2012 年广东省工厂化水产养殖业在沿海省市中的竞争优势度。结果表明，广东省工厂化水产养殖业竞争力低于沿海平均水平，存在专业化程度低、技术水平低、管理效率低等短板问题。因此，他们提出要推进产业标准化建设、加大资金扶持力度、加强科技支撑体系建设、完善保险支持政策等建议。

张俊才和李建贵[109]通过构建以生产竞争力、销售竞争力、品牌竞争力、抗风险能力、可持续发展为一级指标的红枣产业竞争力指标体系，运用主成分分析法对阿苏克地区红枣产业竞争力进行分析。结果表明，阿苏克地区红枣产业竞争力较强，土壤与气候、种植户、科技投入因素、品种创新、贮藏与加工、销售渠道是当前制约阿苏克地区红枣产业竞争力提升的主要因素。因此，他们提出要因地制宜和强化引导、调整结构和开拓市场、增强品牌意识、加强科技支撑、完善市场流通体系等建议。

赵浩宇等[110]基于钻石模型，构建以生产要素、需求条件、相关与支持产业、企业战略与竞争环境、政府行为与机遇优势为一级指标的枣庄市石榴产业竞争力评价指标体系，运用因子分析法考察了枣庄市石榴产业竞争力水平。结果表明，科技水平、经营方式、消费需求、市场环境和资本资源是影响枣庄市石榴产业竞争力的主要因素。因此，他们提出要加大科技投入、规模化经营、打造区域品牌等建议。

任瑞玉等[111]基于甘肃小杂粮产业发展现状，通过对甘肃小杂粮产业的优劣势分析，发现当前甘肃省小杂粮产业竞争力不高主要体现在品牌竞争力低、供种体系不健全、产业化程度不高等方面。因此，他们提出要实施品牌战略和优异性竞争战略、构建专用和特色为主体的优异小杂粮产品生产结构、因地制宜培育优异小杂粮产业化集聚区等建议。

麻双双和马文学[112]通过构建以蓝莓产业结构、蓝莓企业行为、蓝莓产品、产业环境为二级指标的蓝莓产业竞争力影响因素评价指标体系，运用层次分析法对大兴安岭蓝莓产业竞争力进行分析。结果表明，影响大兴安岭蓝莓产业竞争力的因素按照影响程度由大到小分别为产业环境、产业结构、企业行为、蓝莓产品。

阿布力孜·布力布力[113]基于国内外核桃生产现状，通过对新疆核桃产业规模、优势和劣势的分析，得出当前新疆核桃产业存在核桃质量参差不齐、产品附加值低、核桃产品交易市场不规范、缺乏权威的核桃信息平台、农民和经纪人之间未形成真正利益共同体等问题。为提升新疆核桃产业竞争力，他提出实施龙头带动战略、打造品牌、开拓国内外市场、加强对农民利益的保护等建议。

管仕平[114]基于波特的钻石模型，从生产要素、需求状况、相关产业、企业战略以及政府和机遇五个方面对广西桑蚕产业竞争力进行了分析。分析发现，广西桑蚕产业当前存在技术人才和管理人才不足、对外开放程度低、低成本竞争优势减弱等问题。因此，他提出要构建广西桑蚕产业集群以提升产业竞争力。

熊伟等[115]通过对我国柑橘产销形势和柑橘市场价格走势的分析，发现我国存在柑橘品种结构严重失衡、国内市场需求饱和、国际贸易萎缩等问题。为了提升三峡库区柑橘产业竞争力，他们提出加快晚熟柑橘发展、加大晚熟柑橘新品种的引进和培育力度、适时启动 NFC 橙汁和晚熟鲜食柑橘冷链运销规划、加大重大技术的示范和应用推广力度等建议。

陈翔等[24]通过对赣南脐橙产业发展现状的调查与分析，发现影响赣南脐橙产业竞争力因素主要有：品种结构单一，商品化处理率低，品牌管理不成熟；先进技术推广难度大、力度小；基础设施落后，存在病虫害威胁；赣南脐橙产业社会化服务体系不完善。因此，他们提出赣南脐橙产业应以面积型向优质丰产型转变、产中型向产前产后型转变、生产型向营销型转变、产供销割裂型向贸工农一体化型转变四大发展为目标。

谢昌贵[116]通过对南丰蜜橘产业发展现状的分析，发现南丰蜜橘产业竞争力提高主要受自然风险、种植风险、市场风险影响。因此，他提出加大科技自主创新力度、推进生态橘园建设工程、加强苗木市场管理、严格落实标准化生产、加快完善鲜果流通体系等建议。

2.产业竞争力相关模型方法

综合以上文献，产业竞争力模型方法主要包括以下几种。

（1）主成分分析法

主成分分析法（principal component analysis，PCA）是一种降维的统计方法，是一种将原来变量重新组合成一组新的相互无关的几个综合变量，根据实际需要从中取出几个较少的总和变量以尽可能多地反映原来变量信息的统计方法。它被广泛应用于区域经济发展评价、满意度测评、服装标准制定等领域。

（2）钻石模型

钻石模型由美国哈佛商学院著名的战略管理专家迈克尔波特于1990年提出，主要用于分析一个国家某种产业为什么会在国际上有较强的竞争力。波特认为，决定一个国家的某种产业竞争力的要素有四种，分别为生产要素、需求条件、相关产业和支持性产业的表现、企业的战略和结构及竞争对手的表现，这四个要素双向作用，形成了钻石体系。

（3）优势指数法

优势指数法是比较优势研究方法的一种，在农业比较优势研究中常包括产量比较优势指数、规模比较优势指数、综合比较优势指数，用来反映一个地区某作物的单产水平、一个地区某种作物生产的规模和专业化程度、特定区域某种作物的比较优势。

（4）层次分析法

层次分析法（AHP）是美国运筹学家匹茨堡大学教授萨蒂于20世纪70年代初提出的，它是一种层次权重决策分析方法，是指将与决策有关的元素分解成目标、准则、方案等层次，并基于此进行定性和定量分析的决策方法。该方法根据总目标和问题性质，将问题分解为不同的组成因素，并按照组成因素之间的相互关联影响以及隶属关系，将因素按照不同的层次进行聚集组合，以形成一个多层次的分析结构模型，从而最终使问题归结为最低层相对于最高层的相对重要权值的确定或相对优劣次序的排定。

（5）熵权法

熵权法是一种客观赋权方法，基本思路是根据指标变异性的大小来确定客观权重。该方法在使用过程中，需要基于各指标的数据的分散程度，利用信息熵计算出各指标的熵权，再根据各指标对熵权进行一定的修正，从而得到较为客观的指标权重。在该使用背景下，如果某个指标的信息熵越小，就表明其指标值的变异程度越高，能够提供的信息量也越多，在综合评价中所能起到的作用也越大，其权重也就越大。相反，如果某个指标的信息熵越大，就表明其指标值的变异程度越低，能够提供的信息量也越少，在综合评价中所能起到的作用也越小，其权重也就越小。

(6)因子分析法

因子分析最早由英国心理学家 C. E. 斯皮尔曼提出，是一种从变量群中提取共性因子的统计技术，是一种降维的方法。它主要用于减少分析变量个数，通过对变量间相关关系的探测，将原始变量分组，即将相关性高的变量分为一组，用共性因子来代替该变量，使问题背后的业务因素的意义更加清晰地呈现。

(7)描述性统计

描述性统计是指运用制表和分类、图形以及计算概括性数据来描述数据特征的各项活动，属于比较初级的数据分析，常见的分析方法包括对比分析法、平均分析法、交叉分析法等。描述性统计分析要对调查总体所有变量的有关数据做统计性描述，主要包括数据的频数分析、数据的集中趋势分析、数据离散程度分析、数据的分布，以及一些基本的统计图形。

3. 文献述评

总体来看，学术界和实践界关于产业竞争力的研究已有一定深度，主要体现在研究主题、研究方法上。

首先，从研究主题上来看，目前产业竞争力的相关研究所涉及的学科很广，包括经济管理学、农业科技、信息科技、哲学与人文科学等，其研究内容多体现在农业、制造业上。其次，从研究方法上来看，当前关于产业竞争力测度的研究方法以钻石模型、主成分分析法、优势指数法、熵权法、因子分析法、层次分析法、描述性分析为主。其中，多数学者优先选择基于钻石模型或者综合其他学者研究构建竞争力评价指标体系，再选择测度方法进行产业竞争力水平测度，少数学者通过定性描述或指标评价的方法展开对产业竞争力水平的测度。

目前对赣南脐橙产业竞争力的研究很少，已有研究主要是采用描述性分析的方法对赣南脐橙产业竞争力进行比较研究，较少学者运用产业竞争力主流的研究方法如主成分分析法、钻石模型、熵权法等对赣南脐橙产业竞争力展开研究。因此，本书通过综合已有研究构建赣南脐橙产业竞争力评价指标体系，选用主成分分析法对赣南脐橙产业竞争力进行了测度分析，以期找出影响赣南脐橙产业竞争力的主要因素，为提高赣南脐橙产业竞争力建言献策。

4. 小结

现有产业竞争力水平评价研究方法总结如表3-2所示。

表 3-2　学术界产业竞争力水平测度研究方法统计

研究方法	沿用作者
主成分分析法	吴琳和李珍（2022）、金莹和韩东钊（2018）、乔俊勇和崔茂森（2022）、吴琳和李珍（2022）、杨丽等（2020）、张俊才和李建贵（2015）
熵权法	施菁（2022）、褚淑贞和刘敏（2012）、刘建国（2012）、吴孔明和毛世平（2022）、余红红和韩长志（2021）、何佳俊等（2021）、何书朋等（2022）
钻石模型	卓攀等（2022）、李媛媛和王鲁泉（2022）、陈雄等（2022）、许贤斌等（2021）、李亮等（2020）、赵姜等（2020）、张捷华和张毅（2020）、彭思云等（2019）、冯丰寸和石道金（2019）、吴晓婷和杨锦秀（2016）、管仕平（2010）
优势指数法	黄京袁和刘瑞涵（2022）、赖靖雯等（2022）、于永霞等（2022）、肖亮等（2021）、黄茹琴和蔡臣（2021）、弋凤蕊等（2021）、周林荣等（2020）、韩振兴等（2020）、石秋艳等（2015）、任瑞玉等（2014）、龙蔚等（2018）
层次分析法	马晓萍和王明利（2021）、王成福等（2020）、麻双双和马文学（2013）
描述性分析	霍晴和吴曼（2022）、刘晓雪和曹付珍（2021）、高冰等（2019）、刘斐等（2019）、阿布力孜·布力布力（2012）、熊伟等（2009）、谢昌贵（2006）、陈翔等（2007）
因子分析法	张丽莹和马永青（2022）、黄京和刘瑞涵（2021）、赵浩宇（2014）
企业资源基础理论	高希龙等（2021）

（五）研究前沿分析

利用 CiteSpace 进行关键词突现分析，可以了解国内产业竞争力领域内研究兴趣和研究前沿兴起集中于哪一方向，共检索出 11 位关键词，如图 3-4 所示。从研究持续时间长度来看，学者们对区域产业竞争力的研究时间最长，为 9 年；其次是竞争力评价、高新技术产业、层次分析法等。从关键词突现强度来看，文化产业、钻石模型、竞争力评价、产业集群等在一定程度上是我国产业竞争研究的前沿内容。由此说明，产业竞争力研究从一开始的区域产业竞争力评价向产业集群如何促进产业竞争力研究，再向具体产业如文化产业、战略性新型产业、高新技术产业等的竞争力评价方向发展，其中，层次分析法、主成分分析法等方法成为产业竞争力评价中的主要模型方法。

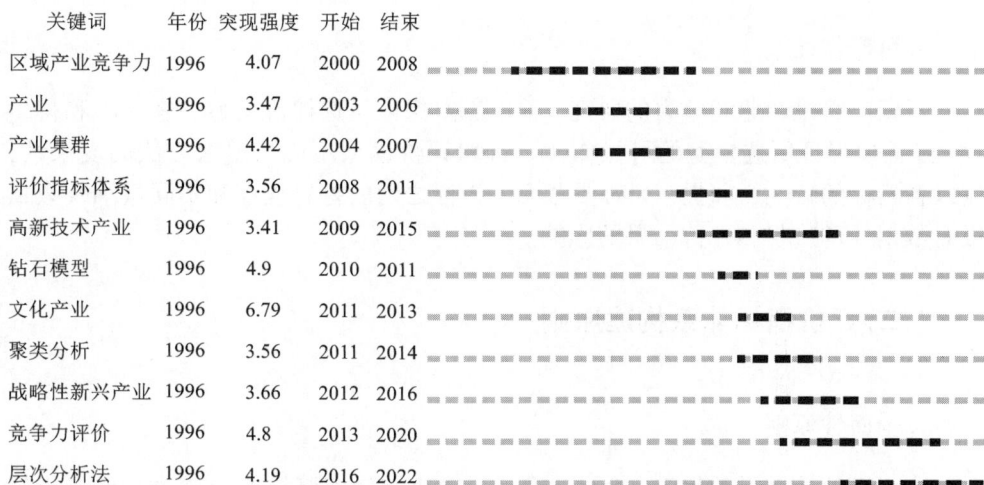

关键词	年份	突现强度	开始	结束	
区域产业竞争力	1996	4.07	2000	2008	
产业	1996	3.47	2003	2006	
产业集群	1996	4.42	2004	2007	
评价指标体系	1996	3.56	2008	2011	
高新技术产业	1996	3.41	2009	2015	
钻石模型	1996	4.9	2010	2011	
文化产业	1996	6.79	2011	2013	
聚类分析	1996	3.56	2011	2014	
战略性新兴产业	1996	3.66	2012	2016	
竞争力评价	1996	4.8	2013	2020	
层次分析法	1996	4.19	2016	2022	

图 3-4 1996—2022 年国内产业竞争力研究文献突现情况

二、赣南脐橙产业竞争力指标体系构建

（一）评价模型构建原则

1. 客观性

赣南脐橙产业竞争力评价模型的客观性包括研究数据的真实有效性、各指标权重确定的客观性。首先，进行赣南脐橙产业竞争力研究的前提是研究数据要真实、客观、有效，数据的真实、有效是保证研究结论正确的前提条件。其次，对赣南脐橙产业竞争力进行评价的关键是要选择合适的方法，客观地确定评价指标体系中各指标所占的权重，避免主观赋权对评价结果造成的影响。

2. 科学性

赣南脐橙产竞争力评价模型要求所采用的评价方法具有科学的理论依据，所使用的相关公式是公认且经过检验的。科学方法是人们在认识和改造世界中遵循或运用的、符合科学一般原则的各种途径和手段，包括在理论研究、应用研究、开发推广等科学活动过程中采用的思路、程序、规则、技巧和模式。选择合适的、科学的研究方法才能保障研究结果的正确性。

3. 可操作性

对赣南脐橙产业竞争力的研究，不仅需要保证所选评价模型的客观性和科学性，还需要保证所选模型的可操作性。选取评价模型不应只追求方法的复杂性，应以各指标的特性为前提，同时要考虑各指标之间的差异程度和不同量纲及数量级对数据处理过程和评价结果的影响。

(二) 评价指标体系构建原则

1. 全面性原则

为保证评价结果的科学、全面、准确，在建立赣南脐橙产业竞争力评价指标体系时应选取既能够反映赣南脐橙产业各主体特征，又能够反映赣南脐橙产业发展各个环节的基本特征，包括苗木、种植、农资、分级、包装、加工、贮藏、运输、销售、机械制造、旅游休闲等环节发展的指标。因此，在构建赣南脐橙产业竞争力评价指标体系时，应该将脐橙生产要素、脐橙产业规模、脐橙产业市场、脐橙产出纳入，不但要包括赣南脐橙产业链的前端，还要包括赣南脐橙产业链的后端。

2. 科学性原则

赣南脐橙产业竞争力评价指标的设计要科学合理。首先，所选取的评价指标要能体现赣南脐橙产业发展的基本特征；其次，评价指标体系中各指标之间应有清晰的边界，指标之间的层次要清楚明了；最后，应科学合理地确定所选取的各指标的权重。

3. 可操作性原则

选取的评价指标在符合评价目的的同时也应该能够契合实际研究情况。评价指标的数据应是客观、真实、有效的，应符合实际研究情况，要能在实际中取得，或者能利用现有资料加工后取得。

4. 可比性原则

从不同时间和不同地域两个维度展开赣南脐橙产业竞争力的评价，可以帮助我们更好地了解赣南脐橙产业的发展状况。因此，我们在选取赣南脐橙产业竞争力的评价指标时应注意指标核算方法的纵向可比和横向可比原则。在对同一指标不同时期的评价中应注意纵向可比，对同一时期不同指标之间应注意横向可比。

（三）赣南脐橙产业竞争力指标体系构建

赣南脐橙产业竞争力实际上是一个赣南脐橙产业组织能力的市场体现，具有系统性、综合性、相对性和动态性。本书通过借鉴乔俊勇和崔茂森[75]构建的蔬菜产业竞争力评价指标体系，结合赣州市脐橙产业发展实际，在全面反映赣南脐橙产业竞争力内涵特征和主要内容的基础上，从赣南脐橙生产要素竞争力、赣南脐橙产业规模化竞争力、赣南脐橙产业市场竞争力、赣南脐橙产生效益竞争力4个层面，选取了赣南脐橙产量、赣南脐橙种植面积等22个二级指标，构建了赣南脐橙产业竞争力评价指标体系，如表3-3所示。

表3-3　赣南脐橙产业竞争力评价指标体系

目标层	准则层	指标层	指标含义	符号
赣南脐橙产业链竞争力	赣南脐橙生产要素竞争力	耕地面积/万亩	反映土地要素状况	X_1
		农用化肥施用量折纯量（赣南脐橙）/吨	反映化学化水平	X_2
		农用塑料薄膜使用量（赣南脐橙）/吨	反映化学化水平	X_3
		农药使用量（赣南脐橙）/吨	反映化学化水平	X_4
		微耕机台数/台	反映机械化水平	X_5
		县（市、区）公路通车里程/千米	反映交通便利状况	X_6
	赣南脐橙产业规模化竞争力	赣南脐橙种植面积/万亩	反映赣南脐橙种植规模	X_7
		赣南脐橙产业链企业总数/个	反映赣南脐橙产业从业规模	X_8
		赣南脐橙产业链个体工商户总数/户	反映赣南脐橙产业从业规模	X_9
		赣南脐橙产量/万吨	反映赣南脐橙生产规模	X_{10}
		赣南脐橙占农作物播种面积比	反映赣南脐橙占农作物播种面积的比例	X_{11}

续表3-3

目标层	准则层	指标层	指标含义	符号
赣南脐橙产业链竞争力	赣南脐橙产业市场竞争力	品牌价值/亿元	反映品牌竞争力	X_{12}
		市场占有率	反映市场份额	X_{13}
		全国居民人均消费支出/元	反映消费能力	X_{14}
		社会消费品零售总额/万元	反映市场购买力	X_{15}
		人口数量/万人	反映市场需求	X_{16}
		全国居民人均可支配收入/元	反映消费能力	X_{17}
		人均GDP/元	反映经济基础	X_{18}
	赣南脐橙产出效益竞争力	单位面积产量/(吨·亩$^{-1}$)	反映赣南脐橙生产水平	X_{19}
		赣南脐橙产业集群总产值/亿元	反映赣南脐橙产业企业产值状况	X_{20}
		赣南脐橙种植个体户人均收入/元	反映赣南脐橙种植个体户产值状况	X_{21}
		赣南脐橙产业增加值/元	反映赣南脐橙产业产值增加值增长状况	X_{22}

(四)主成分分析法

主成分分析法是将原来多个变量变换为少数几个彼此独立存在的综合指标,并通过这些综合指标最大限度地反映原来多变量的大多数信息的一种统计方法。经计算,主成分得分如下:

$$F_a = \sum_{a=1}^{n} \frac{X_{ab}L_{ab}}{\sqrt{\lambda_a}} \tag{3-2}$$

式中:F_a 为第 a 个主成分得分;X_{ab} 为第 a 个主成分上第 b 个指标的标准化数据;L_{ab} 为第 a 个主成分上第 b 个指标所对应的载荷值;λ_a 为第 a 个主成分所对应的特征根;n 为指标数,此处取 22。

赣南脐橙产业竞争力得分是以每个赣南脐橙产业竞争力因子对应的方差贡献率占提取因子总特征值之和作为权重进行的加权汇总。

$$F_a = \frac{\sum_{a=1}^{m} F_a C_a}{\sum_{a=1}^{m} C_a} \tag{3-3}$$

式中：F 为赣南脐橙产业综合竞争力；F_a 为第 a 个主成分的得分；C_a 为第 a 个主成分的方差贡献率。

三、赣南脐橙产业竞争力分析

(一) 主成分界定

首先，通过运用 SPSS 25.0 软件对选定的指标变量进行统计分析。分析结果显示，通过了 KMO 检验（即 0.75>0.5）和巴特利特球形检验（即 0.001<0.01），按照特征根>1 的要求，选取了 4 个公因子，其方差贡献率超 93.464%（表 3-4），说明原指标体系中绝大部分的信息被反映，即这 4 个公因子可以作为原指标体系的替代指标对赣南脐橙产业竞争力进行评价。其次，根据方差最大法后的因子载荷矩阵并结合所有年份的特点，按照各主成分的影响程度的大小顺序，界定赣南脐橙产业竞争力的 4 个主成分依次为：

F_1 主要对 X_1、X_5、X_6、X_8、X_9、X_{14}、X_{15}、X_{16}、X_{17}、X_{18}、X_{20} 具有很高的解释力，其方差贡献率达 61.088%，反映的是土地资源条件、基础设施建设情况、市场主体参与程度以及经济发展情况，可解释为发展基础与市场主体参与因子。

F_2 主要对 X_7、X_{10}、X_{11}、X_{19}、X_{21}、X_{22} 负载显著，其方差贡献率达 20.466%，反映的是脐橙产业规模和产出效益情况，可解释为产业规模与产出效率因子。

F_3 包括 X_2、X_3、X_4，其方差贡献率为 6.777%，反映的是赣南脐橙生产要素的投入情况，可解释为生产要素投入因子。

F_4 包括 X_{12}、X_{13}，其方差贡献率为 5.133%，反映的是赣南脐橙市场占有及市场认可情况，可解释为市场认可因子。

因此，影响赣南脐橙产业竞争力的因素主要有 4 个：发展基础与市场主体参与、产业规模与产出效率、生产要素投入、市场认可。

①F_1 中赣南脐橙产业链个体工商户总数、人均 GDP、微耕机台数、人口数量、赣南脐橙产业链企业总数是占比最大的 5 个指标，这说明赣南脐橙产业竞争力的提升主要来自发展基础与环境的改善、市场主体参与程度的加深。随着我国经济和科技发展水平的提高，赣南脐橙产业相关基础设施建设及生产力水平也相应提高，吸引了更多市场主体加入赣南脐橙产业链谋求发展，带动了赣南脐橙产业集群总产值的增加。

②F_2 中赣南脐橙种植面积、赣南脐橙占农作物播种面积比、赣南脐橙产量、单位面积产量是最大的 4 个指标，这说明赣南脐橙产业的生产规模以及生产效率

能够显著影响赣南脐橙产业的竞争力。

③F_3中农用化肥施用量折纯量（赣南脐橙）、农用塑料薄膜使用量（赣南脐橙）、农药使用量（赣南脐橙）作为赣南脐橙产业必需的生产要素投入，影响着赣南脐橙的产量和品质，在脐橙产业竞争力中起着基础性作用。

④F_4中市场占有率和品牌价值作为赣南脐橙产业市场竞争情况的表现指标，一方面反映了赣南脐橙的市场地位，另一方面反映了赣南脐橙被市场认可的程度，能够直观地反映赣南脐橙产业的市场竞争力。

表 3-4　因子解释原有变量总方差情况

主成分	初始特征值			提取载荷平方和		
	总计	方差贡献率/%	累积/%	总计	方差贡献率/%	累积/%
F_1	13.439	61.088	61.088	13.439	61.088	61.088
F_2	4.503	20.466	81.554	4.503	20.466	81.554
F_3	1.491	6.777	88.331	1.491	6.777	88.331
F_4	1.129	5.133	93.464	1.129	5.133	93.464

注：提取方法为主成分分析法。

（二）赣南脐橙产业竞争力得分

自 1971 年第一批 156 株赣南脐橙落根赣州安西以来，赣南脐橙产业发展迅速，本书选取 2013—2021 年赣南脐橙的发展数据，运用回归法估计因子得分系数，最终计算出 2013—2021 年赣南脐橙产业竞争力的综合得分，如表 3-5 所示。

表 3-5　2013—2021 年赣南脐橙产业竞争力综合得分

年份	Y_1	Y_2	Y_3	Y_4	综合得分
2013	-0.37	2.34	-0.37	0.43	0.25
2014	-0.09	1.25	0.84	0.53	0.28
2015	0.34	0.58	-0.20	0.42	0.33
2016	0.68	-0.15	0.08	0.26	0.40
2017	1.26	0.36	-0.26	1.37	0.90
2018	1.77	0.17	-0.05	0.45	1.13

续表3-5

年份	Y_1	Y_2	Y_3	Y_4	综合得分
2019	2.54	0.68	-0.44	0.20	1.67
2020	2.88	1.24	-0.32	0.41	2.01
2021	3.37	1.80	0.27	0.46	2.47

注：Y_1 为主成分 F_1 竞争力得分，Y_2 为主成分 F_2 竞争力得分，Y_3 为主成分 F_3 竞争力得分，Y_4 为主成分 F_4 竞争力得分。

从 2013—2021 年赣南脐橙产业竞争力综合得分表可以看出，2013—2021 年赣南脐橙产业竞争力逐年增强。其中，2021 年赣南脐橙产业竞争力综合得分最高，2013 年到 2017 年赣南脐橙产业竞争力综合得分均低于 1，2018 年开始高于 1 并不断增加，说明 2018 年以后赣南脐橙产业竞争力开始高于 2013—2017 年平均竞争力水平。

图 3-5 为 2013—2021 年赣南脐橙产业竞争力得分趋势图，可以看出 2013—2021 年赣南脐橙产业竞争力上升趋势明显。其中 2016—2017 年与 2018—2019 年赣南脐橙产业竞争力提升速度最快。2013 年"柑橘艾滋"黄龙病蔓延世界最大的脐橙产区——赣南，因黄龙病无药可治和极易传播的特点，大量染上黄龙病的柑橘树被砍除，果农损失惨重，赣南脐橙产业发展受阻。又因脐橙挂果需要三年，重新种植的脐橙树结果时间长，间接影响了 2013—2016 年赣南脐橙产业的发展速度以及产业竞争力的提升速度。2016 后，经过赣州市市政府积极引导，农业部高度重视柑橘黄龙病防控，并安排 9000 万元专项资金用于开展黄龙病统防、统

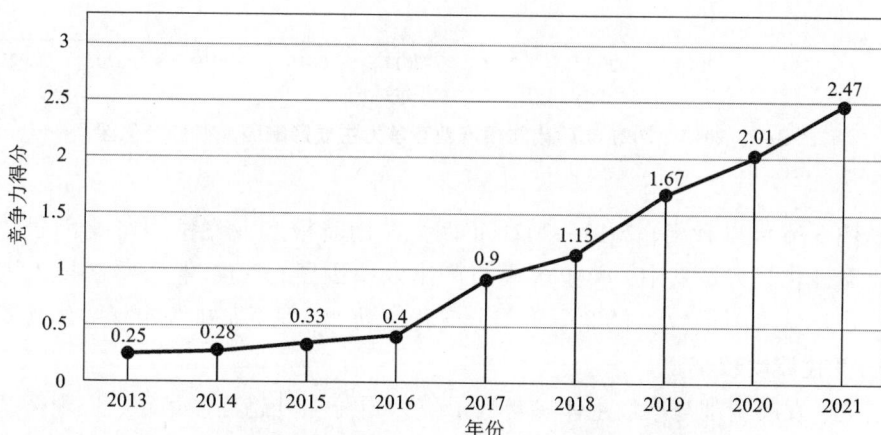

图 3-5 2013—2021 年赣南脐橙产业竞争力得分趋势图

治，集成了"苗、虫、铲、检"的防控技术，有效控制了黄龙病的传播。2016 年以后，赣南脐橙产业发展迅速，赣南脐橙产业竞争力提升速度加快，赣南脐橙产业竞争力逐年攀高。

(三)赣南脐橙产业竞争力影响因素演变

分析赣南脐橙产业竞争力影响因素的演变，有助于我们更好地寻求赣南脐橙产业竞争力提升路径。图 3-6 为 2013—2021 年赣南脐橙产业竞争力主要影响因素得分变化图，其中 Y_1 为发展基础与市场主体参与因子(F_1)的竞争力得分，Y_2 为产业规模与产出效率因子(F_2)的竞争力得分，Y_3 为生产要素投入因子(F_3)的竞争力得分，Y_4 为市场认可因子(F_4)的竞争力得分。

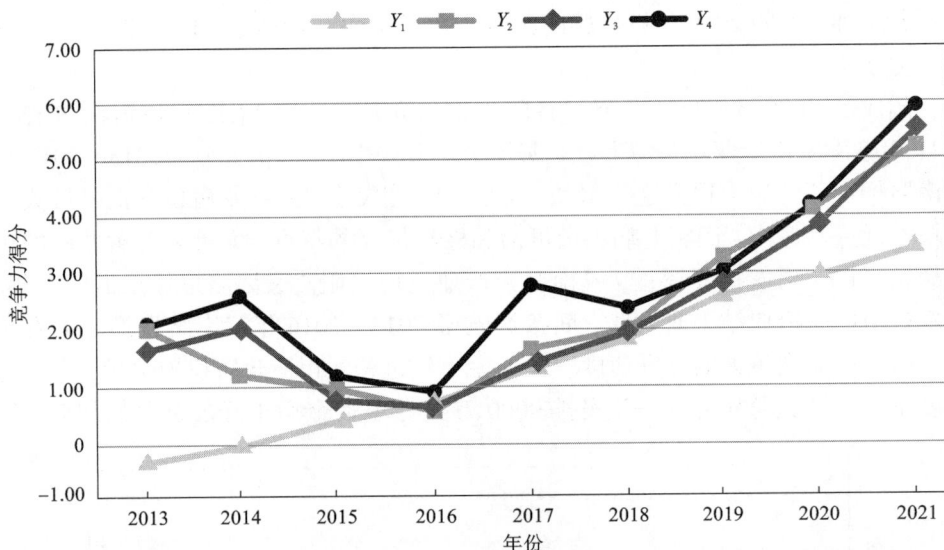

图 3-6　2013—2021 年赣南脐橙产业竞争力主要影响因素得分变化图

从图 3-6 可以看出，2013—2021 年四大赣南脐橙产业竞争力影响因子总体均呈上升变化趋势。其中，产业规模与产出效率因子(F_2)、生产要素投入因子(F_3)、市场认可因子(F_4)的竞争力得分变化波动大，发展基础与市场主体参与因子(F_1)变化波动较小。

首先，发展基础与市场主体参与因子(F_1)得分上升趋势最稳定，呈现持续快速上升趋势。赣州是全国柑橘主产区、全国最大的脐橙主产区，被誉为"世界橙乡"，赣南脐橙成为当地人民的兴农果和富民果，其生产基础逐渐夯实，市场主体逐渐增多。近十年我国经济发展水平以及科技水平迅速提高,科技水平及经济水平的提高促进了赣南脐橙产业的高速发展,最大限度地帮助赣南脐橙种植水平的提高,促使更多的市场主体加入到赣南脐橙产业链中谋求机会。

其次,产业规模与产出效率因子(F_2)呈先下降后上升的趋势。其中,2013—2016年产业规模与产出效率因子得分逐年下降,这与2013年赣南地区爆发柑橘黄龙病,大量脐橙树被砍,赣南脐橙面积和赣南脐橙产量大幅减少有关。2016年以后,产业规模与产出效率因子得分逐年提高,这源于赣州市政府高度重视、积极引导黄龙病防治工作,大力支持果农继续种植脐橙。

再次,生产要素投入因子(F_3)得分呈现先上升后下降再上升的趋势。其中2013—2014年生产要素投入因子得分上升,2014—2016年下降,2016年为得分最低点,2016年以后呈现快速上升趋势。生产要素投入因子得分的变化与赣南脐橙产业的发展状况息息相关。

最后,市场认可因子(F_4)的得分变化趋势与生产要素投入因子(F_3)相似,呈现先上升后下降再上升的趋势。这是因为两个因子密切相关,赣南脐橙产出的规模和产品的质量会影响市场的认可程度,而赣南脐橙产业规模与产出效率又与当时的市场环境及自然条件有关。

综合以上分析,可以得出结论:

①赣南脐橙产业竞争力的提升主要来自发展基础与环境的改善、市场主体参与程度的加深。随着我国经济和科技发展水平的提高,赣南脐橙产业相关基础设施建设及生产力水平应继续提升,吸引了更多市场主体加入赣南脐橙产业链,带动赣南脐橙产业集群总产值的增加。

②赣南脐橙产业的生产规模以及生产效率能够显著影响赣南脐橙产业的竞争力,农用化肥施用量、农药使用量和农用塑料薄膜使用量都影响着赣南脐橙的产量和品质,在赣南脐橙产业竞争力中起着基础性作用。未来应有序扩大赣南脐橙种植面积,注重控制化肥、农药和薄膜使用量,适当增加赣南脐橙产量,着重提升赣南脐橙品质。

③市场占有率和品牌价值是赣南脐橙产业市场竞争力指标,应加强市场宣传,拓展商务活动,进一步扩大市场占有率,提升品牌价值。地理标志在提升品牌价值的过程中有着重要的作用,但其在商务活动中的使用量明显不足,应进一步加强市场主体主动使用地理标志的意愿,提升产品附加值和地理标志价值。

第四章

赣南脐橙产业链成熟度研究

一、产业链文献综述

产业链的思想起源于 17 世纪中后期的西方古典经济学家亚当·斯密关于分工的经典理论，其著名的"制针"和"毛纺"的例子就生动形象地描述了产业链的功能。到 20 世纪 90 年代之后，中国的研究学者逐渐开始关注产业链并进行广泛研究。根据蒋国俊的研究：我国学者姚齐源、宋伍生[117]最早提出"产业链"一词，他们在《有计划商品经济的实现模式——区域市场》中提出产业链规划是实现区域经济发展目标的重点内容。而根据李心芹等[118]的研究，我国学者傅国华最早提出"产业链"一词，该学者于 1990—1993 年在海南热带农业发展课题的研究中，因受到海南热带农业发展成功经验的启发而提出。因此，换句话说，产业链其实是一个富有中国特色的经济学理论。本书通过研读总结我国产业链相关文献、资料，主要从产业链内涵、产业链类型、产业链指标评价体、产业链的发展4 个方面探讨产业链的内容。

1. 产业链内涵

回顾过去的研究，学者们从不同的研究角度论述了产业链的内涵与定义。本书将这些观点划分为微观层面、中观层面和宏观层面。从微观层面来看，郁义鸿[119]从企业经营角度出发，认为产品的设计与研发、原材料的获取、中间产品与最终产品的生产、最后销售至消费者，这些密不可分的环节组成的纵向链条就形成了产业链，并且产业链的类型受研发技术以及产品的特征的重大影响，甚至起决定作用，与产业链市场结构无关。曹媛媛[120]认为产业链是以核心企业为中心，通过控制信息流、资金流、物流，连接制造商、供应商、销售商和客户等主体，包括原材料采购、中间产品及最终产品生产和产品销售功能的网链状结构模式。张铁男和罗晓梅[121]认为，产业链就是以一个产业为单位，汇集了生产相同或类似产品的企业而形成的价值链。它是由拥有不同价值创造职能且密不可分产业的核心企业为中心，通过控制信息流、资金流、物流，在采购原材料、制成中间产品及最终产品、通过销售网络把产品送到消费者手中的过程中形成的由供应商、制造商、分销商、零售商、最终用户构成的一个功能链结构模式。张耀辉博士[122]认为，产业链就是指将原材料从自然资源逐渐发展为消费商品的过程，或者说是一种或者几种原材料从若干个产业层次向下游产业不断发展至消费者的路径。我们很难清楚地去描绘一个复杂的产业链，哪怕是日常的食品，也要从源头农作物种植，再到库存、粗加工、销售、不同食品加工、餐饮。如果最终产品是汽车的话，产业链会复杂得多。他将产业链定义为以下内容：第一，产业链表达了产业层次的问题；第二，产业链表达了产业关联程度的问题；第三，产业链表达了资源深加工的问题；第四，产业链表达了满足消费者需求程度的问题。他认为，产业链有下列含义：第一，产业链是产业层次的表达；第二，产业链是产业关联程度的表达；第三，产业链是资源加工深度的表达；第四，产业链是满足需求程度的表达。

从中观层面来说，蒋国俊、蒋明新[123]认为产业链就是在一定的产业集群范围内，以一个具有较强市场竞争力（市场竞争潜力）的企业为中心，将与它有关的产业中的企业相结合，形成一个战略联盟关系链。龚勤林[124]认为形成区域性产业链是形成产业集群和产业集聚的充分条件，形成产业集群和产业集聚不一定会形成区域性产业链，但是在特定地理空间内集聚的经济活动是形成产业链的重要因素，因此，他认为空间特性（空间链）在产业链的概念中非常重要；从某种角度来说，产业链其实就是研究在各种各样相互区别但又密不可分的上、下游企业之间的经济活动，以及研究由这些经济活动导致产业链上的各个环节产业价值增值的原因和路径。研究产业链必须要研究价值创造和价值增资，因为它们是产业链发挥作用的前提条件，也是产业链存在竞争力的关键。我们必须用价值链的理论去指导产业链的选择和构建，由此才能达到培育和发展产业链、增强地区经济竞争力的目的。产业链的研究离不开价值创造和价值增值，它是产业链发挥作用的前提，也是产业链的竞争力所在，为了达到培育和延伸产业链、增强地区经济竞争力的目的，必须用价值链理论指导产业链的选择和建立。

从宏观层面来看，龚勤林[124]全面研究了产业链延伸产生的价格提高问题、产业链延伸和兼顾区域协调发展的问题。他认为，产业链就是在各个产业部门之间，以一定的经济技术为联系，并根据一定的逻辑关系和时间、空间关系形成的链条式关联关系形态。各个地区在客观上都存在经济、文化、资源等方面的区域差异，产业链主要就是充分利用各个区域的差异优势，利用区域市场去解决各个地区间专业化分工和多方面需求的矛盾，以产业合作作为区域合作载体的内容和形式。赵绪福[125]认为产业链从根本上来说就是产业之间的关联，而产业之间的关联从根本上来说就是产业之间互相提供商品与满足自己的需求的关系。在日常的经济活动中，各个产业都需要从其他产业那里获得自己需要的各种产出，并把它作为自己的生产要素，同时，又把自己的产出作为商品以满足其他产业的需求，就是这样互为供给和需求的关系，才能让各个产业在经济活动的过程中不断地生存和发展，否则，不管什么样的产业，离开了与其他产业的相互配合，都不可能长期生存下去。因为这种客观存在的内在相互联系，才在日常的经济活动中形成了各式各样的产业链。卢明华等[126]认为产业链就是存在某种内在关联的产业之间的集合，这种产业集合以某种特定的需求或者进行特定的产品生产为中心，并将涉及的互为基础、相互依存的产业集合在一起，构成了产业链。他们指出，产业链主要有以下三个层面的特征：产业链中的各个组成部分是一个密不可分的整体；产业链中的各个组成部分既相互区别又密不可分；各个产业链之间的长短、烦琐、简洁的程度存在不同。

2. 产业链类型

产业链从不同角度出发，有不同的分类方法。李心芹等[118]从各个企业之间的供给和需求方面出发，将各个产业的企业所组成的产业链分为四种类型，分别是资源导向性、产品导向性、市场导向型和需求导向型。潘成云[127]从产业链的成长过程出发，也将产业链划分为四种类型，分别是技术主导型、生产主导型、经营主导型、综合型；从产业链形成的原因层面出发，产业链可以被划分为政策诱致型和需求内生型两种类型；从产业价值链的适应性视角出发，可以把产业价值链划分为刚性产业价值链和柔性产业价值链两种类型。刘大可[128]通过产业链中的各个企业之间的相互联系的程度，将企业与供应商之间的关系划分为四种类型，分别为供应商垄断型、目标企业垄断型、独立竞争型和相互依赖型。龚勤林[129]从生产要素投入视角出发，将产业链分为劳动力追加链、资金追加链、技术追加链、附加价值链四种类型。郁义鸿[119]从理论研究的角度出发，将产业链分为产业链类型Ⅰ、产业链类型Ⅱ、产业链类型Ⅲ三种类型。郁义鸿和张华祥[130]认为，一个产业链如果是纵向的关系，那么两个行业之间就是一种上下游的关系，它们所生产出来的产品也就拥有了投入品和产出品两种特性。假定把上游行业生产的产品命名为产品Ⅰ，把下游行业生产的产品命名为产品Ⅱ，一般来说，处于下游的企业通常是直接将商品卖给消费者的角色，或者是一个批发、零售的角色。那么面对这样一种上下游关系，可以依据这一产品能否作为中间产品这个特征来进行区别。一个产品在上下游的关系中，可能存在三种不同的情况：第一，它可能是最终产品；第二，它也可能是单纯的中间产品；第三，它可能既是即将投入下一环节的中间产品，也是直接售卖给消费者的最终商品。我们分别把它们命名为类型Ⅰ、类型Ⅱ和类型Ⅲ。产业链类型Ⅰ代表着产品本身就是最终产品，那么此时，在此产品下游的企业就是这一产品的销售环节。产业链类型Ⅱ代表着产品是单纯的中间产品。换句话说，产品在产业链的环节中只能作为投入品。这里的中间产品可以包括大型基础设施，比如航空公司的机场、铁路的铁轨、电信互联网，以及其他交通运输基础设施等。又比如说，汽车的各个零部件，它们只能作为组装企业的零部件、投入品，它们本身除了维修更换或者更新换代，是不可以直接面对消费者进行单独销售的。再比如说，我们生产皮鞋所需的皮革以及其他原材料也都是单纯的投入品等。产业链类型Ⅲ代表着产品既可以作为中间产品投入下一个生产环节，也可以作为商品直接销售给消费者。典型的例子就是鲜花既可以是直接销售给消费者的商品，又可以是制作鲜花饼的投入品；葡萄既可以是直接售卖的商品，又可以是制作葡萄酒的必不可少的投入品；等等。范晓屏和刘志锋[131]根据产业链中龙头企业的地位，将产业链分为王国式产业链、共和式产业链、联邦式产业链三种类型。都晓岩和卢宁[132]通过分析产业链中各个企业直接联系的紧密程度，将产业链划分为低级和高级两种形式。其中，低级产业链中的各企业属单纯的市场交易关系，高级产业链中的各企业之间是长期的战略联盟关系。刘贵富[133]则在借鉴并综合上述产业链分类的基础上，总结归纳出产业链分类的七种情况，分别是行业分类法、层次范围分类法、关联结构分类法、生态特征分类法、龙头企业地位分类法、形成机制分类法以及其他分类法。这七种分类法全面系统地总结了产业链的不同类型，对于产业链的研究至关重要。

3. 产业链指标评价体系

据前所述，对于产业链的内涵界定以及分类标准，学者们众说纷纭，未能达成统一意见，而对于产业链的指标评价体系的构建，学者们也是各有见解。学者们主要从全产业链和具体产业分类构建评价指标体系。

从全产业链来看，现有研究主要分为基本全产业链和绿色全产业链评价两种类型。贺正楚等[134]根据全产业链所涉及的产业发展情况，建立了一套合理有效的全产业链发展状况评价指标体系。该指标主要包括产业融合度、产业耦合度、产业结构柔性系数、产业协调指数、产业共享指数、首位产业引领度系数、产业创新生态系数等7项一级指标和20个二级指标。其具体指标体系如表4-1所示。

表 4-1 贺正楚等构建的全产业链评价指标体系

一级指标	二级指标	三级指标
产业融合度	技术融合度	各产业专利申请数
	业务融合度	各产业投资额
	市场融合度	各产业主营业务收入
产业耦合度	产业规模	产业总产值
	产业关联能力	感应度系数 影响力系数
	产业收益能力	利润率=主营业务收入/主营业务成本
产业结构柔性系数	收入弹性	
	生产率上升率	生产率上升率=(报告期全员劳动生产率-基期全员劳动生产率)/基期全员劳动生产率
	产业间发展速度之比	产业间发展速度之比=产业增加值/全部产业增加值
产业协调度指数	经济服务化程度	第三产业增加值占第二产业增加值的比重
产业共享	产业间劳动生产率差距	各产业部门劳动生产率
	收入增长和经济增长同步性	各产业收入增长率/GDP 增长率
	城乡恩格尔系数之比	农村恩格尔系数/城镇恩格尔系数
首位引领度系数	辐射能力	区位商市场占有率
	产业资源吸收能力	产业内企业、科研机构、高校间合作情况
	产业资源配置能力	施工项目个数 固定资产投资额

续表4-1

一级指标	二级指标	三级指标
产业创新生态系数	产业创新环境	新项目个数 建成或投资项目数 新增固定资产额
	产业创新技术研发	R&D 活动人员全时当量(人·年) 新产品研发经费支出 R&D 经费内部支出
	产业创新技术吸收	技术改造经费支出 技术引进经费支出 购买国内技术经费支出 消化吸收经费支出
	产业创新产出	新产品总产值 新产品销售收入

　　毛蕴诗等[135]依据绿色全产业链的内涵和概念，构建出了具有普遍性和可操作性的绿色产业链评价指标。该指标主要包括绿色设计与研发、绿色采购、绿色生产、绿色物流、绿色营销、回收再利用等 6 个一级指标和 21 个二级指标，并以陶瓷行业的广东科达洁能股份有限公司为案例进行了绿色全产业链的评价。其具体指标如表 4-2 所示。

表 4-2　毛蕴诗等构建的绿色全产业链评价指标体系

一级指标	二级指标
绿色设计与研发	设计低能耗产品
	模块化设计，易更换零件和延长寿命
	选择可回收、无污染的绿色材料
	设计智能产品
	设计可回收、易拆解、易降解、无害产品
绿色采购	按绿色环保标准采购原材料
	选择绿色环保供应商和对供应商进行环境审计
	向供应商提供绿色引导和服务

续表4-2

一级指标	二级指标
绿色生产	在生产工艺流程中，降低原料、水和能源消耗
	实现清洁生产，降低废物排放
	研制或改进绿色生产技术及设备
	绿色智能生产
绿色物流	实施绿色运输
	设计物流系统，以提高环境效率
	绿色智能仓储
绿色营销	向客户宣传环保理念
	推广购买绿色环保产品
	进行绿色认证和标识
回收再利用	废弃物深加工循环再利用
	回收零部件，修复、改造再利用
	制度化回收、拆解和处理

朱晓琳等[136]为解决环境污染问题助力，构建了绿色产业链评价指标模型。他们认为对于重污染企业，评价指标可以选择人口密度、商业密度、科教医疗单位密度、单位面积污染物排放量、风向(污染系数)、单位面积工业产值和污染强度以及气流通畅程度。评价标准可以划分为五级，即很不适合、不适合、基本适合、适合和很适合。其具体指标如表4-3所示。

表4-3　朱晓琳等构建的绿色全产业链评价指标体系

评价描述		单因子综合评分值比较	功能区
属于二类功能区	属于三类功能区	—	重污染型企业绿色产业链
很适合或适合	—	—	非重污染型企业绿色产业链
	很适合或适合	A<=B	重污染型企业绿色产业链
基本适合	基本适合	A>B	非重污染型企业绿色产业链
	不适合或很不适合	—	重污染型企业绿色产业链
不适合或很不适合	—	—	非重污染型企业绿色产业链

从具体产业分类来看，现有研究主要对制造业、建筑业等产业的产业链评价指标体系进行了构建。在制造业产业链评价指标方面，万娟秀等[137]构建了规模效益、质量水平、产业链先进性、产业链科创性、产业链影响力、产业链高端化、产业链自主可控性等 7 个一级指标和 22 个二级指标，为浙江省制造业产业链高质量发展水平的测度提供依据。其具体指标如表 4-4 所示。

表 4-4　万娟秀等构建的制造业产业链评价指标体系

一级指标	二级指标	指标说明
规模效益	规上企业数占比	规上企业数占比＝规上企业数/行业企业总数
	规上工业企业总产值	反映一定时间内规模以上工业企业生产的总规模和总水平
	规上企业亩均税收	衡量规模以上企业占用土地面积与税收贡献度情况
	亩均效益领跑者数量占比	亩均效益领跑者数量占比＝亩均效益领跑者企业数量/行业企业总数
质量水平	产品质量监督抽查合格率	反映质量合格产品在总体产品中的占比
	采标产品产值占比	采标产品产值与行业工业产值之比
	具备 CMA 和 CNAS 认证的检测机构数量占比	具备 CMA 和 CNAS 认证的检测机构数量/检测机构总数
	获得"浙江制造"国际认证证书企业数占比	获得"浙江制造"国际认证证书企业数/行业企业总数
产业链先进性	造业单项冠军、专精特新"小巨人"、隐形冠军、"品字标"企业数占比	
	行业 500 强企业数占比	行业 500 强企业数占比＝行业 500 强企业数/行业企业总数
产业链科创性	研发费用占营业收入比重	研发费用占营业收入比重＝研究开发费用总额/营业收入总额
	规上工业企业新产品产值率	规上工业企业新产品产值率＝规上企业新产品产值/行业产品总产值

续表4-4

一级指标	二级指标	指标说明
产业链影响力	产品国内市场占有率	产品国内市场占有率=产品销售量/国内市场上同类产品销售量
	产品国际市场占有率	产品国际市场占有率=产品出口总额/世界出口该产品总额
	产品出口发达国家产值占比	产品出口发达国家产值占比=产品出口发达国家产值/产品出口总额
产业链高端化	入选国家绿色制造名单企业数占比	入选国家绿色制造名单企业数占比=入选国家绿色制造名单企业数/行业企业总数
	入选绿色工厂企业数占比	入选绿色工厂企业数占比=入选绿色工厂数企业数/行业企业总数
	"未来工厂"、智能工厂（数字化车间）数量	行业拥有"未来工厂"、智能工厂（数字化车间）的数量总和
	工业互联网平台数量	行业拥有工业互联网平台数量总和
	产业大脑数量	行业拥有产业大脑数量总和
产业链自主可控性	"链主"企业数占比	"链主"企业数占比="链主"企业数/行业企业总数
	关键基础材料和零部件企业数占比	关键基础材料和零部件企业数占比=关键基础材料和零部件企业数/行业企业总数

在建筑业产业链成熟度评价指标体系构建方面，董丽[138]为了充分发挥地区建筑产业的综合优势，用规模成熟度、市场成熟度、技术成熟度、发展成熟度4个一级指标和12个二级指标构建了完整的建筑业产业链成熟度评价模型，并利用空间杜宾模型对我国31个省（区、市）建筑业产业链成熟度发展进行了研究分析。其具体指标如表4-5所示。

表 4-5　董丽等构建的制造业产业链评价指标体系

一级指标	二级指标
规模成熟度	房地产开发企业数量/个
	勘察设计企业数量/个
	建设监理企业注册监理工程师/人
	物业公司数量/个
市场成熟度	拆除回收公司数量/个
	地区生产总值/亿元
	建筑业总收入/亿元
	建筑企业负债/亿元
技术成熟度	建筑业劳动生产率/(元·人$^{-1}$)
	建筑业企业技术装备率/(元·人$^{-1}$)
发展成熟度	建筑产业创新联盟企业数量/个
	建筑相关专业数量/个

以上是对产业链的内涵、分类以及指标评价体系的梳理与总结，为后续进行赣南脐橙产业链成熟度评价指标体系的构建以及分析奠定了基础。

4. 产业链的发展

潘为华等[139]和黄泰岩等[140]依据习近平总书记对我国产业链发展的重要论述和逻辑体系，总结了产业链现代化、高级化、全球化、数字化、协同化、集聚化等"六化"发展，具体内容如下：

一是产业链现代化发展。改革开放以来，我国不断地对产业链体系进行修补完善，产业链的水平不断提高，产业链的国际化水平更是步入新台阶，产业链的国际竞争力也与日俱增。这其中必然离不开我国实体经济的发展壮大，实体经济作为我国经济发展的根基和命脉，是实现产业链现代化的重中之重。我们必须坚持和巩固壮大实体经济的规模和质量，做大做强实体经济，充分发挥实体经济在产业链发展中的作用；还要加强上、下游企业之间的技术合作与沟通，致力于打造一个完善健全的产业链体系，使之成为具有较强的国际竞争力、国际化水平、较强的韧性、掌握核心技术能力的产业链。产业链现代化发展有利于我国经济的可持续发展，使产业结构不断优化升级，整体经济实力不断攀升。

二是产业链高级化发展。产业链高级化换句话说，也可以理解为产业基础高级化，产业的形成和发展离不开产业基础，国民经济运行也离不开产业基础。产业基础的发展水平在一定程度上决定了我国经济的发展水平，也决定了产业链的质量和水平。产业基础既包括基本的生产资料，也包括产业底层结构的产业要素。推进产业链高级化，首先要推进产业基础高级化，二者相互关联、密不可分，是一种互为前提的关系。实现产业基础高级化，就要在上游的基础产业企业中，利用技术创新，不断提高技术能力和供给的质量，对传统生产方式进行颠覆性变革，加快数字经济背景下产业基础建设。要想实现产业链高质量发展，利用创新的手段来提高产业链现代化的水平，就必须进行产业基础高级化发展。因此，在国际产业链与其他国家竞争激烈的环境中，产业链高级化发展是必然选择。

三是产业链全球化发展。产业链全球化意思是，为了深入融入全球产业链、供应链、价值链，积极全面融入国际产业分工体系、国际资源配置体系、国际创新网络体系，以更高水平推动我国产业链与世界全面开放合作。近年来，随着世界贸易摩擦不断加深，国际竞争日益紧张，"逆全球化"和贸易保护思潮不断出现，全球产业链也出现了逆全球化趋势，我国依靠低成本要素参与全球分工合作的形式也面临着严重的威胁。在这个世界各国联系日益紧密的环境中，我们更要构建以国内大循环为主体，国内、国际双循环的新发展格局，充分利用国内、国际两个市场和两种资源，构建人类命运共同体，深入推进产业链全球化发展，维护全球产业链的稳定。

四是产业链数字化发展。产业链数字化是指利用新一代信息技术、人工智能、大数据等对传统产业链进行数字化、智能化改造，推动产业技术变革和优化升级，实现产业链层级和能力的提高，进而实现产业链数字化发展。产业链数字化是提高产业链现代化水平和竞争力的关键，也是产业链未来发展的方向。在数字经济的大背景下，产业链数字化发展也迎来了一个百年不遇的机会。要实现产业链数字化发展，就要遵循以下基本要求：第一，加快新型基础设施建设；第二，加快传统产业数字化优化升级；第三，加快数字产业化发展和产业数字化发展。跟发达国家相比，我国产业链数字化转型目前还在初级阶段，自主核心技术和装备设施的能力不强，数字化革命对我国产业链数字化提出了更高的要求。

五是产业链协同化发展。产业链协同化发展是指产业链的各个组成部分如需求链、产品链、创新链、技术链、生产链、知识链、价值链之间相互配合、协调互补，共同优化升级，促进产业链的上、下游各环节有序分工。产业链协同化发展主要包含三个层面：①创新链与产业链的协同发展。企业要掌握自主研发能力，掌握核心技术。环绕着产业链发展创新链，根据创新链发展资金链。产业链和创新链协同发展，有利于经济持续健康发展，有助力产业链高质量发展。②产业链上、下游各环节之间的协调发展，包括人类生产生活的各个环节的有序衔接。产业链各个环节之间环环相扣，一个环节受到影响，其他环节就会随之受到影响。

因此要加强产业链上、下游之间的协同发展。③产业链空间布局协调发展,在不同的区域、不同的企业之间,以及需求与供给之间都要实现产业链的循环畅通。

六是产业链集聚化发展。产业集聚是一个普遍的经济现象,是各个企业和经济活动在一个地区聚集,共享资源和基础设施,以达到资源利用最大化的效果。产业链集聚化发展有利于引进专业人才和生产资源,提高资源配置的效率,可以将一个国家的各个产业连成一个整体的产业链,由此体现一个国家整体产业链的实力。但是,一个国家不可能所有的产业都具有竞争力,因此某些关键产业链的竞争力在一定程度上可以代表整体产业链的竞争力。产业链集聚化是为了打造区域产业链环,加大产业链上、下游的关联性,将产业集聚的作用发挥到淋漓尽致,进而实现产业链的高质量发展。

二、赣南脐橙产业链概况

历经 50 余年风雨,赣南脐橙产业链已由最早的脐橙种植生产发展到包括苗种研发、种植生产、分拣贮藏加工、销售、物流运输、印刷包装、脐橙食品深加工开发、康养研学旅游、装备制造、知识经济(如服务咨询、文化创意)等 10 环节的全产业链经营,具体如图 4-1 所示。由此可以看出,赣南脐橙产业链完整性强,成熟度越来越高,稳中有进,韧性足。

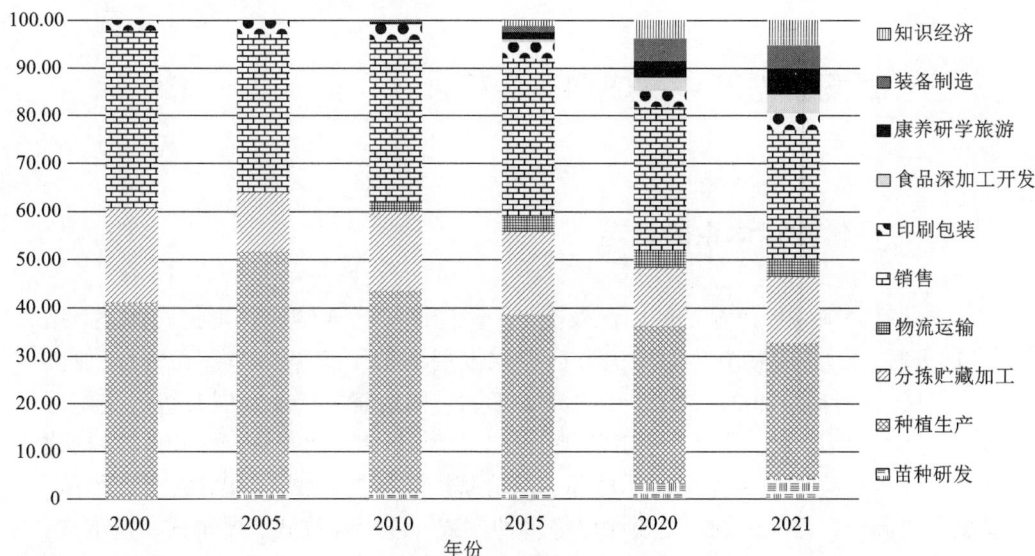

图 4-1　赣南脐橙产业链环节覆盖情况

产业链前端：上游技术研发企业、机构进行脐橙新苗种的研发，农业生产资料供应商向种植者提供农药、化肥等生产必需品。赣南脐橙的育种、引种、育苗以及苗木的流通、销售则由脐橙苗木繁育基地完成。

产业链中端：赣南脐橙的种植是脐橙产业链中的关键环节。首先根据地理环境、气候条件选择合适的种植品种，脐橙品种的好坏决定了脐橙质量的优劣、脐橙产量的高低，这也直接影响了下游脐橙直接销售、再加工产品的质量。脐橙种植者主要由个体农户、农场、脐橙企业种植基地三个角色组成，脐橙种植者在种植的过程中需要获得专业的技术指导。作为脐橙产业链的中间环节，种植者既需要从上游苗种研发机构选取脐橙品种、购买果苗，又需要与下游各个批发零售、加工企业进行交易。

产业链后端：脐橙产业链下游企业分为两种，一种是脐橙直接销售，将赣南脐橙进行分级、分拣、贮藏、印刷包装、物流运输，再销售到批发市场，由批发市场发送到各个零售商，最终达到消费者手中；另一种是对赣南脐橙进行深加工，根据需要收购的脐橙产品种类，进行脐橙食品深加工处理，还可以针对脐橙产业园进行康养研学旅游、建设文化创意园等。市场信息的流通影响着产业链的各个环节，我们要充分把握市场行情的准确性、提高应对市场变化的敏捷性，这些都会直接影响上、中游各个企业的决策，甚至还会影响区域内产业整体的效益和市场竞争力。赣南脐橙产业链各环节的各个主体之间既相互区别，即它们都是独立的个体，同时又相互联系、密不可分，每个环节的主体都会根据自己的需要和所处的环境做出对自己有利的决策，并且根据周围环境的变化而随时调整。

三、赣南脐橙产业链成熟度评价

(一) 评价指标体系的确定

本书对赣南脐橙产业链的内涵及类型、赣南脐橙产业链成熟度进行阐述，结合《国务院关于支持赣南等原中央苏区振兴发展的若干意见》《赣南脐橙产业高质量发展行动计划(2021—2025 年)》《关于加快赣南脐橙产业发展升级的实施方案》等各级政府政策，及与产业链相关的文献，基于专家调查法(德尔菲法)构建赣南脐橙产业链成熟度评价指标体系，邀请脐橙领域的权威专家组成研究团队，采取问卷调查、意见征询、投票评议等多种方式，进行开放式、评价式、重审式、复核式四轮次调研，将赣南脐橙产业链成熟度评价所包含的因素按照属性分为1 个目标层、3 个准则层、11 个指标层，并对指标层内容进行细化(表 4-6)。

表 4-6　赣南脐橙产业链成熟度评价指标体系

目标层 A	准则层 B	指标层 C	具体内容
赣南脐橙产业链成熟度评价 A	完整性评价 B1	需求链 C1	原材料需求、客户需求、市场需求
		产品链 C2	种植生产、产品种类、投入产出、产品技术
		技术链 C3	研发机构、专利数、科技转化率、知识创新
		生产链 C4	链状经济技术关系、智能生产、机械装备
		物流链 C5	物流成本、送达速度、运输能力、配送能力、仓储能力
		价值链 C6	品牌数量、品牌价值和影响力、商超、专卖店、电商平台、商贸服务
	协调性评价 B2	供应链 C7	供应链平台、供应商、入驻企业数、满意率
		信息链 C8	信息共享、信息沟通、服务高效
		契约链 C9	合作企业间的契约、政策支持、信任机制
	产业韧性评价 B3	能力链 C10	企业家的能力、技术能力、生产能力、营销能力、学习能力
		资金链 C11	财务决策、债权债务关系、财务弹性

（二）指标权重的确定

　　为科学客观评价赣南脐橙产业链成熟度，分别同 7 位院校科研院所、政府部门、赣南脐橙类企业、产业链研究、营销管理等相关领域的专家学者进行了深入访谈，邀请专家按照 1~9 标度法，对评价指标体系中的准则层和指标层因素进行两两比对，构建判断矩阵，计算权重向量，经统计，其中 2 位专家评价数据没有通过一次性检验，其他 5 位均通过了一次性检验，具体数据情况如表 4-7~表 4-27 所示。

表 4-7　政府部门及各行业专家情况统计表

专家姓名	性别	单位	职务	负责具体工作
专家 1	男	江西理工大学	教授	赣南脐橙研究
专家 2	男	江西理工大学	教授	赣南脐橙研究

续表4-7

专家姓名	性别	单位	职务	负责具体工作
专家3	男	江西裕丰智能农业科技有限公司	总经理	赣南脐橙生产销售
专家4	男	信丰农夫山泉果业有限公司	总经理	赣南脐橙生产销售
专家5	男	统计局	副局长	市场统计
专家6	男	赣州市柑橘研究所	研究员	赣南脐橙研究
专家7	男	果业局	副局长	赣南脐橙研究

表4-8 专家1准则层判断矩阵和权重向量

赣南脐橙产业链成熟度评价	完整性评价	协调性评价	产业韧性评价	权重
完整性评价	1	3	4	0.608
协调性评价	1/3	1	3	0.272
产业韧性评价	1/4	1/3	1	0.120

表4-9 专家1完整性评价判断矩阵和权重向量

完整性评价	需求链	产品链	技术链	生产链	物流链	价值链	权重
需求链	1	1/2	1/3	1/2	2	1	0.109
产品链	2	1	2	2	2	3	0.280
技术链	3	1/2	1	2	3	3	0.248
生产链	2	1/2	1/2	1	2	1/3	0.129
物流链	1/2	1/2	1/3	1/2	1	1/3	0.075
价值链	1	1/3	1/3	3	3	1	0.160

表4-10 专家1协调性评价判断矩阵和权重向量

协调性评价	供应链	信息链	契约链	权重
供应链	1	2	3	0.539
信息链	1/2	1	2	0.297
契约链	1/3	1/2	1	0.164

表 4-11　专家 1 产业韧性评价判断矩阵和权重向量

产业韧性评价	能力链	资金链	权重
能力链	1	3	0.750
资金链	1/3	1	0.250

表 4-12　专家 2 准则层判断矩阵和权重向量

赣南脐橙产业链成熟度评价	完整性评价	协调性评价	产业韧性评价	权重
完整性评价	1	2	3	0.525
协调性评价	1/2	1	3	0.334
产业韧性评价	1/3	1/3	1	0.142

表 4-13　专家 2 完整性评价判断矩阵和权重向量

完整性评价	需求链	产品链	技术链	生产链	物流链	价值链	权重
需求链	1	1/2	1/2	1/2	2	1	0.115
产品链	2	1	3	2	2	3	0.300
技术链	2	1/3	1	2	3	3	0.219
生产链	2	1/2	1/2	1	2	1/3	0.131
物流链	1/2	1/2	1/3	1/2	1	1/3	0.074
价值链	1	1/3	1/3	3	3	1	0.160

表 4-14　专家 2 协调性评价判断矩阵和权重向量

协调性评价	供应链	信息链	契约链	权重
供应链	1	3	3	0.589
信息链	1/3	1	2	0.252
契约链	1/3	1/2	1	0.159

表 4-15　专家 2 产业韧性评价判断矩阵和权重向量

产业韧性评价	能力链	资金链	权重
能力链	1	4	0.800
资金链	1/4	1	0.200

表4-16 专家3准则层判断矩阵和权重向量

赣南脐橙产业链成熟度评价	完整性评价	协调性评价	产业韧性评价	权重
完整性评价	1	3	4	0.623
协调性评价	1/3	1	4	0.239
产业韧性评价	1/4	1/4	1	0.137

表4-17 专家3完整性评价判断矩阵和权重向量

完整性评价	需求链	产品链	技术链	生产链	物流链	价值链	权重
需求链	1	1/2	1/4	1/2	1	1	0.092
产品链	2	1	3	2	2	3	0.299
技术链	4	1/3	1	2	3	3	0.248
生产链	2	1/2	1/2	1	2	1/3	0.127
物流链	1	1/2	1/3	1/2	1	1/2	0.086
价值链	1	1/3	1/3	3	2	1	0.148

表4-18 专家3协调性评价判断矩阵和权重向量

协调性评价	供应链	信息链	契约链	权重
供应链	1	2	2	0.490
信息链	1/2	1	2	0.312
契约链	1/2	1/2	1	0.198

表4-19 专家3产业韧性评价判断矩阵和权重向量

产业韧性评价	能力链	资金链	权重
能力链	1	2	0.500
资金链	1/2	1	0.500

表4-20 专家4准则层判断矩阵和权重向量

赣南脐橙产业链成熟度评价	完整性评价	协调性评价	产业韧性评价	权重
完整性评价	1	1/2	2	0.297
协调性评价	2	1	3	0.539

续表4-20

赣南脐橙产业链成熟度评价	完整性评价	协调性评价	产业韧性评价	权重
产业韧性评价	1/2	1/3	1	0.164

表 4-21　专家 4 完整性评价判断矩阵和权重向量

完整性评价	需求链	产品链	技术链	生产链	物流链	价值链	权重
需求链	1	1/2	1/4	1/3	2	1	0.102
产品链	2	1	3	2	2	3	0.300
技术链	4	1/3	1	2	3	3	0.246
生产链	3	1/2	1/2	1	2	1/2	0.143
物流链	1/2	1/2	1/3	1/2	1	1/2	0.078
价值链	1	1/3	1/3	2	2		0.131

表 4-22　专家 4 协调性评价判断矩阵和权重向量

协调性评价	供应链	信息链	契约链	权重
供应链	1	2	3	0.512
信息链	1/2	1	4	0.360
契约链	1/3	1/4	1	0.128

表 4-23　专家 4 产业韧性评价判断矩阵和权重向量

产业韧性评价	能力链	资金链	权重
能力链	1	3	0.750
资金链	1/3	1	0.250

表 4-24　专家 5 准则层判断矩阵和权重向量

赣南脐橙产业链成熟度评价	完整性评价	协调性评价	产业韧性评价	权重
完整性评价	1	4	2	0.579
协调性评价	1/4	1	1	0.187
产业韧性评价	1/2	1	1	0.234

表 4-25   专家 5 完整性评价判断矩阵和权重向量

完整性评价	需求链	产品链	技术链	生产链	物流链	价值链	权重
需求链	1	3	4	3	1	2	0.299
产品链	1/3	1	1/3	2	1/2	1/3	0.089
技术链	1/4	3	1	3	1	2	0.193
生产链	1/3	1/2	1/3	1	1	1/2	0.089
物流链	1	2	1	1	1	2	0.188
价值链	1/2	3	1/2	2	1/2	1	0.142

表 4-26   专家 5 协调性评价判断矩阵和权重向量

协调性评价	供应链	信息链	契约链	权重
供应链	1	4	3	0.633
信息链	1/4	1	1	0.175
契约链	1/3	1	1	0.192

表 4-27   专家 5 产业韧性评价判断矩阵和权重向量

产业韧性评价	能力链	资金链	权重
能力链	1	2	0.500
资金链	1/2	1	0.500

对上述判断分别进行一致性检验，具体结果如表 4-28 所示。

表 4-28   一致性检验结果

专家	判断矩阵	最大特征根	一致性检验
专家 1	准则层	3.0741	0.0639
	完整性评价	6.5253	0.0847
	协调性评价	3.0092	0.0079
	产业韧性评价	2.0000	0.0000

续表4-28

专家	判断矩阵	最大特征根	一致性检验
专家2	准则层	3.0538	0.0464
	完整性评价	6.6082	0.0981
	协调性评价	3.0704	0.0607
	产业韧性评价	2.0000	0.0000
专家3	准则层	3.0183	0.0158
	完整性评价	6.5983	0.0965
	协调性评价	3.0537	0.0463
	产业韧性评价	2.2500	0.0000
专家4	准则层	3.0092	0.0079
	完整性评价	6.5966	0.0962
	协调性评价	3.1087	0.0937
	产业韧性评价	2.0000	0.0000
专家5	准则层	3.0539	0.0465
	完整性评价	6.5502	0.0887
	协调性评价	3.0092	0.0079
	产业韧性评价	2.1250	0.0000

各指标平均权重计算结果如表4-29~表4-33所示。

表4-29　准则层指标权重汇总表

赣南脐橙产业链成熟度评价	专家1	专家2	专家3	专家4	专家5	平均权重
完整性评价	0.608	0.525	0.623	0.297	0.579	0.5264
协调性评价	0.272	0.334	0.239	0.539	0.187	0.3142
产业韧性评价	0.120	0.142	0.137	0.164	0.234	0.1594

表4-30　完整性评价各指标权重汇总表

完整性评价	专家1	专家2	专家3	专家4	专家5	平均权重
需求链	0.109	0.115	0.092	0.102	0.299	0.1434
产品链	0.280	0.300	0.299	0.300	0.089	0.2536

续表4-30

完整性评价	专家1	专家2	专家3	专家4	专家5	平均权重
技术链	0.248	0.219	0.248	0.246	0.193	0.2308
生产链	0.129	0.131	0.127	0.143	0.089	0.1238
物流链	0.075	0.074	0.086	0.078	0.188	0.1002
价值链	0.160	0.160	0.148	0.131	0.142	0.1482

表4-31　协调性评价各指标权重汇总表

协调性评价	专家1	专家2	专家3	专家4	专家5	平均权重
供应链	0.539	0.589	0.490	0.512	0.633	0.5526
信息链	0.297	0.252	0.312	0.360	0.175	0.2792
契约链	0.164	0.159	0.198	0.128	0.192	0.1682

表4-32　产业韧性评价各指标权重汇总表

产业韧性评价	专家1	专家2	专家3	专家4	专家5	平均权重
能力链	0.750	0.800	0.500	0.750	0.500	0.6600
资金链	0.250	0.200	0.500	0.250	0.500	0.3400

表4-33　赣南脐橙产业链成熟度评价指标体系

目标层A	准则层B	权重	指标层C	权重
赣南脐橙产业链成熟度评价A	完整性评价B1	0.5264	需求链C1	0.1434
			产品链C2	0.2536
			技术链C3	0.2308
			生产链C4	0.1238
			物流链C5	0.1002
			价值链C6	0.1482
	协调性评价B2	0.3142	供应链C7	0.5526
			信息链C8	0.2792
			契约链C9	0.1682
	产业韧性评价B3	0.1594	能力链C10	0.6600
			资金链C11	0.3400

（三）指标隶属矩阵的确定

为了更好地确定各指标的隶属关系，特别邀请15位对赣南脐橙产业及产业链发展情况比较熟悉的专家学者对赣南脐橙产业链成熟度进行了评价，评价采取了十分制，10分和9分为"成熟"等次，8分和7分为"较成熟"等次，6分、5分和4分为"一般成熟"等次，3分、2分和1分为"不成熟"等次，最后根据专家们的打分情况确定各个影响因素的隶属度，最终得到赣南脐橙产业链成熟度评价指标隶属度矩阵，如表4-34所示。

表4-34　赣南脐橙产业链成熟度评价指标体系隶属度矩阵

准则层 B	指标层 C	成熟	较成熟	一般成熟	不成熟
完整性评价 B1	需求链 C1	0.1	0.4	0.3	0.2
	产品链 C2	0.2	0.6	0.1	0.1
	技术链 C3	0.2	0.5	0.1	0.2
	生产链 C4	0.2	0.5	0.2	0.1
	物流链 C5	0.4	0.4	0.1	0.1
	价值链 C6	0.2	0.6	0.1	0.2
协调性评价 B2	供应链 C7	0.2	0.3	0.3	0.2
	信息链 C8	0.2	0.4	0.2	0.2
	契约链 C9	0.1	0.2	0.4	0.3
产业韧性评价 B3	能力链 C10	0.2	0.3	0.3	0.2
	资金链 C11	0.2	0.3	0.3	0.2

（四）结果分析

1. 矩阵计算

（1）完整性评价结果

$B1 \times R1 = B1 \times R1$

$$= [0.14 \quad 0.25 \quad 0.23 \quad 0.12 \quad 0.10 \quad 0.15] \begin{bmatrix} 0.1 & 0.4 & 0.3 & 0.2 \\ 0.2 & 0.6 & 0.1 & 0.1 \\ 0.2 & 0.5 & 0.1 & 0.2 \\ 0.2 & 0.5 & 0.2 & 0.1 \\ 0.4 & 0.4 & 0.1 & 0.1 \\ 0.2 & 0.6 & 0.1 & 0.2 \end{bmatrix}$$

$$= [0.206 \quad 0.346 \quad 0.141 \quad 0.152]$$

（2）协调性评价结果

$$B2 \times R2 = [0.55 \quad 0.28 \quad 0.17] \begin{bmatrix} 0.2 & 0.3 & 0.3 & 0.2 \\ 0.2 & 0.4 & 0.2 & 0.2 \\ 0.1 & 0.2 & 0.4 & 0.3 \end{bmatrix}$$

$$= [0.183 \quad 0.311 \quad 0.289 \quad 0.217]$$

（3）产业韧性评价结果

$$B3 \times R3 = [0.66 \quad 0.34] \begin{bmatrix} 0.2 & 0.3 & 0.3 & 0.2 \\ 0.2 & 0.3 & 0.3 & 0.2 \end{bmatrix}$$

$$= [0.200 \quad 0.300 \quad 0.300 \quad 0.200]$$

（4）产业链成熟度评价结果

$$B \times R = [0.53 \quad 0.31 \quad 0.16] \begin{bmatrix} 0.21 & 0.35 & 0.14 & 0.15 \\ 0.18 & 0.31 & 0.29 & 0.22 \\ 0.19 & 0.29 & 0.29 & 0.19 \end{bmatrix}$$

$$= [0.197 \quad 0.326 \quad 0.211 \quad 0.179]$$

2. 评价指标权重分析

从准则层方面来看，完整性评价指标权重最大，为 0.5264；协调性评价指标权重为 0.3142；产业韧性评价指标权重为 0.1594。可以看出，赣南脐橙产业链的产业完整性对产业链成熟度影响最大，产业链完整性是前提，但协调性评价指标和产业韧性评价指标也比较重要。

从完整性评价指标来看，6 个指标层权重分别为：需求链 0.1434、产品链 0.2536、技术链 0.2308、生产链 0.1238、物流链 0.1002、价值链 0.1482。其中，产品链比重最大，其次是技术链，而物流链比重最小。可以看出，产品链和技术链占重要地位，产品链是赣南脐橙产业发展的基础，是赣南脐橙产业链的基础环节；技术链是企业核心竞争力的重要体现；物流链所占比重最低，说明物流行业准入门槛较低，对整个赣南脐橙产业链成熟度影响较小。

从协调性评价指标来看，3 个指标层权重分别为：供应链 0.5526，比重最大，超过 50%；信息链 0.2792；契约链 0.1682。可以看出，供应链作为产业链各环节企业对赣南脐橙资源整合能力的具体指标，对脐橙产业链协调性的影响最大，说明相关供应链平台的打造很重要；同时说明信息链和契约链两指标缺一不可，必须同步发展、共同促进。

从产业韧性评价指标来看，能力链所占权重最高，高达 0.66，说明企业的管理能力、技术能力、生产能力、抗风险能力等越强，赣南脐橙产业链韧性越强，赣南脐橙产业链成熟度越高；同时资金链占比 0.34，比重不低，说明企业的财务弹性、财务决策也非常重要,在发展中也需要给予一定的重视。

3. 综合评判结果分析

(1)完整性评价分析

从上述计算得出的完整性评价结果来看,与评语集(成熟、较成熟、一般成熟、不成熟)对应的评价值分别为 0.206、0.346、0.141、0.152,赣南脐橙产业链成熟度中完整性评价等次为"较成熟",但是评价为"成熟"等次的评价值为 0.206,与"较成熟"等次的评分非常接近,说明赣南脐橙产业链完整性介于"成熟"与"较成熟"等次之间,仅有较低比例专家认为完整性较差。

从专家给出的具体评价指标来看,完整性评价分析中需求链的评价等次为"较成熟",评价值为 0.4,反映出脐橙产业原材料需求,顾客需求较大,具有一定的市场,也具有发展的潜力;产品链的评价等次为"较成熟",评价值为 0.6,产品种类有短板,主要体现为脐橙深加工不足、产品比较少;技术链的评价等次为"较成熟",评价值为 0.5,这反映出脐橙产业链企业研发设计能力不足,如研发机构少、研发人员不多,产品专利数少、产品种类少、科技转化率低,大部分企业不愿意在研发设计上投入过多资金;生产链的评价等次为"较成熟",评价值为 0.5,说明当前赣南脐橙产业链企业中,主要以加工制造企业为主,智能制造、规模制造能力不足,大部分企业生产设备相对落后,企业以粗加工为主,无科技含量;物流链的评价等次为"成熟",评价值为 0.4,但"较成熟"等次的评价值也是 0.4,说明赣南脐橙供应链对推动赣南脐橙产业物流发展,提高赣南脐橙产业链成熟度有促进作用,但也反映出赣南脐橙物流环节没有做大、做强,产业规模还没有形成;价值链的评价等次为"较成熟",评价值为 0.6,反映出该赣州对脐橙的推广力度大,自主品牌数量可观、品牌价值和影响力不错、电商平台发挥了一定作用。综上发现,赣南脐橙产业链中,产品链、技术链和生产链是短板,亟须补强。

(2)协调性评价分析

从协调性评价结果来看,与评语集(成熟、较成熟、一般成熟、不成熟)对应的评价值分别为 0.183、0.311、0.289、0.217,赣南脐橙产业链成熟度中协调性评价等次为"较成熟",但是评价为"一般成熟"等次的评价值为 0.289,与"较成熟"等次的评分非常接近,尤其是评价为"不成熟"等次的评分比重不低,说明赣南脐橙产业链协调性整体性不强,产业链各环节企业对脐橙资源整合能力还有待提升。

从专家给出的具体评价指标来看,协调性评价分析中供应链的评价等次为"较成熟",评价值为 0.3,与"一般成熟"并列,具体反映为赣南脐橙供应链平台少,平台入驻企业少,平台运行效率不够高,平台在整合上、中、下游脐橙产业链企业方面要加强；信息链的评价等次为"较成熟"，评价值为 0.4，体现出赣南脐橙产业链之间信息共享、信息沟通水平有待提升，要提高企业之间信息传递的速度，实现信息资源共享；契约链的评价等次为"一般成熟"，评价值为 0.4，且评价为"不成熟"等次的评价值达到 0.3，说明当前赣南脐橙企业之间上、下游关联度不够，赣南脐橙产业集聚不够大，产业链之间没有达成一致共识。

（3）产业韧性评价分析

从产业韧性评价结果来看，与评语集（成熟、较成熟、一般成熟、不成熟）对应的评价值分别为 0.200、0.300、0.300、0.200，赣南脐橙产业链成熟度中产业韧性评价等次为"较成熟"；与评价等次为"一般成熟"的分值共列第一，但是评价为"不成熟"等次的评价值也很高，说明赣南脐橙产业链产业韧性不够好，尤其是面对当前国外贸易保护主义抬头和严峻的新型冠状病毒感染疫情形势，赣南脐橙产业防范和化解重大风险能力较差，企业"活"下来过苦日子的底子薄。

从专家给出的具体评价指标来看，产业韧性评价分析中能力链指标的评价等次为"较成熟"，评价值为 0.3，与"一般成熟"等次的评价值一致，反映出赣南脐橙在企业的管理能力、技术能力、生产能力、抗风险能力等方面的能力有待加强，急需加快产业转型升级步伐，实现企业的智能制造，积极推动节能工厂、数字车间、自动化改造，提升企业的综合能力；资金链的评价等级为"较成熟"，评价值为 0.3；与"一般成熟"等次的评价值一致，这反映出赣南脐橙产业链中的企业的财务决策能力、产权债务能力还有待提高，应提升资金链的稳定性。

（4）赣南脐橙产业链成熟度评价结果分析

从赣南脐橙产业链成熟度评价结果来看，依据上述计算，与评语集（成熟、较成熟、一般成熟、不成熟）对应的评价值分别为 0.197、0.326、0.211 和 0.179，根据最大隶属度原则可知，赣南脐橙产业链成熟度评价等次为"较成熟"，且评价等次为"一般成熟"的比重较高。总体而言，赣南脐橙产业还没有形成完整的产业链条，不能保证产业的上、中、下游的畅通，特别是产品种类、包装、印花、仓储能力、物流、销售等系列配套跟不上，以及在原料供应、研发设计、品牌营销等方面还很薄弱，产业链协调性和产业韧性不够，产业转型升级任重道远。

（五）赣南脐橙产业链存在的问题

1.赣南脐橙食品深加工开发环节经营方式作用不明显

赣南脐橙食品深加工开发是赣州为促进脐橙产业发展、提升脐橙附加价值而探索的一种经营模式，主要是满足伴随着我国人民物质生活水平日益提高和市场消费升级，对消费产生的越来越多的个性化需求。其深化了我国农业生产的模式创新，积极促进了我国农业生产以及提高了农业的市场化程度。但新产品开发投入有限、技术不足，导致脐橙食品深加工开发力度有限和脐橙附加值低，而且大部分脐橙生产者为了规避风险不愿意扩大再生产和加大投资规模，只看重眼前的利益，缺乏长期发展的眼光，没有进行长期规划。这就在一定程度上影响了脐橙深加工企业规模的扩大，从而不利于脐橙产业的壮大和健康发展。

2. 赣南脐橙产业链利益分配机制有待完善

赣南脐橙在各个环节的价格相差较大。产业链的组成主要包括种植的农民、加工销售的企业、商场超市三大主体，这三个主体之间的联系不是很紧密，几乎各自都是独立的，相互合作的程度很低，没有形成共同承担风险、共同分享利益、相互联系、荣辱与共的"集体式"的现代化农业产业组织。种植户将脐橙销售给脐橙加工企业或者是直接销售，出售价格较低，所获得的利润也比较低；种植的农民与后面环节的加工销售的企业的联系也不紧密，加工销售的企业作为中间环节，没有起到往上联系种植的农户、往下联系商场超市的作用；两者之间没有建立一种稳定的利益联盟机制体制。这些原因很大程度上影响了种植的农民的积极性，对脐橙产业也产生了很大的影响。

3. 赣南脐橙产业链协调性有待完善

赣南脐橙产业链协调性不强，在产业链大、中、小企业的协调发展和创新过程中，由于大企业位于供应链上的核心环节，具有在信息、技术、基金、管理等多方面的资源优势，在与中、小企业协作中往往拥有比较高的主动权和决策权，这可能会导致双方地位上的失衡，资源整合能力还需提升；赣南脐橙产业链之间信息共享、信息沟通的效率有待提升，缺乏有效的信息服务平台，需求与供给难以有效匹配；上、下游企业之间的关联度不够高，产业集聚不够大。

4. 赣南脐橙产业链不健全

企业研发设计能力不足，如研发机构少、研发人员不多、产品专利数少、产品种类少、科技转化率低，大部分企业不愿意在研发设计上投入过多资金；产业链的组成以种植的农民为主，种植的农民的资金投入能力有限，脐橙深加工和相关产业的开发不足，产品种类少；在脐橙生产企业中，主要以加工制造企业为主，智能制造、规模制造能力不足，大部分企业生产设备相对落后，以粗加工为主，无科技含量。

5. 赣南脐橙产业链韧性有待加强

赣南脐橙产业链韧性不够好，尤其是面对当前国外贸易保护主义抬头和严峻复杂的新型冠状病毒感染疫情形势，赣南脐橙产业防范和化解重大风险能力较差，赣南脐橙在企业的管理能力、技术能力、生产能力、抗风险能力等方面的能力有待加强，以提升企业的综合能力；赣南脐橙产业链中的企业的财务决策能力、产权债务能力还有待提高，以提升资金链的稳定性。

第五章

赣南脐橙产业的就业增收效应研究

（一）产业发展与就业效应相关研究

1. 农业产业发展对就业影响的研究综述

张亚东和王雄英[141]以乡村振兴战略为背景，采用超边际分析方法以农业产业链分工演变为主线构建农业产业化发展路径模型，研究劳动力就业效应，分析农业产业化对劳动力转移就业的吸纳效应，并得出结论：增加农产品加工，改变农产品交易方式，可以延长产生更多职业种类和职业数量的农业产业链，扩大就业规模，提高劳动人口就业质量，从而影响农业产业化演变路径。杨果等[142]研究了我国农业的就业和碳排放效应，提出想要促进就业、减少碳排放，就应优化农业自身就业内部结构，打造中高端农业技术队伍及提高低碳农业技术的自主创新水平和优化国际合作环境，努力推动我国农业高质量发展。李启平和阳小红[143]研究了土地流转和创意农业的发展对农村劳动力就业提升的影响，并得出结论：创意农业的发展能够显著提高就业率，是实现农村劳动力充分就业的有效路径。晏小敏[144]基于地理标志的视角，对新型农业的就业效应进行了分析，并得出结论：地理标志保护、农业机械化、城镇居民人均可支配收入的增加均有利于乡村非农人口就业，耕地面积的扩大也将促进农业就业。王宁西[145]对农业现代化的就业效应进行了研究，研究结果显示：随着我国对传统农业的改造和升级，现代农业加速发展，农业产业的持续发展将会衍生出更多职业的种类与数量，并且扩大就业规模，提升劳动人口的就业质量，提升劳动力就业率。李启平[146]基于政治经济学的视角提出大农业依靠三大产业的融合，扩宽农业产业链，使与农业相关的非农职业需求不断扩张，市场对劳动力的需求也随之扩张。

2. 产业结构调整与就业效应相关研究

近年来，我国的就业形势越来越不乐观，产业结构的调整优化对就业有着重大影响，许多学者从理论和实证的角度，研究了产业结构调整优化的就业效应。成德宁[147]研究了经济结构调整对就业的影响作用，得出结论：经济结构的调整会影响就业，在短期内，产业结构的变化会造成大量的失业现象，但是从长期来看，产业结构的优化调整，最终会衍生出更多、更优质的就业岗位，增加就业水平，从根本上解决失业问题。顾乃华[148]研究了第三产业的发展对就业的影响，并得出结论：发展第一产业对解决就业问题的效果与之前相比大大下降；发展第二产业对解决就业问题有一定效果；发展第三产业对解决就业问题有很大的空间与潜力。王云平[149]研究了产业结构调整、升级对就业问题的影响，通过分析1981—2000年三大产业的就业弹性系数变化情况，得出结论：第一产业目前所能提高的就业空间已经发挥到最高水平，第二产业还有很大就业发展空间，第三产业是吸纳就业的主力军，日后想要解决就业问题，就要从第三产业发力，提高工业化水平。梁向东和殷允杰[150]运用结构偏离系数、就业弹性等指标对我国产业结构变化的就业效应进行了分析，并得出结论：我国产业结构的调整对就业水平有显著的促进作用。蒲艳萍和浦勇健[151]通过国际比较和实证分析，研究了我国三次产业与就业之间的关系，并得出结论：我国产业结构的发展领先于就业结构，我国的三大产业发展中第二产业所占的比重偏高，第三产业发展不足且第三产业就业比重偏低。周建安[152]研究了产业结构升级与就业问题之间的作用，通过建立产业结构和就业结构之间的灰色关联模型，研究这两者之间的关系，最终得出了与先前学者不同的研究结论：产业结构的升级对整个社会的就业问题影响不大，两者不相关。张晓旭[153]运用偏离-份额方法对1978年以来我国就业增速与产业结构变化的关系进行了分析。研究发现：产业结构的变化主要影响了我国就业人数的增长。王庆丰[154]研究我国产业结构与就业结构的整体协调性，对1978—2006年我国产业结构与就业结构的协调系数和2006年各省产业结构与就业的协调系数分别采用相应的计算方法进行测算，并得出结论：改革开放以来，我国产业结构与就业结构长期处于不平衡状态，总体协调性较差，产业结构与就业结构总体协调性较差，协调系数呈现出明显的波浪式变化，从地域上看，我国产业结构梯度分布状态依次递减，就业结构的协调系数在东部、中部和西部之间呈现出极度悬殊的省际差异。李丽莎[155]研究了经济增长对就业的贡献，从产业结构的角度对中国就业弹性不高的原因进行了探讨，最后得出结论：影响我国就业弹性的重要因素是三次产业的就业弹性与三次产业的产值比重，如果要提高我国就业弹性，必须提高三次产业的发展水平，加快产业结构向"三二一"转变。徐孝昶和上官敬芝[156]提出产业结构与就业结构协调与否，对经济发展和就业有着重要的影响，通过分析江苏省2000—2009年以来苏南、苏中和苏北三大区域三次产业的产业结构与就业结构相互关系的演变趋势，得出结论：产业结构的提升是由于第一产业的劳动力向第二、三产业转移，但各地区产业结构与就业结构之间的影响程度不同。邹一南和石腾超[157]研究了产业结构升级的就业效应，通过将产业结构升级分解为结构变化和效率提升两个部分，构建正反两方面综合考虑产业结构升级的就业效应测算模型，得出产业结构升级对劳动力就业产生正反两方面影响的结论。陶秋燕和汪昕宇[158]以北京地区为例研究分析了产业结构调整对就业结构的影响，研究结果显示，产业结构调整对就业结构的影响显著，北京各产业结构与其就业结构关联度较高。卫平等[159]利用我国1978—2012年的相关统计数据，从就业结构变化对产业结构影响较大且相对持久、就业结构变化对就业结构影响较小且短暂的角度出发，结合VAR模型，进一步确认就业结构与产业结构发展的不一致性，从协调性、冲击性等方面对产业结构发展的不一致性进行研究。徐顽强等[160]以1978—2014年统计数据为依据，对我国产业结构与就业结构是否协调发展问题进行研究，得出结论：我国产业结构与就业结构的演变与现代经济发展的一般规律相适应，就业结构的转变与产业结构的转变相对滞后；我国在第三产业、第二产业和第一产业中，产业结构和就业结构协调发展的好与差依次排列。宋锦[161]研究了行业分布变化所代表的行业结构调整对收入增长的贡献，通过布朗分解方法进行分析，研究发现：市场化改革带来的收入机制改善、低技能劳动力的大量供给使我国产业结构向低技能、低收入倾斜，这是我国劳动收入增长的主要原因。徐波等[162]对我国产业结构和就业结构的动态演进进行了研究，发现总体上就业结构的变化滞后于产业结构，两者的动态演进分为三个阶段。章丽萍等[163]以江西为例，在静态分析和动态实证研究的三螺旋理论基础上，发现了江西"产业结构-就业结构"失调的问题，同时得出结论：在三次产业地位转换的情况下，第一、第二产业出现了劳动力富余的趋势，而第三产业同样存在劳动力短缺的现象。

(二)农业发展与增收效应相关研究

随着国内农业产业化的逐步开展，其对农民收入的影响得到了众多学者的关注，部分学者选择从实证角度量化其影响效应，而另一部分学者选择从理论层面对其进行剖析。综合现有的研究，主要的研究内容大体分为以下两个方面：一是从农民收入受农业产业结构调整影响的角度进行研究；二是从农业产业发展对农民增收的影响等方面进行研究。

1. 农业产业结构调整对农民收入的影响研究综述

宋洪远[164]认为农业产业的融合会导致产业结构的变动，产业结构的改变将引起农民收入的变化。马九杰[165]认为农业产业融合对农户收入的影响程度要根据产业结构的变化进行判定。王克喜等[166]认为农业产业化可以增加农民收入，但因为各地区基础情况不同，影响程度也会有所差异。殷凤和陈宪[167]主张产业结构在农业产业融合中的变化会表现在收入分配上，这在一定程度上改变了收入结构。陈娟和李文辉[168]表示产业结构会因为产业融合的开展有所改善，而产业结构是影响收入分配的重要因素，产业结构的差异化会引致劳动生产率的差异化，从而改变收入分配格局。聂雷等[169]研究利用向量自回归模型（VAR 模型）分析安徽省农业总产值、农林牧渔产值、农民纯收入等数据，确定了农业产业结构变化对农民纯收入的影响。刘松颖[170]认为农业增效、农民增收的重要途径是优化农业产业结构。余家凤等[171]对农业结构调整与农民收入相互关系进行了实证研究，认为农业结构调整与农民收入之间存在长期稳定的平衡关系。汤丹[172]基于 2000—2014 年全国及各地区的面板数据，从农民家庭人均纯收入水平和农村居民收入差距两个角度，考察了我国及各地区农业产业结构调整对农民收入的影响，从地区层面看，农业产业结构调整对农民收入的影响程度存在显著的地区性差异。杨玲[173]探索农业产业内部结构对农村居民工资性收入、家庭经营性收入、财产性收入、转移性收入、农林牧渔等四个方面的影响，得出结论：农业产业内部结构的内部因素与农村居民各种纯收入来源的相关性非常显著，并认为农业产业内部结构对农村居民工资性收入、家庭经营性收入基于产业升级与农业结构调整对县域农民人均纯收入有影响。王海平等[174]通过对福建省 2007—2016 年 58个县（市）的面板并联数据研究发现，产业升级对农民收入的正向影响在县域层面同样显著；农业结构调整对农民增收具有明显的正面效应；农业财政投入、城镇化率、经济发展水平、基础设施条件等都对农民增收产生了积极的促进作用。曹菲和聂颖[175]认为产业融合促进了农业产业结构合理化、高级化水平的提升，有助于推动农民增收，产业融合对农民增收的促进作用十分明显。

2. 农业产业发展对农民收入影响研究

张成龙[176]认为发展特色农业、重视发展特色农产品，可以使农产品附加价值增加、收益提高、竞争力增强，进而促进农民增收，可以发挥地域优势。徐向暹和杨华[177]在农业政策的影响下，分析农民增收问题，他们认为农业产业发展的基础是农业政策，政府对农业政策的支持力度越大，越会促进农民收入的增加。闫磊等[178]通过构建农业产业化评价指标体系，对 31 个省（区、市）在 2003—2013 十年间的农业产业化相关数据进行分析，并得出结论：不同地区农业产业化发展水平存在着较大差异，农业产业化发展对农民收入增长边际作用呈先增强后减弱的趋势。沈琼[179]认为通过特色农业产业化进行产品销售，农民的交易成本可以在一定程度上降低，为农民增收提供有效途径。夏春萍和王德强[180]提出可以通过成立农民专业合作社对农民进行统一管理，在种植技术上为农民提供相关指导，在农产品成熟后进行统销、提高农产品的销售价格，进而带动农民增收。牛若峰[181]认为农业产业化可以将农民带入市场，有效地转化劳动力，加快农业生产效率，进而增加农民收入。钟有糁[182]认为要因地制宜、利用好当地农业产业结构优势，推动农业产业化发展和农民增收，农业产业化发展对农民增收影响较大，为调整农村产业结构提供了重要理论基础。王雨馨和朱坤林[183]认为由于人们对优质、特色和新鲜农产品的需求日益增长，应向着农业产业化方向发展，带动农民收入的增加。付争春[184]提出农业产业化经营对提高农户参与度和农民整体收入都具有重要作用，为了增加农民的收入，要进一步加强政府对农业产业化的支持力度，提高农民对农业产业化的参与程度，以促进农业产业化的进一步发展。

（三）VAR 模型在农业产业发展中的研究运用

林珍铭等[185]以桂林市为例，运用 VAR 模型与 Granger 因果检验，研究农业与观光产业互动，以及农业与观光产业融合发展的情形，最后得出结论：农业与观光产业存在竞争关系，两者相互影响，但长期来看，对农民增收最有促进作用的仍然是农业的发展。黄龙俊江等[186]以 VAR 模型为基础，对农业科技创新、农业技术效益与农业经济发展的关系进行了研究，结果表明：农业科技创新、农业技术效益与农业经济发展三者之间存在长期稳定的平衡关系。刘广宇等[187]基于 VAR 模型检验，研究了云南省旅游业与农业融合发展的现状，以及未来两者融合的模式，并得出结论：云南省旅游业发展和农业发展之间存在着共同的趋势。黄浩和石研研[188]以 VAR 模型为基础，对我国农业生产性服务业与农业经济增长之间的关系进行了研究，得出了我国农业生产性服务业与农业经济增长之间存在着长期均衡、相互影响、互为增长关系的结论。周奉等[189]基于 VAR 模型研究了产业用水与经济增长之间的关系，并得出结论：农业的用水量对农业经济增长的促进作用较小，工业用水量对工业经济增长有较强的促进作用。刘成等[190]以湖北省为例，基于 VAR 模型研究了农业结构调整的增收效应。刘红利和高峰[191]以 VAR 模型为基础，研究了城镇居民食品消费结构变化对农业的影响，并得出结论：食品消费结构变化对农业发展会产生一定影响，食品消费结构不同类别变化对农业发展的影响程度和方向各不相同。马英杰等[192]以山东省为例,基于 VAR 模型研究了农业产业化的增收效应,得出结论:农业现代化程度越高,农民收入水平就会随之提高,农业产业效益越高,农民收入水平就会随之提高。李青等[193]以 VAR 模型为基础,研究了农业用水与农业经济增长之间的相互影响作用,并得出结论:农业用水与农业经济发展之间存在着长期的协整关系。朱智文和柳晨[194]以 VAR 模型为基础,对产业结构与经济增长之间的关系进行研究,得出长期动态平衡关系的结论:产业结构的变化与经济增长的变化是相互影响的。

二、赣南脐橙产业的就业效应研究

(一)赣南脐橙产业整体就业效应

本书先从整体的角度出发,探究赣南脐橙产业整体发展水平的就业效应,利用熵值法,结合线性回归的方法拟合了赣南脐橙产业整体发展水平与就业人数的一元回归方程。

1. 赣南脐橙产业整体发展水平指标构建

赣南脐橙产业整体发展水平指标体系如表 5-1 所示。

表 5-1 赣南脐橙产业整体发展水平指标体系

赣南脐橙产业整体发展水平评价指标体系	市场主体数量/户
	注册资金/万元
	家庭经营占个体比/%
	农村合作社及有限公司占企业比/%
	经营者年龄在 30~55 岁占比/%
	单位产值产量/(万元·吨$^{-1}$)
	种植面积/亩
	品牌价值/亿元

赣南脐橙产业整体发展水平评价指标体系由市场主体数量、注册资金、家庭经营占个体比、农村合作社及有限公司占企业比、经营者年龄在 30~55 岁占比、单位产值产量、种植面积、品牌价值等指标构成,历年数据如表 5-2 所示。

表 5-2　赣南脐橙产业发展水平指标体系及历年数据

年份	市场主体数量/户	注册资金/万元	家庭经营占个体比/%	农村合作社及有限公司占企业比/%	经营者年龄在30~55岁占比/%	单位产值产量/（万元·吨⁻¹）	种植面积/亩	品牌价值/亿元
2013	3083	123614	0.17	0.75	0.20	0.53	1739343	48.81
2014	3641	243832	0.34	0.76	0.27	0.79	1683581	53.89
2015	4519	504403	0.30	0.83	0.25	0.82	1567659	657.84
2016	6420	840619	0.37	0.78	0.25	1.02	1548538	668.11
2017	8642	1161357	0.50	0.80	0.30	0.95	1543344	668.11
2018	10273	1343031	0.28	0.87	0.31	1.07	1563359	601.13
2019	11985	1468905	0.19	0.70	0.32	1.05	1630511	675.41
2020	12909	1535323	0.18	0.70	0.32	1.01	1700666	678.34
2021	13610	1572382	0.21	0.60	0.36	1.10	1748549	681.85

2. 赣南脐橙产业整体发展水平的就业效应

在本书中，就业人数指的是赣南脐橙产业发展带动的就业人数，估算方式如下：

就业人数＝赣南脐橙产业企业数×50+赣南脐橙产业个体工商户数量×3

首先，将赣南脐橙产业整体发展水平与就业人数进行线性回归分析，得到赣南脐橙产业整体发展水平与就业人数的一元回归方程，如表 5-3 所示。

表 5-3　赣南脐橙产业整体发展水平与就业人数的模型摘要

模型	R	R^2	调整后 R^2	标准估算的错误
1	0.889	0.790	0.760	0.151

表 5-3 的模型检验表明，显著性概率 R^2 为 0.760，说明 76% 的就业人数增加可以由赣南脐橙产业整体发展水平来解释。

由表 5-4 可知，显著性概率 $P=0.000<0.01$，相关系数为 0.937，说明赣南脐橙发展水平与就业人数之间存在着高度显著的线性关系。由此可得到赣南脐橙产业发展水平与就业人数的一元回归方程：

$$Y=-0.758+2.228\,X$$

该式表明赣南脐橙产业的发展水平每提升 1 个单位, 就可以带来 2.228 个单位的就业人数增加, 可见当地赣南脐橙产业的发展对就业人数增加作用较明显。

表 5-4　赣南脐橙产业整体发展水平与就业人数的一元回归方程检验情况

模型		未标准化系统		标准化系数	t	显著性
		B	标准错误	Beta		
就业人数	（常量）	-0.758	0.190		-3.982	0.005
	发展水平	2.228	0.314	0.937	7.095	0.000

(二) 赣南脐橙产业结构水平的就业效应

1. 模型构建与数据来源

（1）VAR 模型构建

向量自回归模型主要用来预测相互联系的时间序列, 分析随机扰动对变量系统的动态影响, 解释各种经济冲击对经济变量的影响, 并用向量自回归模型(VAR)模型对变量系统的动态影响进行分析, VAR 将系统中的每一个内生性变量都作为系统中所有内生性变量滞后值的函数来构造模型, 从而将单变量自回归模型推广到一个向量自回归模型, 该模型由多元时间序列构成。本书运用 VAR 模型, 探究赣南脐橙产业结构水平(产业链各环节分布情况)与赣州市就业水平之间的关系。

在计量经济学中, VAR(p)模型的数学表达式为：

$$Y_t = Q_t Y_{t-1} + \cdots + Q_p Y_{t-p} + H_1 H_t + \cdots + H_r H_{t-r} + U_k (t=1, 2, \cdots, T)$$

式中：Y_t 为内生向量变量；H_t 为外生向量变量；p 和 r 分别是内生变量和外生变量的滞后阶数；T 为样本个数；Q_p 和 H_r 是待估计的系数矩阵；U_k 为误差向量。

（2）指标选取

基于赣州市果业局定义的赣南脐橙产业链的 11 个环节, 即育苗、种植、农资、分选、加工、包装、销售、仓储、运输、旅游和设备制造, 本书将赣南脐橙产业链 11 个环节归纳为种植、加工和服务 3 个大类, 对种植水平、加工水平、服务水平、就业水平 4 个方面选取相关衡量指标。

本书选取的种植水平的衡量指标包括苗木经营主体数量、脐橙种植面积、农药使用量(脐橙)和设备制造企业数(脐橙)；加工水平的衡量指标包括脐橙加工企业数量、脐橙包装企业数量和分级市场主体数量；服务水平的衡量指标包括脐橙储藏面积、县(市、区)公路通车里程(千米)、脐橙产业链集群总产值和休闲旅游主体数量(脐橙)。

就业水平的衡量指标为赣南脐橙产业链就业人数,计算方式为就业人数=赣南脐橙产业企业数×50+赣南脐橙产业个体工商户数量×3。

(3)数据来源与数据处理

相关数据主要来源于赣州市市场监督管理局登记注册系统中各赣南脐橙产业市场主体的登记注册数据、历年《赣州统计年鉴》、历年赣州市国民经济和社会发展统计公报、赣州市果业局统计数据。

本书以2000年为基期,分别对种植水平、加工水平、服务水平、就业水平相关衡量指标的原始数值进行归一化处理,并利用主成分分析法分别确定种植水平、加工水平、服务水平相关衡量指标的权重,最终得到种植水平 Y_1、加工水平 Y_2、服务水平 Y_3、就业水平 Y_4 四大变量的值。为消除这些变量数据的异方差,对处理后的时间序列数据取自然对数,分别记为 $\ln y_1$、$\ln y_2$、$\ln y_3$、$\ln y_4$。

构建VAR模型1用以分析赣南脐橙产业结构水平(产业链各环节分布情况)对赣州市的就业水平的影响,并进行稳定性检验、Granger因果检验、Johansen协整检验以及脉冲响应函数图分析。

2.赣南脐橙产业结构水平(产业链各环节分布情况)的就业效应

(1)变量的平稳性检验

平稳性检验是VAR模型1分析的第一步,是对变量数据的平稳性进行的检验,本书运用Eviews10,对 $\ln y_1$、$\ln y_2$、$\ln y_3$、$\ln y_4$ 变量采取ADF单位根检验方法进行平稳性检验。如表5-5所示,在平稳性检验中,进行二阶差分单位根检验,结果显示四者具有相同的单证阶数, t 统计量的 P 值均低于0.01,表明研究变量对数值二阶差分时间序列全部稳定。因此,本书可以基于二阶差分序列构建四者关系的VAR模型。

表5-5 VAR模型1 ADF单位根检验

水平序列	检验形式	t 统计量	结论	水平序列	检验形式	t 统计量	结论
Y_1	C, N, 4	-1.693013(0.4201)	非平稳	ΔY_1	N, N, 4	-4.838848(0.0001)	平稳
Y_2	C, N, 4	-1.860811(0.3416)	非平稳	ΔY_2	N, N, 4	-4.377367(0.0002)	平稳
Y_3	C, T, 4	-19.03466(0.0000)	平稳	ΔY_3	N, N, 4	-2.743234(0.0089)	平稳
Y_4	N, N, 4	-2.924167(0.0061)	平稳	ΔY_4	N, N, 4	-1.683580(0.0865)	非平稳
$\Delta\Delta Y_1$	N, N, 4	-7.021975(0.0000)	平稳				

续表5-5

水平序列	检验形式	t 统计量	结论	水平序列	检验形式	t 统计量	结论
$\Delta\Delta Y_2$	N, N, 4	$-10.55851(0.0001)$	平稳				
$\Delta\Delta Y_3$	N, N, 4	$-19.10526(0.0001)$	平稳				
$\Delta\Delta Y_4$	N, N, 4	$-69.36193(0.0001)$	平稳				

注:"检验形式"一栏中的(C, T, K)分别表示截距项、趋势项和滞后阶数,存在截距项记为C,存在趋势项记为T,不存在则记为N;符号"Δ"表示一阶差分,符号"ΔΔ"表示二阶差分;"t统计量"一栏中的数字为ADF的伴随概率。

(2)VAR 模型及稳定性检验

基于赣南脐橙种植水平 Y_1、加工水平 Y_2、服务水平 Y_3、就业水平 Y_4 四个变量的对数一阶差分序列所建立的多变量 VAR 模型 1 为:

$\ln Y_1 = 0.217627351759 \times \ln y_1(-1) + 0.0451985593672 \times \ln y_1(-2) - 0.00160383324476 \times \ln y_2(-1) + 0.000713462846999 \times \ln y_2(-2) + 0.0078971098042 \times \ln y_3(-1) - 0.0471428560877 \times \ln y_3(-2) + 0.023351373648 \times \ln y_4(-1) + 0.00427335338842 \times \ln y_4(-2) - 0.0794531368226$

$\ln Y_2 = -0.0401176739161 \times \ln y_1(-1) - 0.0215525446784 \times \ln y_1(-2) + 0.0198538847756 \times \ln y_2(-1) + 0.0105230646855 \times \ln y_2(-2) + 0.575399109642 \times \ln y_3(-1) + 0.153694557741 \times \ln y_3(-2) + 0.482993273513 \times \ln y_4(-1) + 0.0510927728494 \times \ln y_4(-2) + 1.33040380048$

$\ln Y_3 = 0.078937639816 \times \ln y_1(-1) + 0.0158611649452 \times \ln y_1(-2) + 0.00297270663127 \times \ln y_2(-1) + 0.00176825072845 \times \ln y_2(-2) + 0.292075138763 \times \ln y_3(-1) + 0.0798382416219 \times \ln y_3(-2) + 0.149007694951 \times \ln y_4(-1) + 0.0255852809405 \times \ln y_4(-2) + 2.81864352564$

$\ln Y_4 = 0.0844611974838 \times \ln y_1(-1) + 0.00330892007739 \times \ln y_1(-2) + 0.0171571619531 \times \ln y_2(-1) + 0.00972539295005 \times \ln y_2(-2) + 0.549100124931 \times \ln y_3(-1) + 0.103357816153 \times \ln y_3(-2) + 0.498703113107 \times \ln y_4(-1) + 0.0817108596421 \times \ln y_4(-2) - 2.90932467969$

采用单位圆方法对 VAR 模型 1 进行稳定性检验,结果如图 5-1 所示。图 5-1 显示 AR 根模的倒数均远小于 1,位于单位圆内,表明所构建的 VAR 模型 1 具有很强的稳定性。

(3)协整检验

Johansen 协整检验是一种以 VAR 模型为基础的检验回归系数的方法,是进行多变量协整检验的方法,包括迹统计量检验和最大特征值统计量检验。对 Y_1、Y_2、

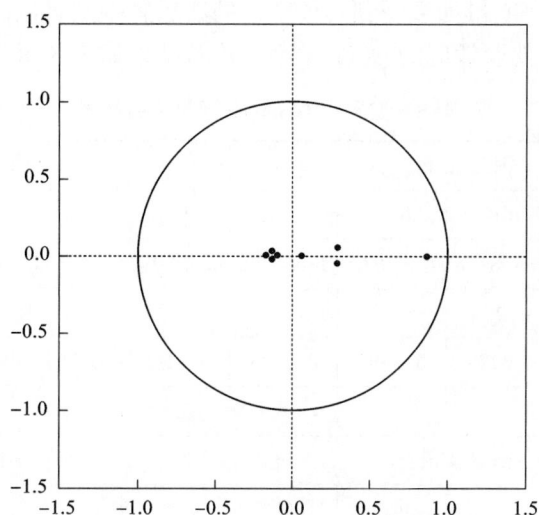

图 5-1　VAR 模型 1 稳定性检验

Y_3、Y_4 进行 Johansen 协整检验，如表 5-6、表 5-7 可知至少存在 2 个协整关系。

表 5-6　迹统计量检验

原假设	特征值	迹统计量	5%临界值	P 值
0 个协整向量	0.918574	94.25946	47.85613	0.0000
至多 1 个协整向量	0.807708	46.60622	29.79707	0.0003
至多 2 个协整向量	0.422467	15.28017	15.49471	0.0538
至多 3 个协整向量	0.225261	4.849357	3.841466	0.0276

表 5-7　最大特征值统计量检验

原假设	特征值	最大特征值计量	5%临界值	P 值
0 个协整向量	0.918574	47.65324	27.58434	0.0000
至多 1 个协整向量	0.807708	31.32605	21.13162	0.0013
至多 2 个协整向量	0.422467	10.43082	14.26460	0.1851
至多 3 个协整向量	0.225261	4.849357	3.841466	0.0276

（4）Granger 因果检验

Granger 因果检验主要用于测量检验和判断一个变量的变化是否是另一个变

量变化的原因。一个变量如果受到其他变量的滞后影响则可以确定它们之间具有 Granger 因果关系。就业效应的 Granger 因果检验结果如表 5-8 所示。

表 5-8　变量的 Granger 因果检验结果

删除变量	独立变量: y_1				独立变量: y_2			
	$\ln y_2$	$\ln y_3$	$\ln y_4$	All	$\ln y_1$	$\ln y_3$	$\ln y_4$	All
Chi 值	1.608057	1.308178	1.650366	3.658306	0.408017	9.833343	13.49905	409.2117
自由度	2	2	2	6	2	2	2	6
P 值	0.4475	0.5199	0.4382	0.7228	0.8155	0.0073	0.0012	0.0000

删除变量	独立变量: y_3				独立变量: y_4			
	$\ln y_1$	$\ln y_2$	$\ln y_4$	All	$\ln y_1$	$\ln y_2$	$\ln y_3$	All
Chi 值	1.058164	2.277107	1.928145	7.837317	0.352354	4.899775	3.767375	14.13670
自由度	2	2	2	6	2	2	2	6
P 值	0.5891	0.3203	0.3813	0.2503	0.8385	0.0863	0.1520	0.0281

（5）VAR 模型的脉冲响应函数分析

VAR 模型通过脉冲响应分析方法刻画种植水平、加工水平和服务水平三个内生变量分别发生 1 标准单位的正向扰动时，就业水平变量对其扰动所产生的 0～10 期滞后响应。就业水平的脉冲响应结果如图 5-2 所示，Y_1 代表种植水平，Y_2 代表加工水平，Y_3 代表服务水平，Y_4 代表就业水平。

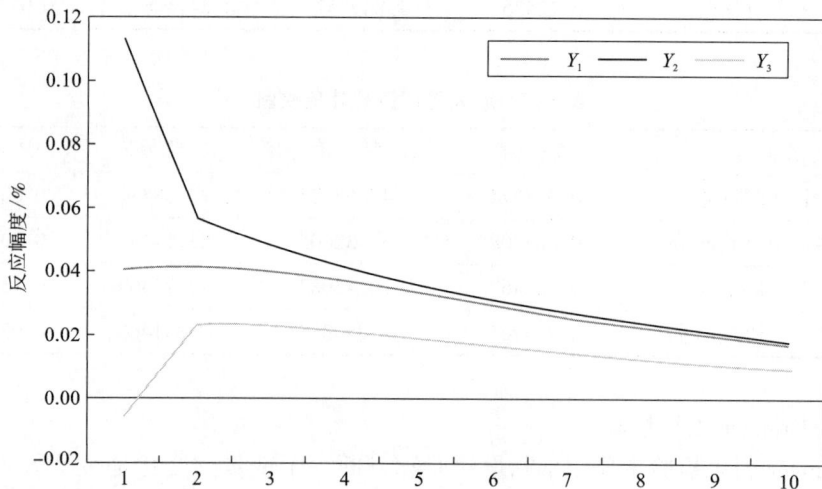

图 5-2　农民就业的脉冲响应

在 Y_1 受到正向冲击的情况下，Y_4 产生正向响应，在受到冲击的开端响应值达到最大，随后响应程度平稳减弱，最终的响应程度趋向于 0。在 Y_2 受到正向冲击的情况下，Y_4 产生较强的正向响应，在受到冲击的开端响应达到最大值，滞后1 期至滞后 2 期的响应程度急速减弱，滞后 2 期后响应程度持续减弱，但减弱程度较平缓，最终的响应程度趋向于 0。在 Y_3 受到冲击的情况下，Y_4 对其冲击在开端处产生负响应，负响应递增至滞后 1 期后转正，达到峰值随后响应程度平缓减弱至 0。

根据以上脉冲响应结果分析可得出结论，种植水平和加工水平的正向扰动冲击对就业水平的正向影响效果较为显著，且持续时间较长，也就是说当种植水平或加工水平有所提升时，可以带来就业人口比值增长；而服务水平的正向扰动对就业水平产生负向影响。综上所述，为了提高就业水平可以从种植水平和加工水平发力，具体的做法有扩大种植面积、加工产品多样化、市场多元化、加强技术和设备的研发投入等。

3. 就业水平的方差分解

基于以上方差分析，结合脉冲响应函数图，通过 VAR 模型 1 的方差分解，可以评价赣南脐橙产业链的种植、加工、服务三大类环节冲击对就业水平影响的重要性。赣南脐橙产业链种植水平、加工水平、服务水平、就业水平的 VAR 模型 1 的方差分解结果如表 5-9 所示。

表 5-9　就业水平的方差分解图

时期	标准差	Y_1	Y_2	Y_3	Y_4
1	0.086066	9.560415	73.99677	0.180593	16.26222
2	0.088375	14.41313	68.27527	2.360077	14.95152
3	0.088822	17.56757	64.53544	3.835826	14.06116
4	0.088885	19.74906	61.98711	4.769245	13.49459
5	0.088900	21.20336	60.31831	5.352814	13.12552
6	0.088906	22.19070	59.18874	5.732076	12.87849
7	0.088909	22.87521	58.42888	5.989737	12.70818
8	0.088912	23.35883	57.88183	6.170451	12.58789
9	0.088913	23.70903	57.48951	6.300164	12.50130
10	0.088915	23.96414	57.20301	6.394784	12.43806

总体来看：加工水平受到冲击对赣南脐橙产业链的就业水平的影响最大，其次为种植水平，而服务水平对就业水平的影响较小。其中，种植水平和服务水平受到冲击时对就业水平的正向影响经过短期加强后逐渐减弱，加工水平对就业水平的正向影响则持续减弱。这说明，赣南脐橙产业链的就业水平受其三大环节发展水平的影响总体上会随着时间的推移而逐渐减弱，影响程度由大到小依次为：加工水平、种植水平、服务水平。

具体表现：在第 1 期到第 10 期，加工水平对就业水平的正向影响最大，影响程度最大为第 1 期的 73.99677%，最小为第 10 期的 57.20301%；种植水平对就业水平的影响其次，影响程度最大为第 10 期的 23.96414%，最小为第 1 期的 9.560415%；服务水平对就业水平的影响最小，影响程度最小为第 1 期的 0.180593%，最大为第 10 期的 6.394784%。这说明，赣南脐橙产业链的就业水平短期内受加工水平影响程度最大，随着时间的推移，种植水平和服务水平对加工水平出现短暂的影响程度加深，但总体都会趋于 0。

赣南脐橙产业结构发展的就业效应研究发现，在关注赣南脐橙产业的发展过程中应该重点关注加工环节对就业水平的正向影响。

应建立"龙头企业+基地+农户"的产业链条机制，确保原料产、加、销一体化，形成市场长期竞争力，推动赣南脐橙加工产业化。在大力开展赣南脐橙加工基地建设的同时，采取统一育苗供应、统一肥料农药等农资生产配送、统一管理技术、统一采摘、统一病虫群防群治等形式，选择适用性强、抗逆性强、产量高、果汁率高、含糖量高的加工品种，建立组织体系，实行群防群治。积极引进扶持龙头加工企业和配套服务企业，建立龙头企业与果农利益联结机制，由龙头企业给予资金扶持发展种植户，对企业发展、果农增收实行最低保护价收购果品，促进产业经营向赣南脐橙深加工迈进。提高就业层次，要通过提高加工层次来实现。

同时，也需关注种植环节和服务环节对就业水平的影响，通过稳定赣南脐橙种植水平和服务水平来稳定就业水平。

三、赣南脐橙产业的增收效应研究

（一）赣南脐橙产业整体增收效应

本书先从整体的角度出发，探究赣南脐橙产业整体发展水平的增收效应，利用熵值法，结合线性回归的方法拟合了赣南脐橙产业整体发展水平与农民收入的一元回归方程。

首先,将赣南脐橙产业整体发展水平(见表5-1)与增收效应进行线性回归分析,得到赣南脐橙产业整体发展水平与农民收入的一元回归方程,如表5-10所示。

表5-10　赣南脐橙发展水平与农民收入的模型摘要

模型	R	R^2	调整后 R^2	标准估算的错误
1	0.937	0.878	0.860	86016.879

表5-10的模型检验表明,调整后的 R^2 为0.860,说明86.0%的就业人数增加可以由赣南脐橙产业整体发展水平来解释。

由表5-11可知,显著性概率 $P=0.001<0.01$,相关系数为0.889,说明赣南脐橙发展水平与农民收入之间存在着高度显著的线性关系。由此可得到赣南脐橙产业发展水平与农民收入的一元回归方程:

$$Y=-0.605+1.612X$$

该式表明赣南脐橙产业的发展水平每提升1个单位,就可以带来1.162个单位的农民收入增加,可见当地赣南脐橙产业的发展对农民收入作用较明显。

表5-11　赣南脐橙产业整体水平与农民收入地一元回归方程检验情况

模型		未标准化系统		标准化系数	t	显著性
		B	标准错误	Beta		
就业人数	(常量)	-0.605	0.191	-3.178	0.016	
	发展水平	1.612	0.314	0.889	5.130	0.001

(二)赣南脐橙产业结构水平的增收效应

1.模型构建与数据来源

(1)VAR模型构建

本书运用VAR模型,探究赣南脐橙产业结构水平(产业链各环节分布情况)与赣州市农民收入之间的关系。

(2)指标选取

基于赣州市果业局定义的赣南脐橙产业链的11个环节,即育苗、种植、农资、分选、加工、包装、销售、仓储、运输、旅游和设备制造,本书将赣南脐橙产业链 11 个环节归纳为种植、加工和服务 3 个大类,对种植水平、加工水平、服务水平、农民收入 4 个方面选取相关衡量指标。

本书选取的种植水平的衡量指标包括苗木经营主体数量、脐橙种植面积、农药使用量(脐橙)和设备制造企业数(脐橙);加工水平的衡量指标包括脐橙加工企业数量、脐橙包装企业数量和分级市场主体数量;服务水平的衡量指标包括脐橙储藏面积、县(市、区)公路通车里程(千米)、脐橙产业链集群总产值和休闲旅游主体数量(脐橙)。

农民收入的衡量指标为赣州市农民可支配收入。

(3)数据来源与数据处理

相关数据主要来源于赣州市市场监督管理局登记注册系统中各赣南脐橙产业市场主体的登记注册数据、历年《赣州统计年鉴》、历年赣州市国民经济和社会发展统计公报、赣州市果业局统计数据。

本书以 2000 年为基期,分别对种植水平、加工水平、服务水平、农民收入相关衡量指标的原始数值进行归一化处理,并利用主成分分析法分别确定种植水平、加工水平、服务水平相关衡量指标的权重,最终得到种植水平 Y_1、加工水平 Y_2、服务水平 Y_3、农民收入 Y_5 四大变量的值。为消除这些变量数据的异方差,对处理后的时间序列数据取自然对数,分别记为 $\ln y_1$、$\ln y_2$、$\ln y_3$、$\ln y_5$。

构建 VAR 模型 2 用以分析赣南脐橙产业结构水平(产业链各环节分布情况)对赣州市的农民收入的影响,并进行稳定性检验、Granger 因果检验、Johansen 协整检验以及脉冲响应函数图分析。

2. 赣南脐橙产业结构水平(产业链各环节分布情况)的增收效应

(1)变量的平稳性检验

平稳性检验是 VAR 模型 2 分析的第一步,是对变量数据的平稳性进行的检验,本书运用 Eviews10,对 $\ln y_1$、$\ln y_2$、$\ln y_3$、$\ln y_5$ 变量采取 ADF 单位根检验方法进行平稳性检验。如表 5-12 所示,在平稳性检验中,进行 1 阶差分单位根检验,结果显示四者具有相同的单证阶数,t 统计量的 P 值均低于 0.01,表明研究变量对数值一阶差分时间序列全部稳定。因此,本书可以基于一阶差分序列构建四者关系的 VAR 模型。

表 5-12　VAR 模型 2 ADF 单位根检验

水平序列	检验形式	t 统计量	结论	水平序列	检验形式	t 统计量	结论
Y_1	C, N, 4	-1.693013(0.4201)	非平稳	ΔY_1	N, N, 4	-4.838848(0.0001)	平稳
Y_2	C, N, 4	-1.860811(0.3416)	非平稳	ΔY_2	N, N, 4	-4.377367(0.0002)	平稳

续表5-12

水平序列	检验形式	t 统计量	结论	水平序列	检验形式	t 统计量	结论
Y_3	C, T, 4	-19.03466(0.0000)	平稳	ΔY_3	N, N, 4	-2.743234(0.0089)	平稳
Y_5	C, T, 4	-10.66402(0.0000)	平稳	ΔY_5	N, N, 4	-19.87012(0.0001)	平稳

注："检验形式"一栏中的(C, T, K)分别表示截距项、趋势项和滞后阶数, 存在截距项记为 C, 存在趋势项记为 T, 不存在则记为 N; 符号"Δ"表示一阶差分, 符号"$\Delta\Delta$"表示二阶差分; "t 统计量"一栏中的数字为 ADF 的伴随概率。

（2）VAR 模型及稳定性检验

基于赣南脐橙种植水平 Y_1、加工水平 Y_2、服务水平 Y_3、农民收入 Y_5 四个变量的对数一阶差分序列所建立的多变量 VAR 模型 2 为：

$\ln Y_1 = 0.21997565523 \times \ln y_1(-1) + 0.0453891416681 \times \ln y_1(-2) + 0.000405879706695 \times \ln y_2(-1) + 0.00129183436332 \times \ln y_2(-2) + 0.0395524530625 \times \ln y_3(-1) - 0.0487669752243 \times \ln y_3(-2) + 0.0133085611781 \times \ln y_5(-1) + 0.00359115034535 \times \ln y_5(-2) - 0.217789985366$

$\ln Y_2 = 0.00745958293962 \times \ln y_1(-1) - 0.0172489894009 \times \ln y_1(-2) + 0.051478452113 \times \ln y_2(-1) + 0.0207686643036 \times \ln y_2(-2) + 1.23543977266 \times \ln y_3(-1) + 0.237996950789 \times \ln y_3(-2) + 0.176675108649 \times \ln y_5(-1) + 0.0692678803736 \times \ln y_5(-2) - 2.05100140326$

$\ln Y_3 = 0.0929530420101 \times \ln y_1(-1) + 0.0172628441589 \times \ln y_1(-2) + 0.012941357105 \times \ln y_2(-1) + 0.00490515888895 \times \ln y_2(-2) + 0.462989816379 \times \ln y_3(-1) + 0.0840319419046 \times \ln y_3(-2) + 0.0880938614995 \times \ln y_5(-1) + 0.030168846089 \times \ln y_5(-2) + 2.0330823149$

$\ln Y_5 = 0.205174429503 \times \ln y_1(-1) + 0.0421526086323 \times \ln y_1(-2) + 0.025334480721 \times \ln y_2(-1) + 0.00417467155134 \times \ln y_2(-2) + 0.904714540998 \times \ln y_3(-1) + 0.177679417634 \times \ln y_3(-2) + 0.163605754881 \times \ln y_5(-1) + 0.0800226209691 \times \ln y_5(-2) - 5.10096343156$

采用单位圆方法对 VAR 模型 2 进行稳定性检验, 结果如图 5-3 所示。图 5-3 显示 AR 根模的倒数均远小于 1, 位于单位圆内, 表明所构建的 VAR 模型 2 具有很强的稳定性。

（3）协整检验

Johansen 协整检验是一种以 VAR 模型 2 为基础的检验回归系数的方法, 是进行多变量协整检验的方法, 包括迹统计量检验和最大特征值统计量检验。对 Y_1、Y_2、Y_3、Y_5 进行 Johansen 协整检验, 如表 5-13、表 5-14 可知至少存在 3 个协整关系。

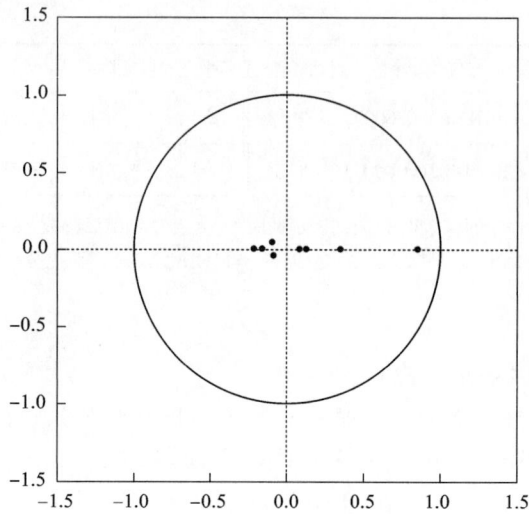

图 5-6　VAR 模型 2 稳定性检验

表 5-13　迹统计量检验

原假设	特征值	迹统计量	5%临界值	P 值
0 个协整向量	0.924088	89.59006	47.85613	0.0000
至多 1 个协整向量	0.708177	40.60470	29.79707	0.0020
至多 2 个协整向量	0.593291	17.20415	15.49471	0.0274
至多 3 个协整向量	0.005808	0.110673	3.841466	0.7394

表 5-14　最大特征值统计量检验

原假设	特征值	最大特征值计量	5%临界值	P 值
0 个协整向量	0.924088	48.98536	27.58434	0.0000
至多 1 个协整向量	0.708177	23.40055	21.13162	0.0236
至多 2 个协整向量	0.593291	17.09348	14.26460	0.0174
至多 3 个协整向量	0.005808	0.110673	3.841466	0.7394

（4）Granger 因果检验

Granger 因果检验主要用于测量检验和判断一个变量的变化是否受另一个变量变化的影响。一个变量如果受到其他变量的滞后影响则可以确定它们之间具有 Granger 因果关系。增收效应的 Granger 因果检验结果如表 5-15 所示。

表 5-15　变量的 Granger 因果检验结果

删除变量	独立变量: y_1				独立变量: y_2			
	$\ln y_2$	$\ln y_3$	$\ln y_5$	All	$\ln y_1$	$\ln y_3$	$\ln y_5$	All
Chi 值	0.228221	0.850618	0.631190	2.477361	0.655713	6.225436	3.356771	235.2496
自由度	2	2	2	6	2	2	2	6
P 值	0.8922	0.6536	0.7294	0.8710	0.7205	0.0445	0.1867	0.0000

删除变量	独立变量: y_3				独立变量: y_5			
	$\ln y_1$	$\ln y_2$	$\ln y_5$	All	$\ln y_1$	$\ln y_2$	$\ln y_3$	All
Chi 值	1.468606	1.238079	1.606544	7.368718	0.699480	3.231252	1.944310	12.22183
自由度	2	2	2	6	2	2	2	6
P 值	0.4798	0.5385	0.4479	0.2881	0.7049	0.1988	0.3783	0.0572

加工水平、服务水平、农民收入均不是种植水平的 Granger 原因,种植水平也不是加工水平、服务水平、农民收入的 Granger 原因,其 P 值均大于要求的最大置信度 0.1,表明赣南脐橙的种植水平与加工水平、服务水平存在竞争关系,三者在人力、物力等方面存在要素竞争。

种植水平、农民收入不是加工水平的 Granger 原因,其 P 值均大于要求的最大置信度 0.1。服务水平是加工水平的 Granger 原因,加工水平是服务水平的 Granger 原因,其 P 值均达到 0.1 的置信度,表明赣南脐橙产业链加工水平和服务水平存在相互促进的关系。

种植水平、加工水平、农民收入均不是服务水平的 Granger 原因,服务水平也不是种植水平、加工水平、农民收入的 Granger 原因其 P 值均大于要求的最大置信度 0.1,表明赣南脐橙产业链的其种植水平、加工水平、农民收入与服务水平不存在显著的因果关系。

农民收入是种植水平、加工水平、服务水平的 Granger 原因,其 P 值达到 0.1 的置信度,说明赣南产业链的各个环节与农民收入紧密相关,农民收入的增加会促进赣南脐橙产业链的发展。

(5)VAR 模型的脉冲响应函数分析

进行模型的脉冲响应函数分析可以进一步判断变量间因果关系的真实性。设定追踪周期数为 10,对 VAR 模型 2 设计的 4 个变量之间的脉冲响应函数分析,结果如图 5-4 所示,图中中间实线为脉冲响应函数,虚线表示正、负两倍的标准差偏离区间。

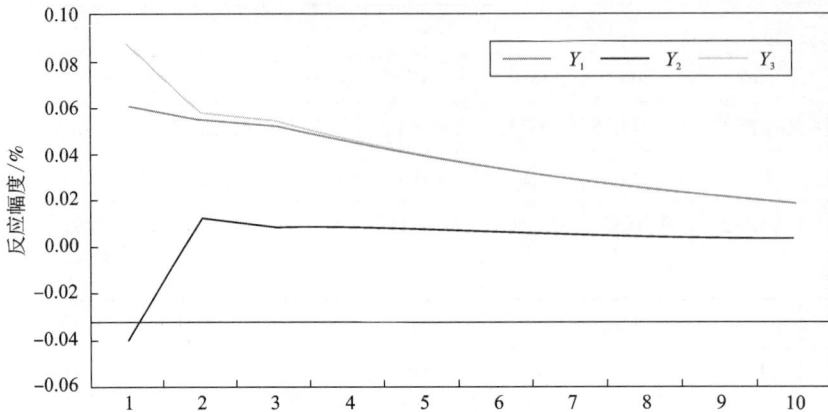

图 5-4　收入水平的脉冲响应

从图 5-4 中可以得出以下结论：

第一，服务水平对农民收入的脉冲响应为正向且较大，相较于加工水平和服务水平对农民收入的脉冲响应，服务水平对农民收入的正向影响最大。在第 1期，服务水平对农民收入的脉冲响应减弱速度快，第 2 期开始减弱且速度变慢，到第 3 期趋于较为稳定的减弱速度对农民收入的脉冲响应不断趋于零。

第二，加工水平对农民收入的脉冲响应大，在第 1 期对农民收入存在短暂的负向响应，第 2 期中期开始对农民收入产生正向响应，达到顶点后又逐渐减弱不断趋于零。这说明，赣南脐橙产业链的加工水平前期对农民收入存在短期的负向影响，原因在于前期赣南脐橙产业链加工技术的提高需要大量资金投入，技术研发对资金消耗大，无论是企业还是农民在这一阶段的盈利水平都会有所下降。但从长期来看，加工水平的提高最大限度地挖掘了赣南脐橙自身价值，帮助农民寻求更多增加收入的渠道，进而促进收入水平的提高。因此，赣南脐橙产业链加工水平的提高可以促进农民收入的提高。

第三，种植水平对农民收入的脉冲响应为正向且较大，在第 1 期其正向脉冲响应减弱速度快，第 2 期减弱速度变慢，第 3 期减弱趋势与服务水平减弱趋势高度相似。这说明，种植水平和服务水平对赣南脐橙产业链农民收入的影响都很大，且为正向影响。

根据以上脉冲响应分析可得出结论，种植水平和服务水平的正向扰动冲击对农民收入的正向影响效果较为显著，且持续时间较长，也就是说当种植水平或服务水平有所提升，可以带来农民可支配收入的增长。加工水平的正向扰动对农民收入产生负向影响，这也和实际情况相符合，加工产业对农民来说门槛较高，对基础设备、技术、人员投入较高，在农民实现加工产业升级前期会对农民收入产生负向的影响作用，在中后期产生正向影响但不显著。

3. 服务水平的方差分解

基于以上分析，结合脉冲响应函数图，通过 VAR 模型 2 的方差分解，可以评价赣南脐橙产业链的种植、加工、服务三个环节冲击对收入水平影响的重要性。赣南脐橙产业链种植水平、加工水平、服务水平、收入水平的 VAR 模型 2 方差分解结果如表 5-16 所示。

表 5-16　收入水平的方差分解图

时期	标准差	Y_1	Y_2	Y_3	Y_4
1	0.151091	16.36298	8.015958	33.08787	42.53319
2	0.171645	22.54292	6.722090	36.89592	33.83906
3	0.188641	26.33353	5.758109	38.86867	29.03969
4	0.199922	28.52784	5.316430	39.75307	26.40265
5	0.207985	29.90136	5.037794	40.27612	24.78473
6	0.213737	30.79660	4.859187	40.60607	23.73815
7	0.217890	31.40112	4.738683	40.82636	23.03384
8	0.220905	31.81934	4.655452	40.97796	22.54725
9	0.223102	32.11383	4.596865	41.08449	22.20482
10	0.224710	32.32383	4.555095	41.16038	21.96069

总体来看，服务水平和种植水平受到冲击时对赣南脐橙产业链的收入水平的影响最大，加工水平对收入水平的影响较小。其中，服务水平和种植水平受到冲击时对收入水平的正向影响经过短期加强后逐渐减弱，加工水平对收入水平的负向影响经过短期减弱转化为正向影响后逐渐减弱。这说明，赣南产业链的收入水平受其三大环节发展水平的影响总体上随着时间的推移会逐渐减弱，影响程度由大到小依次为：服务水平、种植水平、加工水平。

具体表现：在第 1 期到第 10 期，服务水平对收入水平的正向影响逐渐增大，影响程度最大为第 8 期的 40.97796%，最小为第 1 期的 33.08787%；种植水平对收入水平的影响其次，影响程度最大为第 10 期的 32.32383%，最小为第 1 期的 16.36298%；加工水平对收入水平的影响最小，影响程度最小为第 10 期的 4.555095%，最大为第 1 期的 8.015958%。这说明，赣南产业链的收入水平短期内受服务水平影响程度最大，随着时间的推移，种植水平会出现短暂的影响程度加深，但总体都会趋于 0。

    赣南脐橙产业结构发展的增收效应研究发现，在关注赣南脐橙产业的发展过程中应该重点关注服务环节对增收水平的正向影响。

    为了提高农民收入，可以从服务环节发力，具体做法可从推动赣南脐橙网络销售入手，构建包含果园合作、产品深加工、冷链物流、包装设计、品牌形象维护、多渠道创意营销等环节，以赣南脐橙为主导，提升赣南脐橙网络销售效益的全方位专业化网络销售产业链；扩宽赣南脐橙市场主体经营范围，补链、强链、延链以提升产业链韧性，如建设赣南脐橙农家乐、开展脐橙研学旅游项目等。

    同时，也需关注种植环节和加工环节对增收水平的影响，通过稳定赣南脐橙种植水平和加工水平来稳定增收水平。

第六章

赣南脐橙产业高质量发展指数研究

一、产业高质量发展研究理论

（一）产业高质量发展内涵界定

我国的经济发展已从高速增长转向高质量发展阶段，对经济、社会和文化等各方面提出了新要求，产业作为我国经济发展的关键力量，是立国之本。所以实现产业高质量发展是实现一个地区高质量发展的应有之义，对我国社会主义现代化建设起着重要的支撑作用。

现有研究对产业高质量发展的内涵界定仍处于仁者见仁，智者见智的阶段。但大多数学者均认为产业高质量发展不仅仅表现在数量的扩大，还表现在质量的提升，是数量与质量的有机统一。因此，产业高质量发展以新发展理念为指导，以"质量"为核心，以"以人为本"为价值判断，强调产业在发展过程中不仅要实现经济价值，也还要注重实现社会价值和环境价值，即"三管齐下"，从而促进产业往产业布局合理化、产业结构高级化和合理化、产业链高端化等方向发展。

涂圣伟[195]指出，产业高质量发展是产业发展的方式、产业发展的结构、产业发展的动力发生多重转变，追求结构向着高级化、效率向着最佳化和价值向着最大化方向的发展，并进一步指出我国产业高质量存在供给结构不尽合理、要素配置效率和技术效率不高、产业发展效益不高等问题。柳天恩和武义青[196]提出产业高质量发展被认为是一种社会属性，它反映了我们在实现经济增长时，如何更好地满足人民需求，并且在实现经济增长时，我们需要建立一个新的理念，并不断完善我们的发展目标，提升我们的发展动力；建立一个更加科学的评估体系，提供更好的支持；建立一个更加灵活的运作机制，提供更多的制度保障，使我们能够更好地实现经济增长，实现经济的可持续发展。付晨玉和杨艳琳[197]提出，追求高质量发展已成为一种新的思想和评价准则，而产业发展能否满足人们对更加丰富多彩生活体验的渴望，则成为衡量一个国家经济发展水平的关键因素。由于人民对美好生活的需要具有复杂性和多维性，所以产业发展质量体现在创新、协调、绿色、开放和共享发展的优劣程度，即产业发展质量的内涵是产业在发展过程中带来的自身效益及其带来的环境效益和社会效益的三者平衡。李英杰和韩平[198]认为，产业高质量发展必须具备创新能力增强、要素效率提高、产业结构优化、质量效益提升、价值链的中高端融合发展加快等特征。余泳泽等[199]认为产业高质量发展是发展方式、发展结构、发展动力三方面的共同调整，从以往强调产业结构调整转向强调产业发展质量，并将新发展理念作为评价标准。崔耕瑞[200]认为产业发展不仅需要考虑产业结构，也要转变发展方式，不仅应注重产业经济效应，也需在发展过程中实现社会福利改善。

因此，本书认为产业高质量发展不再只是强调产业结构数量比例，而是要在以人为本和新发展理念的指导下，实现产业创新、产业协调、产业绿色发展、产业开放发展和产业发展惠果共享的有机统一，是产业经济、环境、社会效益等多方面的共同发展。

（二）产业高质量发展指标评价体系

据前所述，产业高质量发展内涵界定尚未达成一致，那么产业高质量发展指标评价体系的构建必然是众说纷纭。学者们主要从指标数量和具体产业分类构建及评价产业高质量发展水平。

从指标数量来看，现有研究主要分为单一指标和多指标综合评价。少数学者以单一指标构建产业高质量发展指标体系，如张志强和钟炜林[201]以全要素生产率为指标构建了我国 31 个省（区、市）高新技术产业高质量发展水平。单一指标的使用在指标选取的客观性、数据可操作性和可获得性方面有一定的优越性，但其无法同时体现产业在经济、社会和环境等多方面的效益情况，自然也就体现不了产业高质量发展的内在本质。因此，大多学者倾向于运用多指标层面、多维度构建评价体系，如李林山等[202]针对黄河流域水资源的重要性，从产业活跃度、创新效率、产业结构、空间结构、绿色发展构建了黄河流域城市群产业高质量发展评价指标体系。

从具体产业来看，学者们对制造业高质量、农业高质量发展、体育产业高质量发展、文化产业高质量发展等产业的研究较多。在制造业高质量发展层面，制造业高质量发展是优化资源配置效率、提升产品品质、实现绿色发展、增强国际竞争力的过程[203]。刘国新等[204]提出制造业高质量发展是经济、创新、产业结构、开放、生态全面的发展。苏永伟[205]认为，应从经济效益、技术创新、绿色发展、质量品牌、信息化水平五个层面全方位评价中部地区制造业高质量发展水平。傅为忠和储刘平[206]从创新能力、人才集聚、绿色发展、质量效益和产业结构高端化五个维度构建了长三角三省一市制造业高质量发展评价体系。

在农业高质量发展层面，农业高质量发展是指在发展过程中强调自然、经济与生态的协调统一[207]。黎新伍和徐书彬[208]、于婷和于法隐[209]以新发展理念为指导，对农业高质量发展水平进行综合评价，均发现我国农业高质量发展指数总体呈平稳上升趋势。董艳敏和严奉宪[210]基于农业高质量发展的内涵，从生产效率、产业效益、绿色化生产、劳动者素质和农民收入五个维度对其发展水平进行综合评价。

体育产业高质量发展不仅包含"量的扩张"，又涉及"质的提升"，以不断满足人民日益增长的体育需求为根本目的，最终实现结构、效率和价值的有机统一[211]。王晨曦和满江虹[212]为评价我国体育产业的高质量发展水平，从动力变革、效率变革和质量变革三个维度进行了多维度综合评价。王晨曦[213]从产业供需动力、创新动力、发展效率、运行动力四个方面进行体育产业高质量发展的构建。康露和黄海燕[214]构建了由产业结构、生产效率、产业效益、发展动力、产业基础、产业规模六个维度刻画的体育产业高质量发展。

文化产业是我国人民精神文化需求增加的具体体现，立足于我国人民日益增长的精神文化需要，已成为推动经济增长的新增长点和支撑点[215]。文化产业是经济与文化相互依存的产业，在"十四五"时期，文化产业高质量发展必须要以社会效益为先，并同时统筹发展好社会效益和经济效益，追求以需求带动供给，以供给创造需求的两者动态平衡的集约化高质量发展，是产业体系、创新体系、管理体系、公共文化服务体系的高质量发展[216]。袁渊和于凡[217]认为，文化产业高质量发展应从自身内涵和新发展理念出发，从产业效率、协调发展、发展环境、文化创新、对外开放的多维度评价其水平。丁仕潮[218]从文化产业供给侧即发展规模、产业结构、生产效率、创新能力和文化产业需求侧即消费规模和消费结构两方面出发，测度了我国文化产业的高质量发展水平及耦合协调程度。魏和清等[219]对我国31个省的文化产业高质量发展水平，基于新发展理念的内涵从创新发展、协调发展、融合发展、开放发展、共享发展五个维度进行了评价。

以上是对产业高质量发展内涵和指标构建方面的梳理和总结，可以看出，农业作为百业之首，其高质量发展的研究已引起学者们的讨论。为更详细深入了解农业高质量发展的指标评价内容，本书将近年来学者们设计具体的指标体系的部分成果列举如下，为后续赣南脐橙产业高质量发展评价指标体系的构建奠定基础。

辛岭和安晓宁[220]认为促进农业高质量发展首先是要形成生态环境保护与农业经济发展的双赢局面，发展可持续农业；其次是生产要素投入如科技、土地等在农业发展过程中要实现资源的有效利用；再次是农业发展要形成一定的规模，有利于形成标准化和集约化的生产运营模式；最后是农业产业需要向第一、第二、第三产业融合方向发展。因此他们构建了绿色发展引领、供给提质增效、规模化生产、产业多元融合4个一级指标共22个二级指标的农业高质量发展指标体系。具体指标体系如表6-1所示。

表6-1 辛岭和安晓宁构建的中国农业高质量发展评价指标体系

准则层	要素层	指标层
绿色发展引领	资源减量水平	化肥施用强度、农药施用强度、复种指数
	资源利用水平	万元农业GDP耗水、万元农业GDP耗能、节水灌溉面积比重、农业机械化水平
供给提质增效	生产质量提高	产业结构调整指数、绿色食品原料标准化生产比重、绿色食品产量比重
	生产效益提升	城乡收入比、农村居民人均可支配收入、土地生产率、劳动生产率
规模化生产	集约规模提升	土地集约指数、规模经营指数
	组织经营优化	农民参加合作社比率、农业生产托管服务率
产业多元融合	产业延伸水平	农产品价格与产值占比、农业科技进步贡献率
	产业融合水平	农林牧渔业服务业产值占比、乡村非农就业占比

刘涛等[221]认为评判农业高质量发展的准则是新发展理念，因此从五大发展理念的五个方面共27个指标构建了我国农业高质量发展评价指标体系，并运用熵值法对2005—2017年的中国农业高质量发展水平进行了评价。具体指标体系如表6-2所示。

表 6-2　刘涛等构建的中国农业高质量发展评价指标体系

准则层	要素层	指标层
农业创新水平	农业创新基础	农业劳动者教育水平、农业科技人员比率、农业机械化程度、农业电气化程度
	农业创新效率	农业劳动生产率、粮食单产、农业规模化程度、有效灌溉率
农业协调水平	农业产业结构	第一产业比较生产率
	农村投资消费结构	财政支农力度、农村恩格尔系数
	农业经济增长	农业经济增长率
	结构	农产品产值率
农业绿色水平	农业资源消耗	农业中间消耗量、单位面积农膜使用量、柴油使用强度、农作物成灾率
	农业环境污染	单位面积化肥使用量、单位面积农药使用量
	农业环境保护	森林覆盖率、水土流失治理面积
农业开放水平	农业开放程度	外贸依存度
农业共享水平	城乡差距	城乡居民收入比、城乡二元结构强度、农村收入水平
	农村公共服务	农村医疗卫生水平、农村社会保障水平

　　黎新伍和徐书彬[208]基于新发展理念，认为农业经济发展的核心驱动已从要素投入驱动转向创新驱动，并且创新不仅包括人力资本、科技水平创新，还包括农业新主体与新业态创新。农业协调发展是为了解决发展过程中出现的冲突与矛盾，涵盖城乡协调和产业结构协调两方面。农业绿色发展要求遵循可持续观，摈弃以绿水青山换金山银山的传统观念。农业开放发展的关键在于处理好农业市场资源的有效配置问题。农业共享发展的出发点和落脚点是促进农民增收、改善农民福利水平等。因此他们从五大发展理念出发构建了 5 个基本维度共 35 个具体指标的农业高质量发展指标体系，并对 2013—2017 年全国及各省的农业高质量发展水平进行了评价。具体指标体系如表 6-3 所示。

表 6-3　黎新伍和徐书彬构建的中国农业高质量发展评价指标体系

准则层	要素层	指标层
创新	人力资本	每万人农业技术人员数、农村人口平均受教育年限
	科技水平	农业知识产权创造指数、农业综合机械化率
	新主体与新业态	每万人拥有农民专业合作社数量、休闲农业产值/农业总产值、设施农业面积/耕地总面积
协调	城乡协调	城乡居民人均可支配收入之比、城乡居民人均消费支出之比、城乡居民最低生活保障标准之比
	产业结构协调	第一产业比较劳动率、农产品加工业产值与农业总产值之比、农林牧渔服务业产值占比、养殖产值占比、种植业多样化指数
绿色	资源节约	耕地复种指数、节水灌溉面积比重、万元农业 GDP 耗水、万元农业 GDP 耗能
	环境友好	单位面积化肥施用量、单位面积农药使用量、单位面积农膜使用量
开放	国际开放	农产品进口依存度、农产品出口依存度
	农业市场化	主要农产品商品率、土地流转率、劳动力非农就业占比、单位产值涉农贷款余额
共享	脱贫攻坚	农村低保人数占比、农村贫困发生率
	农民增收	农民人均纯收入、农民人均纯收入实际增长率、非农收入占比
	福利水平	农村人均住房面积、农村每万人医疗机构床数

于婷和于法稳[209]提出农业高质量具有涵盖农业经济发展的数量、质量、效益综合性概念，要以新发展理念为指导，农业经济发展的好坏程度主要体现在创新、协调、开放三方面的发展水平，农业经济发展是否促进了经济、社会和环境三者的有机统一发展主要体现在绿色和共享两个方面的发展水平，并进一步构建

了以五大发展理念为基础共 20 个具体指标的中国农业高质量发展综合评价体系。具体指标体系如表 6-4 所示。

表 6-4 于婷和于法稳构建的中国农业高质量发展评价指标体系

准则层	要素层	指标层
创新水平	创新基础	农业机械化水平、农业财政投入占比、农业科技人员状况
	创新效率	农业全要素生产率增长率
协调水平	产业结构	农业产业结构调整指数
	城乡结构	二元对比系数
绿色水平	资源利用	节水灌溉比重、万元农业增加值耗水量、万元农业增加值电力消耗
	环境影响	农业碳排放强度、化肥使用强度、农药使用强度、农业成灾率
开放水平	对外开放水平	农产品外贸依存度
共享水平	福利分配	农村收入水平、农村劳动力教育水平、公共卫生水平
	效益共享	农村居民家庭恩格尔系数、城镇化率、城乡居民人均消费之比

刘忠宇和热孜燕·瓦卡斯[222]从创新发展水平、协调发展水平、绿色发展水平、开放发展水平、共享发展水平 5 个方面构建了全国 31 个省（区、市）的 2011—2018 年农业高质量发展综合水平的评价指标体系。具体指标体系如表 6-5 所示。

表 6-5 刘忠宇和热孜燕·瓦卡斯稳构建的中国农业高质量发展评价指标体系

准则层	要素层	指标层
创新发展水平	农业 R&D 经费状况	农业 R&D 经费投入/地区生产总值
	农业科技投入状况	农业科技投入经费/财政支出
	农业科技研究机构	R&D 研究机构
	农业技术人员状况	折合农业 R&D 人员全时当量

续表6-5

准则层	要素层	指标层
协调发展水平	产业协调	第一产业就业人员、第一产业增加值/地区生产总值
	城乡协调	城乡居民人均收入比、城乡居民人均消费比
绿色发展水平	低碳生产	森林覆盖率、农药施用强度、化肥施用强度、农用塑料薄膜使用强度
开放发展水平	开放程度	农产品进出口总额/生产总值
共享发展水平	收入水平	农村居民人均可支配收入
	文化教育	农村居民平均受教育年限
	公共卫生	平均每村村卫生人员数、每千农业人口乡村医生和卫生员数
	基础设施	有效灌溉面积占耕地面积比重、公路里程、劳动农业机械总动力、农村用电量增速

张建伟等[223]为评价我国31个省(区、市)的农业经济高质量发展综合水平，从农业经济发展动力、农业经济结构优化、农业经济系统稳定、农业经济绿色发展、农业经济福利共享5个方面构建了由27个具体指标组成的评价体系，时间范围为2016—2020年。具体指标体系如表6-6所示。

表6-6　张建伟等构建的中国农业高质量发展评价指标体系

准则层	要素层	指标层
农业经济发展动力	效率提升	农业生产率、资本生产率、劳动生产率
	农业驱动	农业机械化强度、农业机械水平、农业灌溉率
农业经济结构优化	产业结构	农业产业结构调整指数、粮食产出率、粮食产业比重
	投资结构	农林牧渔业投资比重
	就业结构	农林牧渔业就业比重

续表6-6

准则层	要素层	指标层
农业经济系统稳定	价格稳定	农村商品零售价格稳定、农村居民消费价格稳定、农业生产资料价格稳定、农产品生产者价格稳定
农业经济绿色发展	农业消耗	单位化肥消耗量、单位农药消耗量、单位塑料薄膜消耗量、单位产值柴油消耗量
	水土治理	水土流失治理
	环境保护	农村厕所普及率
农业经济福利共享	福利改善	人均农林牧渔业总产值、人均住房经费、人均医务人员数、每千农村人口卫生床位数
	成果分配	恩格尔系数、农村人均可支配收入

徐孝新等[224]从新发展理念出发，借鉴学者的相关研究，构建了 5 个维度共 25 个具体指标的农业高质量发展指标体系，并选择粮食主产区的 13 个省（区、市）为研究对象。具体指标体系如表 6-7 所示。

表 6-7 徐孝新等构建的中国农业高质量发展评价指标体系

准则层	要素层	具体衡量方式
创新	农业劳动者教育水平	农村人口平均受教育年限
	土地产出水平	农业增加值/耕地面积
	农产品供给力	粮食产量/播种面积
	农业规模化程度	耕地面积/第一产业从业人员
	农业机械化程度	机械总动力/播种面积
	农业电气化程度	农村用电量/第一产业从业人员
	劳动生产率	农林牧渔业总产值/第一产业从业人员

续表6-7

准则层	要素层	具体衡量方式
协调	产业融合水平	农林牧渔服务业产值/农林牧渔业总产值
	财政支出力度	农林水事务支出/财政总支出
	农业结构	林牧渔业总产值/农林牧渔业总产值
	二元结构强度	(第二、三产业 GDP 占比/第二、三产业就业人员占比)/(第一产业 GDP 占比/第一产业就业人员占比)
	城乡居民收入比	城镇居民可支配收入/乡村居民可支配收入
	城乡居民消费对比	城镇居民消费支出/农村居民消费支出
	水土流失治理面积	水土流失治理面积/耕地面积
绿色	单位面积薄膜使用量	农膜使用量/播种面积
	单位面积化肥使用量	化肥施用量/播种面积
	单位面积农药使用量	农药施用量/播种面积
	森林覆盖率	森林面积/土地面积
	耕地复种指数	播种面积/耕地面积
开放	农产品进出口依存度	农产品进出口总额/生产总值
	贸易竞争指数	农产品出口总额/(农产品出口总额+农产品进口总额)
共享	农村收入水平	农村人均纯收入
	每万人农村人口村卫生室	村卫生室数/农村人口
	社会保障水平	农村人均最低社会保障支出
	固定资产投资情况	农林牧渔业全社会固定资产/年末农村常住人口

牛惠等[225]认为黄河下游沿黄地市农业高质量发展体现在下几个方面：第一，生产高效益，在农业生产过程中追求高性价比的生产方式；第二，产品高质量，要求农产品需随着收入水平的上升而从以往追求数量转向追求高质量如品牌、健康的方面发展；第三，农民高收入，要求农业发展的最终目的是促进农民增收，增强农民的幸福感；第四，资源利用高效率，追求资源的高效循环利用；第五，环境高质量水平，追求农业绿色发展。因此他们从农业生产高效益、农业产品高质量、农村居民高收入、资源利用高效率、环境质量高水平五方面构建了共 24 个具

体指标的农业高质量发展指标体系。具体指标体系如表6-8所示。

表6-8　牛惠等构建的中国农业高质量发展评价指标体系

准则层	指标层	具体衡量指标
农业生产高效益	农业劳动生产率	农林牧渔业总产值/农林牧渔业从业人员
	单位耕地面积粮食产量	粮食总产量/耕地面积
	单位耕地面积农林牧渔业增加值	农林牧渔业增加值/耕地面积
	单位农林牧渔业增加值耗能	农林牧渔水利业能源消耗总量/农林牧渔业增加值
	单位农林牧渔业增加值耗水	农业用水量/农林牧渔业增加值
	农林牧渔服务业增加值占比	农林牧渔服务业增加值/农林牧渔业增加值
农业产品高质量	农产品检测合格率	农产品合格数/农产品总数
	"两品一标"农产品生产强度	"两品一标"农产品认证个数/耕地面积
	绿色食品获证企业个数	绿色食品获证企业个数
农村居民高收入	单位耕地面积农民收入强度	农村居民家庭实物消费支出/总支出
	农村居民家庭恩格尔系数	农村居民家庭实物消费支出/总支出
	城乡居民收入差距指数	城镇居民可支配收入/农村居民人均可支配收入
资源利用高效率	耕地复种指数	农作物播种面积/耕地面积
	有效灌溉面积占比	有效灌溉面积/耕地面积
	节水灌溉面积占比	节水灌溉面积/耕地面积
	单位耕地面积农机总动力	农业机械总动力/耕地面积
	单位耕地面积耗电	农林牧渔水利业电力消费总量/耕地面积
	农业财政投入指数	农林水事务支出/耕地面积

续表6-8

准则层	指标层	具体衡量指标
	化肥施用强度	化肥施用量/耕地面积
	农药施用强度	农药使用量/耕地面积
环境质量高水平	农业源化学需氧量排放强度	农业源化学需氧量排放/耕地面积
	环境保护支出占比	环境污染防治能力建设/财政支出
	地表水Ⅰ~Ⅲ类水质断面占比	《地表水环境治理标准》
	水土流失治理面积占比	水土流失治理面积/耕地面积

黄修杰等[226]从产品质量、产业效益、生产效率、经营者素质、国际竞争力、农民收入、绿色发展7个方面构建了农业高质量发展指标体系，并运用熵值法对我国30个省的农业高质量发展水平进行了评价。具体指标体系如表6-9所示。

表6-9　黄修杰等构建的中国农业高质量发展评价指标体系

准则层	指标层
产品质量	粮食供给稳定水平、农产品检测合格率、绿色产品供给比重
产业效益	农产品加工业总产值与农业总产值的比值、农林牧渔服务业增加值/农林牧渔业增加值比值
生产效率	农业土地产出率、农业劳动生产率、农作物耕种收综合机械化率
经营者素质	初中及以上农业劳动力比例、农业合作社示范社占比、示范性家庭农场占比
国际竞争力	出口优势增长指数、贸易竞争力指数、显示性比较优势指数、国际市场占有率
农民收入	农村常驻居民人均可支配收入、农村居民家庭恩格尔系数、城乡居民收入差异系数
绿色发展	万元农业GDP耗能、农作物秸秆利用率、畜禽养殖废弃物资源化利用率、农药施用强度、化肥使用强度

高雪和尹朝静[227]认为农业发展不能只追求速度，还要注重发展质量，需根据新发展理念，从创新、协调、绿色、开放、共享5个维度出发，构建了农业高质量发展综合指数评价指标体系。具体指标体系如表6-10所示。

表 6-10　高雪和尹朝静构建的中国农业高质量发展评价指标体系

准则层	要素层	指标层
创新	农业经济效率	农业全要素生产率、劳动生产率
	农业创新投入与产出	农业科研人员、农业研发支出/农业 GDP、出版科技著作、农业论文发表、农业发明专利
协调	农业产业协调	农业产业结构、种植业结构、农村金融结构
	城乡协调	农民消费结构、城乡收入差距
绿色	农业环境保护	森林覆盖率、水土流失治理
	农业环境污染	PM2.5、化肥施用强度、农业使用强度、畜禽养殖废弃物资源化利用率
	农业资源消耗	单位 GDP 柴油消耗量、单位 GDP 农机动力消耗量、单位 GDP 农膜使用量
开放	农业贸易开放度	农业贸易依存度、农业进口依存度、农业出口依存度
共享	农业基础设施	农业灌溉设施
	农民收入与生活	农民可支配收入、贫困率、农民最低生活保障

　　徐呈呈等[228]以农业高质量发展的内涵为指导，从经济性指标、社会性指标、生态性指标、创新能力水平、开放程度 5 个方面共 24 个指标构建了西安都市农业高质量发展指标体系。具体指标体系如表 6-11 所示。

表 6-11　徐呈呈等构建的西安都市农业高质量发展评价指标体系

准则层	指标层
经济性指标	农林牧渔总产值、人均 GDP、农村居民人均可支配收入、劳动生产率、土地产出率、农业机械化水平、设施农业比重、有效灌溉面积
社会性指标	城镇化率、农村居民家庭恩格尔系数、劳动力受教育程度、从事农业劳动力比重
生态性指标	园林绿地面积、人均耕地面积、森林覆盖率、农药施用强度、化肥施用强度
创新能力水平	农业研究开发机构、农业科技人员、农民技能培训人数、良种推广面积、农业信息站
开放程度	农产品出口金额、农产品进口金额

芮旸等[229]对陕西省黄河流域农业高质量发展展开研究，从绿色发展、产品质量、产业效益、生产效率、规模经营5个准则层共20个指标构建了陕西省黄河流域农业高质量发展水平评价指标。具体指标体系如表6-12所示。

表6-12　芮旸等构建的陕西省黄河流域农业高质量发展评价指标体系

准则层	指标层
绿色发展	化肥施用强度、农膜施用强度、耕地复种指数、农业水资源消耗强度
产品质量	绿色食品数量、有机农产品数量、农产品地理标志数量
产业效益	农林牧渔业增加值、粮食综合生产能力、农村居民收入水平、城乡居民收入比
生产效率	农业劳动生产率、农业土地产出率、粮食单产、劳均经济作物产出、劳均畜产品产出、农业机械化水平
规模经营	农民农业合作社数量、家庭农场数量、农业产业化龙头企业数量

(三) 产业高质量发展评价的模型方法

关于产业高质量发展的评价方法，主要有以下方法：

①熵值法。熵值法是避免人为思想影响的客观赋权法。它是根据指标传递给决策者的信息量来确定指标权重的一种方法。其主要目的是加权指标系统，评价指标的差值越大，熵越小，包含和传递的信息越多，相应的权重越大。

②熵权TOPSIS法。熵权TOPSIS法是熵值法和TOPSIS的组合，也是一种客观赋权法。首先用熵值法确定每个指标的权重，然后用熵值法确定TOPSIS法比较排序，最后通过对象与最佳方案之间的综合距离，对各样品的优劣等级进行评价。熵权TOPSIS法也称为优劣解距法。

③层次分析法(AHP)。著名运筹学家萨迪在20世纪70年代初提出的层次分析法是将定性分析与定量分析相结合的一种方法。该方法系统、分层，能更好地分析数据。这种方法可以量化决策者的经验，特别适用于目标结构复杂、数据不足的情况。它可以逐步分层复杂的系统问题，构建指标，然后对比得分。它是一种简单、灵活、实用的多标准决策方法。层次分析法已广泛应用于各行各业的决策问题，并体现在许多领域。

④主成分分析法。它可以有效避免多指标信息重复的问题，从而增加计算工作量，提高评价的准确性。主成分分析法是将很多相关原始指标重新组合成界限明确、数量少的新综合指标集，以取代原始指标。这些新的综合指标保留了原始

变量的主要信息，但相互关联，具有比原始变量更好的属性，更好地反映了问题的性质。

⑤变异系数法。它是一种客观赋权法，变异系数是衡量数据差异的常用统计指标。该方法根据每个指标的观测值在每个评估对象上的变化程度对每个指标进行加权，差异越大，指标权重就越大。为避免不同指标维度和数量级的影响，该方法直接使用集成变异系数值作为每个指标的权重。

⑥灰色关联度法。该模型的原理是几个统计序列形成的曲线的几何形状越接近，即曲线越平行，则变化趋势越接近，相关性也越大。因此，选项和最佳选项之间的相关性可以用来比较和排序评估对象。先计算各方案的相关系数矩阵和由最佳指标组成的理想方案，并从相关系数矩阵中获得相关性，再根据相关性进行排序分析，得出结论。

⑦专家评分法。它是一种主观赋权法，一般与层次分析法相结合使用，一般邀请一些熟悉情况的专家组成评审团。每位专家独立给出一组权重形成判断矩阵，综合处理每位专家给出的权重，获得综合权重。在这种方法中，利用专家无法量化的知识、智慧和经验来形成评价权重的各个方面，权重将反映评价对象的整体判断。该方法操作简单、原理明确，但权重受主观因素影响较大，难以形成令人信服、稳定的一组权重，适用于数据采集困难或信息量化难以准确评估的项目。

现有研究成果对产业高质量发展模型方法运用的相关文献列举要如下：

高维龙[230]认为粮食产业高质量发展是实现我国经济高质量发展的重要方面，是实现乡村振兴和农业全面现代化的重要路径。因此，该学者从供给可持续程度、资源环节可持续程度、社会经济可持续程度、农村发展可持续程度四个方面共27个二级指标构建了中国粮食产业高质量发展综合评价指标体系，运用熵值法对1999—2018年我国31个省（区、市）的粮食产业高质量发展水平进行测度和分析。

赵敏等[231]提出农业产业高质量发展是实现黄河流域生态保护和高质量发展的关键，基于新发展理念，结合黄河流域特征，构建了黄河流域农业产业高质量发展评价指标体系，运用熵值法评价2010—2019年黄河流域9个省区的农业产业高质量发展水平，发现黄河流域整体发展水平较低，并且内部存在发展不平衡现象，呈现"两边高、中间低"的空间格局，创新、绿色、共享水平上升明显，协调上升趋势变缓，开放水平有所下降。他们提出抓住政策红利、坚持生态优先、增强创新驱动、注重协调发展和坚持开放共赢五个方面的建议。

苏卉和党楠[232]在遵循科学性、系统性、可操作性原则的基础上，结合出版产业实践和出版产业发展指数，构建了经济、创新、协调、绿色、开放、共享六个维度共26个二级指标的出版产业高质量发展评价指标体系，运用熵值法综合评价了 2009 年至 2018 年我国出版产业发展质量，发现我国出版产业发展水平在此期间发展水平取得明显进步，总体处于上升区间，经济发展水平的贡献最大，创新发展水平呈波动上升趋势，协调发展水平较高、共享产业水平持续上升，开放发展水平处于波动状态。

孙晓等[233]基于新发展理念构建了一个评价中国 30 个省（区、市）旅游业高质量发展水平的指标体系，并使用熵权 TOPSIS 法对 2007—2019 年中国旅游业高发展水平进行了评价，分为东、中、西和东北地区，得出以下结论：四个地区旅游业发展质量存在明显差异，东部和中部地区的发展水平相对高于西部和东北部地区。

李忠斌和骆熙[234]基于有市场、有规模、有效应、能致富原则，运用层次分析法构建了从基础指标、文化指标、质量指标、创新指标、竞争指标、效益指标六个评价准则共 29 个具体指标的特色村寨文化产业高质量发展评价指标体系。

高崇敏等[235]基于国家政策，通过问卷调查、实地考察、文献查阅、会议论证及专家咨询等方式，构建了资源条件、质量效益、科技支撑能力、产业组织化程度、产业加工能力、储运能力、品牌建设水平、支持保护力度八个一级指标共 53 个二级指标的广西乡村特色产业高质量发展指标评价体系，运用层次分析法评价广西浦北香蕉产业和广西鸣柑橘产业的高质量发展水平，得出以下结论：这两种特色产业整体发展质量较高，但均存在加工能力弱、储运能力差及品牌建设水平低等问题。他们从加强主管部门监督、制定农业产业发展考核机制、引进人才三方面提出促进广西特色产业高质量发展的建议。

刘丽[236]从产业链体系角度，围绕产业链的创新链、价值链、供应链和空间链四个层次的 11 个具体指标构建了高新技术产业高质量发展评价指标体系，采用主成分分析法对 2000—2019 年中国 26 个省（区、市）的高技术产业高质量发展水平进行了测度，发现空间链对中国高技术产业的高质量发展影响最大，总体趋势是先升后降再升。26 个省（区、市）高新技术产业高质量发展水平总体呈橄榄球形状。她还从强化创新链、提高产业开放融合度、产业差异化发展三个方面提出了对策建议。

梁伟森和方伟[237]认为粮食安全是国家稳定和社会发展的基础，从粮食安全、生产效率、绿色发展、农业科技四个维度共 11 个指标构建了粮食产业高质量发展评价指标体系，采用变异系数法对 2014—2019 年广东省 20 个地级市的粮食产业高质量发展水平进行综合评价，得到以下结论：广东省粮食产业高质量发展综合水平为波动上升趋势，主要依靠财政支出和农村信息化来拉动，其中广州市、东莞市、茂名市三市的发展水平位于前三。

包国强和黄诚[238]对传媒产业高质量发展内涵进行了定义，认为传媒产业高质量发展是追求传媒产品与服务、社会效益和经济效益双统一、价值链高质量等方面的高质量，基于系统性、科学性、可比性、定性与定量相结合的原则，同时使用专家打分法和 AHP-熵权法组合模型对传媒产业高质量发展进行测度和评价，并从提升产业格局、实施创新驱动战略、把握社会与经济效益双统一原则和强化传媒企业员工社会责任的履行提出促进传媒产业高质量发展的实践建议。

黄英明和支大林[239]对南海地区海洋产业高质量发展展开研究，运用灰色关联度模型分析 2006—2015 年广东、广西、海南三省与陆地 12 个海洋产业之间存在的关联关系，发现南海地区海洋产业存在海洋高技术产业发展不足、区域内海洋产业结构同质化、海陆功能区不衔接等问题，并提出发展海洋高新技术产业、培育海洋产业集群、实施"点—轴—面"梯度推进政策、坚持海陆联动、加强海陆污染治理防治相关建议。

由以上的相关研究，发现运用较多的大多是综合评价方法，其中，熵值法运用得最多。熵值法具有基于数据本身特点比较客观反映各指标之间的相对重要性的特点，因此本书采用熵值法评价赣南脐橙产业高质量发展指数。

二、新发展理念下赣南脐橙产业高质量发展指标体系构建

赣南脐橙产业高质量发展由"赣南脐橙产业+高质量发展"组合而成，其理念必然与新发展理念相符合。因此，本章结合新发展理念、高质量发展的内涵以及赣南脐橙产业发展的实际情况，从创新、发展、绿色、开放和共享五个维度，基于科学性、全面性与可操作性原则构建了新发展理念下赣南脐橙产业高质量发展指标体系，并运用熵值法对其产业高质量发展水平进行了测度评价。

（一）指标选取原则

1. 科学性原则

选取新发展理念下赣南脐橙产业高质量发展的指标要从赣南脐橙产业的客观和实际情况出发，每个指标必须具有明确的概念和明确的科学含义，所选取的指标要能够客观科学反映新发展理念下赣南脐橙产业高质量发展的实际情况。此外，还应选取客观科学的评价方法。本书采用熵值法计算得到一级指标和二级指标权重，最终得到赣南脐橙产业高质量发展指数，客观真实地反映实际情况。

2. 全面性原则

全面性原则是指在构建新发展理念下的赣南脐橙产业高质量发展指标体系

时，不仅要体现赣南脐橙产业高质量发展的内涵，还要与新发展理念相契合，因此，本书构建了涵盖创新、协调、绿色、开放和共享五个维度的一级指标。此外，二级指标的选取，不仅要能反映一级指标的具体情况，还需要考虑本身的代表性，因此选取二级指标时要紧紧结合赣南脐橙产业高质量发展密切相关的指标。

3. 可行性原则

新发展理念下赣南脐橙产业高质量发展的指标选取应该具有一定的可操作性和可获得性，在实际操作中对于数据难以获取或获取难度较大的指标，不宜选取。宜选取有数据支撑的指标，即在不改变指标性质的情况下选取有数据支撑的指标。此外，在进行指标间的计算时，需要进行无量纲化处理，消除各指标间的量纲，使数据之间具有可比性，使计算结果更加客观准确。

4. 客观性原则

评价的目的是分析赣南脐橙产业高质量发展的优势和长处，并据此提出相关建议。在对赣南脐橙产业高质量发展进行评价时，应遵循客观性原则，根据真实可靠的数据信息，采取客观且公正的评价方法和标准，准确反映赣南脐橙产业高质量发展现状。

（二）指标选取及数据来源

完整、准确、全面贯彻新发展理念，是党的二十大报告中强调的内容。以新发展理念指导赣南脐橙产业向补短板、重质量、产业链高端化方向发展，推动质量变革、效率变革与动力变革，是"十四五"期间推进农业现代化的必然要求，新发展理念下的赣南脐橙产业高质量发展指标体系，不仅要与新发展理念息息相关，还要从赣南脐橙产业高质量发展的实际出发，准确体现赣南脐橙特有的产业高质量发展的内涵。因此，赣南脐橙产业高质量发展必须贯彻新发展理念，本书基于新发展理念，从创新、协调、绿色、开放和共享5个方向来构建赣南脐橙产业高质量发展水平的评价指标体系。

1. 赣南脐橙产业创新

创新是赣南脐橙产业高质量发展的第一动力，赣南脐橙产业发展历经三个阶段：第一阶段动力来自于地区自然资源，赣南植被丰富，富含多种微量元素，特殊土地资源及农村劳动力促进了赣南脐橙在赣南落地生根；第二阶段动力来源于生产要素如公路、农用设备的投入；第三阶段动力来源于技术创新，随着劳动力成本的上涨和土地资源的紧缺，迫使赣南脐橙产业发展从要素依赖型的农业模式转向创新驱动型的农业模式。

科技创新是赣南脐橙产业高质量发展的第一动力，现代农业与传统农业的主要差别在于产业科技化的含量不同，对于赣南脐橙来说，体现在三方面：一是赣南脐橙生产种植过程中使用机械设备的程度；二是赣南脐橙产业中科技化市场主体的发展情况；三是赣南脐橙产业科技转化成果的程度。此外，产业经营新模式可以推动新要素与赣南脐橙传统农业的有效结合，形成更高效率、更稳固、风险更低的经营模式，新经营主体创新即家庭农场、农民合作社的发展情况，新型经营市场主体规模化经营是赣南脐橙产业科技创新的特征之一。

因此，选取产业机械化、专利授权数量、产业科技化来衡量赣南脐橙产业的科技水平，用新型经营市场主体占比来反映赣南脐橙产业的经营主体创新。

2. 赣南脐橙产业协调

协调发展是赣南脐橙产业高质量发展的内在要求，协调发展要求赣南脐橙产业在发展过程中以平衡、可持续的形式发展，注重化解因为目标、利益不同而产生的冲突。赣南脐橙产业高质量发展需要注重不断促进产业协调、城乡协调、市场主体发展协调。城乡发展不平衡问题仍是高质量发展的一大难题，另外，赣南脐橙第一、第二、第三产业结构优化调整也是其内部协调需要关注的问题之一。关注产业市场主体是我国当前宏观经济分析从"主动脉"延伸至"毛细血管"的经济工作焦点，企业与个体工商户发展是否协调也是产业高质量发展健康发展的判断标准。

因此，选取城乡居民人均消费支出之比来反映城乡生活发展的协调水平，选取赣南脐橙产值增长率、赣南脐橙产值与农业增加值之比来衡量赣南脐橙产业协调，用企业与个体工商户数量之比来衡量市场主体发展协调水平。

3. 赣南脐橙产业绿色

绿色是赣南脐橙产业高质量发展的普遍形态，强调农业生产和生态环境的双赢发展，在赣南脐橙生产种植过程中尽可能减少对绿色环境的破坏，新时代赣南脐橙产业高质量发展是既要绿水青山，也要金山银山，如果农业发展是以化肥农药的过度使用、土壤污染、食品安全等为代价换取产能的，那么不如不要这种不可持续的赣南脐橙产业发展。

因此，选取使用赣南脐橙单位面积化肥施用强度、单位面积农药施用强度反映赣南脐橙产业的环境污染水平，选取赣南脐橙单位面积农膜使用强度来衡量赣南脐橙产业的资源消耗水平。

4. 赣南脐橙产业开放

开放是赣南脐橙产业高质量发展的必由之路，在百年未有之大变局的背景下，赣南脐橙产业需要统筹用好国内和国际两个市场。

因此，本书选取赣南脐橙出口量与产量之比来衡量赣南脐橙的国际开放程度，选取赣南脐橙外来市场主体新增比来衡量赣南脐橙的国内开放水平。

5. 赣南脐橙产业共享

共享是赣南脐橙产业高质量发展的价值导向，赣南脐橙产业的共享发展水平体现在赣南脐橙产业带动地区农民收入、就业、生活水平提高等方面的程度。

因此，选取农村居民人均可支配收入来反映赣南脐橙产业带动的农民增收水平，选取赣南脐橙产业就业人数、城乡居民人均可支配收入之比、农村居民家庭恩格尔系数来衡量赣南脐橙产业的效益共享水平。

在参考梁伟森和方伟[237]、黎新伍和徐书彬[208]的研究的基础上，遵循科学性、全面性、可行性、客观性的原则，本书选取创新、协调、绿色、开放和共享5个一级指标和17个二级指标，构建了新发展理念下赣南脐橙产业高质量发展指标体系，如表6-13所示。

由于部分现有的宏观数据测度不到赣南脐橙产业的相关数据，考虑到数据的可得性与准确性，本书参考李明文等[240]、王瑞峰等[241]使用的方法，具体如下：

$$A \text{ 系数} = \text{赣南脐橙种植面积/农作物播种面积}$$
$$B \text{ 系数} = \text{赣南脐橙产业产值/农业产值}$$

表 6-13　赣南脐橙产业高质量发展评价指标体系

目标	一级指标	二级指标	具体衡量方式	方向
赣南脐橙产业高质量发展	创新	产业机械化 X_1/（瓦·亩$^{-1}$）	农业机械总动力×A 系数/赣南脐橙种植面积	正
		专利授权数量 X_2/个	专利授权数	正
		产业科技化 X_3/%	高科技化市场主体/市场主体总量	正
		新型经营市场主体占比 X_4/%	家庭经营和农村合作社/市场主体总量	正

续表6-13

目标	一级指标	二级指标	具体衡量方式	方向
赣南脐橙产业高质量发展	协调	城乡居民人均消费支出之比 X_5	城镇居民人均消费支出/农村居民人均消费支出	负
		脐橙产业产值增长率 $X_6/\%$	本期赣南脐橙产业值−上期年赣南脐橙产业值/上期赣南脐橙产业值	正
		赣南脐橙产业产值与农业增加值之比 $X_7/\%$	赣南脐橙产业产值/农业增加值	正
		企业与个体工商户之比 X_8	企业数量/个体工商户数量	正
	绿色	单位面积化肥施用强度 $X_9/$（千克/公顷$^{-1}$）	农用化肥施用量×A 系数/赣南脐橙种植面积	负
		单位面积农药施用强度 $X_{10}/$（千克/公顷$^{-1}$）	农药施用量×A 系数/赣南脐橙种植面积	负
		单位面积农膜使用强度 $X_{11}/$（千克/公顷$^{-1}$）	农用薄膜使用量×A 系数/赣南脐橙种植面积	负
	开放	出口量与产量之比 $X_{12}/\%$	赣南脐橙出口量/赣南脐橙产业产量	正
		外来市场主体新增比 $X_{13}/\%$	本期外来市场主体−上期外来市场主体/本期市场主体−上期市场主体	正
	共享	农村居民人均可支配收入 $X_{14}/$元	农村居民人均可支配收入×B 系数	正
		赣南脐橙产业就业人数 $X_{15}/$人	农业就业人数×B 系数	正
		城乡居民人均可支配收入之比 X_{16}	城镇居民人均可支配支出/农村居民人均可支配支出	负
		农村居民家庭恩格尔系数 $X_{17}/\%$	农村居民家庭恩格尔系数	负

基于数据的可操作性，本书测度的赣南脐橙产业高质量发展水平涉及的 17 个指标数据来源于《赣州市统计年鉴》、赣州市市场监督管理局登记注册系统、赣州市果业局数据资料，本书选取的时间跨度为 2013—2020 年，其中，对个别缺失值使用均值法进行补充。

（三）赣南脐橙产业高质量发展水平测度评价

1. 评价方法

熵值法是一种数学方法，用来判断某个指标的离散程度。一个指标的离散程度越高，对其综合指数评价得分的影响就越大。基于熵值法确定的各二级指标的动态权重，对各二级指标进行加权，综合计算得出各一级指标权重，再计算出赣南脐橙产业高质量发展综合发展水平情况。

具体计算步骤如下：

第一步：对原始指标进行标准化处理。用极差法将各指标 a_{ij} 进行无量纲和同向化处理，使得数值大小在 $[0,1]$ 区间。本书采用线性无量纲方法，其方法为：

$$x_{ij} = \frac{a_{ij} - \min a_{ij}}{\max a_{ij} - \min a_{ij}} + 0.001 （a_{ij} 为正向指标）$$

$$x_{ij} = \frac{\max a_{ij} - a_{ij}}{\max a_{ij} - \min a_{ij}} + 0.001 （a_{ij} 为负向指标） \qquad (6-1)$$

式中：x_{ij}、a_{ij} 分别为第 i 年第 j 指标的标准化值、原始值。

第二步，采用熵值法确定各指标权重。

首先，计算第 i 年第 j 项指标下的比重：

$$p_{ij} = \frac{x_{ij}}{\sum_{i=1}^{n} x_{ij}} \qquad (6-2)$$

式中：n 为年份个数。

其次，计算第 j 项指标的熵值 e_j：

$$e_i = -\frac{1}{\ln n} \sum_{i=1}^{n} P_{ij} \ln p_{ij} \qquad (6-3)$$

再次，计算第 j 项指标的差异系数 d_j：

$$d_j = 1 - e_i \qquad (6-4)$$

可以看出，熵值 e_i 越小，指标间的差异系数就越大，指标就越重要。

最后，计算第 j 项指标的权重 w_j：

$$w_j = \frac{d_j}{\sum\limits_{j=1}^{m} d_j} \tag{6-5}$$

式中：m 为指标数。

第三步，由此可求得脐橙产业高质量发展评价的综合得分 S_i：

$$S_i = \sum\limits_{i=1}^{n} w_{ij} \times x_{ij} \tag{6-6}$$

由式（6-6）可以测度出赣南脐橙产业高质量发展水平。S_i 越大，标识赣南脐橙产业高质量发展水平越高。

2. 指标权重评价

根据 2013—2020 年赣南脐橙产业相关数据，对各项指标进行计算测量，可得到新发展理念下赣南脐橙产业高质量发展各指标的权重系数，如表 6-14 所示。从一级维度来看，绿色、协调、创新、共享这四大领域的权重相对较大，分别为 30.47%、21.29%、20.52%、20.44%，说明这四个领域对赣南脐橙产业高质量发展的影响较大，而开放这一领域对赣南脐橙产业高质量发展的影响相对较小，权重仅为 7.28%。

从各项二级指标来看，绿色发展领域中权重最大的指标为单位面积农药施用强度 X_{10}，该项指标权重为 11.12%，说明单位面积农药施用强度的降低对促进赣南脐橙产业绿色生态发展起主要作用；协调发展领域中权重最大的指标为企业与个体工商户之比 X_8，该项指标权重为 5.93%，说明企业与个体工商户对赣南脐橙产业协调发展的影响较大；创新发展领域中产业机械化 X_1 和产业科技化 X_3 两个指标权重相对较大，权重分别为 5.93% 和 5.46%，说明赣南脐橙产业农用机械使用程度和产业科技化程度对于赣南脐橙产业的创新发展具有重要影响；共享发展领域中指标权重整体相对较小，其中，农村居民家庭恩格尔系数 X_{17}、城乡居民人均可支配收入之比 X_{16} 两个指标在该领域相对较高，权重分别为 6.86% 和 5.90%，说明农村居民家庭恩格尔系数与城乡居民人均可支配收入对赣南脐橙产业共享发展的促进作用较强；开放发展领域中外来市场主体新增比 X_{13} 所占权重较高，该项指标权重为 4.97%，说明外来市场主体的进入对赣南脐橙产业对外开放的影响较大。

表6-14 赣南脐橙产业高质量发展各指标的信息熵及权重

一级指标	权重系数/%	二级指标	权重系数/%
创新	20.52	产业机械化 X_1	5.93
		专利授权数量 X_2	5.42
		产业科技化 X_3	5.46
		新型经营市场主体占比 X_4	3.71
协调	21.29	城乡居民人均消费支出之比 X_5	5.33
		脐橙产业产值增长率 X_6	4.69
		赣南脐橙产业产值与农业增加值之比 X_7	5.34
		企业与个体工商户之比 X_8	5.93
绿色	30.47	单位面积化肥施用强度 X_9	10.32
		单位面积农药施用强度 X_{10}	11.12
		单位面积农膜使用强度 X_{11}	9.03
开放	7.28	出口量与产量之比 X_{12}	2.31
		外来市场主体新增比 X_{13}	4.97
共享	20.44	农村居民人均可支配收入 X_{14}	4.33
		赣南脐橙产业就业人数 X_{15}	3.35
		城乡居民人均可支配收入之比 X_{16}	5.90
		农村居民家庭恩格尔系数 X_{17}	6.86

3. 新发展理念下赣南脐橙产业高质量发展综合评价

利用式(6-1)~式(6-6)对2013—2020年赣南脐橙产业高质量发展指数进行测算,从而分析出赣南脐橙产业高质量发展水平(图6-1、表6-15)。

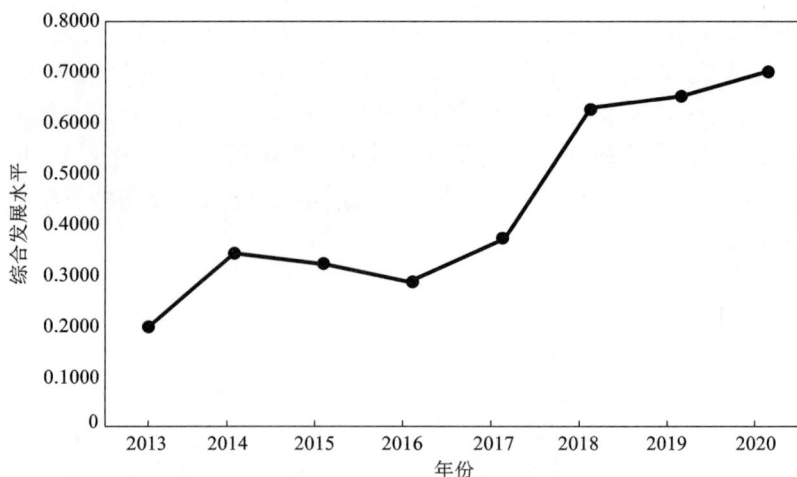

图6-1 2013—2020年赣南脐橙产业高质量发展综合水平

表 6-15　2013—2020 年赣南脐橙产业高质量发展水平综合指数及二级指标得分

年份	2013	2014	2015	2016	2017	2018	2019	2020	2013—2020
综合指数	0.2017	0.3402	0.3218	0.2875	0.3723	0.6302	0.6552	0.7026	0.5009
一级指数　创新	0.0027	0.0298	0.0801	0.0751	0.1065	0.1443	0.1617	0.1826	0.1799
协调	0.0661	0.1232	0.0909	0.0691	0.0783	0.1050	0.0794	0.0999	0.0352
绿色	0.1010	0.0665	0.0464	0.0548	0.0342	0.1507	0.1932	0.2208	0.1219
开放	0.0201	0.0885	0.0312	0.0269	0.0354	0.0680	0.0187	0.0419	0.0213
共享	0.0118	0.0461	0.0715	0.0495	0.1039	0.1486	0.1714	0.1509	0.1393

　　从图 6-1 可以看出，2013—2020 年赣南脐橙产业高质量发展水平虽然小幅度波动，但整体呈现增长趋势。综合得分从 2013 年的 0.2017 增加到 2020 年的 0.7026，提高了 248.34%。具体来看，2013—2014 年，2012 年受《国务院关于支持赣南等原中央苏区振兴发展的若干意见》等政策红利的影响，产业规模持续扩大，呈上升趋势，2015—2016 年，由于 2013 年受到黄龙病的影响，赣南脐橙产业高质量发展水平有所下降，2017—2020 年，通过采取相应措施，黄龙病得到有效遏制，赣南脐橙产业高质量发展综合水平呈现稳步上升趋势，2020 年达到赣南脐橙产业高质量发展综合水平的峰值。由此可见，赣南脐橙产业高质量发展态势良好，主要得益于政府注重赣南脐橙产业高质量发展，出台了一系列政策，不断转变赣南脐橙发展方式、转化增长动力、优化产业结构、追求绿色可持续发展，统筹推进赣南脐橙产业现代化发展。

　　从表 6-15 可以看出，从赣南脐橙产业高质量发展的五个一级指数的得分来看，截至 2020 年底，赣南脐橙产业高质量发展得分最高的是赣南脐橙产业绿色发展水平(0.2255)，赣南脐橙产业创新发展水平(0.1865)与赣南脐橙产业共享发展水平(0.1541)次之，赣南脐橙产业协调发展水平居后(0.1021)，赣南脐橙产业开放发展水平(0.0343)得分最低。从 5 个一级指标的增幅来看，排序依次是创新、共享、绿色、协调与开放，其增幅依次为 0.1838、0.1423、0.1246、0.0360、0.0141。由此可见，赣南脐橙产业高质量发展水平虽然整体提高，但是赣南脐橙产业高质量发展的五个方面各有差异，协调性不高。具体来看，2013—2020 年赣南脐橙产业高质量发展水平主要靠创新、共享和绿色拉动，协调和开放是赣南脐橙产业高质量发展的薄弱环节。

4. 新发展理念下赣南脐橙产业高质量发展分维度评价

2013—2020 年赣南脐橙产业高质量发展一级指标发展水平如图 6-2 所示。

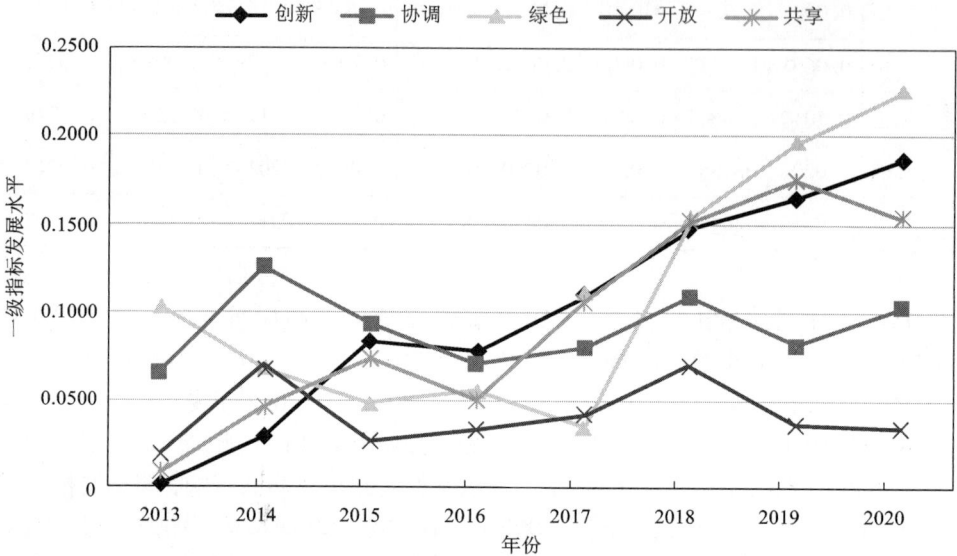

图 6-2　2013—2020 年赣南脐橙产业高质量发展一级指标发展水平

2013—2020 年赣南脐橙产业高质量发展水平二级指标情况如表 6-16 所示。

表 6-16　2013—2020 年赣南脐橙产业高质量发展水平二级指标得分

二级指标	2013 年	2014 年	2015 年	2016 年	2017 年	2018 年	2019 年	2020 年
产业机械化 X_1/（瓦·亩$^{-1}$）	257.84	269.07	281.09	255.97	266.35	274.30	285.87	299.39
专利授权数量 X_2/个	7	17	71	94	112	128	181	222
产业科技化 X_3/%	16.25	16.31	16.86	17.40	17.57	18.47	18.08	17.81
新型经营市场主体占比 X_4/%	6.29	11.97	17.39	24.41	30.79	31.84	30.53	29.98
城乡居民人均消费支出之比 X_5	2.54	2.50	2.39	2.14	2.18	2.22	2.10	1.88
脐橙产业产值增长率 X_6/%	0.00	20.00	9.38	4.76	7.27	5.93	5.60	5.30

续表6-16

二级指标	2013 年	2014 年	2015 年	2016 年	2017 年	2018 年	2019 年	2020 年
赣南脐橙产业产值与农业增加值之比 X_7/%	5.12	7.71	5.86	3.79	7.42	14.53	9.16	11.06
企业与个体工商户之比 X_8	1.30	1.27	1.20	1.00	0.90	0.89	0.81	0.76
单位面积化肥施用强度 X_9/(千克·公顷$^{-1}$)	31.88	31.25	31.58	30.75	29.67	23.14	21.63	20.02
单位面积农药施用强度 X_{10}/(千克·公顷$^{-1}$)	1.93	2.03	2.02	1.95	1.89	1.30	1.07	0.99
单位面积农膜使用强度 X_{11}/(千克·公顷$^{-1}$)	1.57	1.66	1.71	1.73	1.84	1.84	1.82	1.81
出口量与产量之比 X_{12}/%	21.29	24.59	21.95	20.19	20.16	21.12	18.33	0.00
外来市场主体新增比 X_{13}/%	0.81	2.64	1.05	1.39	1.75	2.80	1.57	2.18
农村居民人均可支配收入 X_{14}/元	2424	3061	3468	3626	4085	4659	5190	5729
赣南脐橙产业就业人数 X_{15}/人	713342	815989	830592	783801	762206	776197	780755	750744
城乡居民人均可支配收入之比 X_{16}	3.34	3.30	3.21	3.39	3.04	2.98	2.92	2.84
农村居民家庭恩格尔系数 X_{17}/%	38.10	38.60	38.10	37.50	36.10	34.00	33.40	35.50

由图 6-2 可知，从赣南脐橙产业创新方面来看，赣南脐橙产业创新水平不断提高，呈稳步增长态势，由 2013 年的 0.0027 上升到 2020 年的 0.1865，增加了约 69 倍。由表 6-16 可知，就二级指标而言，截至 2020 年底，用于赣南脐橙生产经营的农业机械动力由 2013 年的 257.84 瓦/亩提高到 2020 年的 299.39 瓦/亩，较 2019 年增长 4.73%，总体增长 16.12%；赣南脐橙的专利授权数量由 2013 年的 7 个增长到 2020 年的 222 个，较 2019 年增长 22.65%，2013—2020 年期间增长 3071.43%；科技化企业占比由 2013 年的 16.25% 提高到 2020 年的 17.81%，与 2019 年相比降低了 1.49%，但较 2013 年增长 9.60%；赣南脐橙农村合作社数量达 1603 户，家庭经营户数为 2267 户，家庭经营与农村合作社占比由 2013 年的 6.29% 上升到 2020 年的 29.98%，与 2019 年相比降低了 1.80%，但总体增长

376.63%。由此可以看出，2013—2020 年赣南脐橙产业科技化含量不断提高，赣南脐橙机械化运用程度不断提升，脐橙 App、无人机喷药作业、脐橙机器人、智能分拣技术、数字技术等被市场主体广泛运用，赣南脐橙相关创新成果不断涌现，新型农业经营主体引导的新业态新模式为赣南脐橙产业发展注入新动能，说明科技强国国策在赣南脐橙产业发展中有着很好的践行。

由图 6-2 可知，从赣南脐橙产业协调方面来看，协调发展水平一直在 0.0661 到 0.1259 之间波动，2013—2014 年协调水平有所上升，此后处于波动状态。由表 6-16 可知，就二级指标而言，2013 年来，赣州市城乡均衡发展趋势向好，赣南脐橙产业结构有所改善，市场主体发展失衡问题日益凸显。第一，城乡差距逐步缩小，城乡居民人均消费支出由 2013 年的 2.54 下降至 2020 年的 1.88，累计降低 25.98%，说明农村居民在赣南脐橙产业发展的带动下生活质量有所改善。第二，赣南脐橙产值由 2013 年的 80 亿提升到 2017 年 139 亿，赣南脐橙产值增长率在 2020 年底达 5.30%。另外，赣南脐橙产值与农业增加值之比也有所提升，从 2013 年的 5.12% 增长至 2020 年的 11.06%，2013—2020 年期间共增长 116.02%，这与城乡居民不断提升的消费结构相匹配，说明赣南脐橙产业实现了从无到有，破蛹蝶变的产业发展之路，赣南脐橙产业结构得到不断改善。第三，赣南脐橙组织发展类型中，企业与个体工商户之比由 2013 年的 1.30 下降到 2020 年的 0.76，累计下降 41.54%，说明赣南脐橙产业化规模经营还需进一步提升。因此，应因地制宜地调整赣南脐橙产业市场主体发展结构，发展更多企业尤其是龙头企业，往赣南脐橙+加工、赣南脐橙+文化旅游等第二、第三产业方向融合发展。

由图 6-2 可知，从赣南脐橙产业绿色发展方面来看，绿色发展水平处于先下降后上升的态势，由 2013 年的 0.1010 上升到 2020 年的 0.2255，2013—2017 年有小幅下降，之后又迅速提升，增加了约 2 倍。2013 年以来，赣南脐橙产业在化肥农药污染防治方面进步显著，然而资源消耗高，农膜使用量上升问题仍不容忽视。由表 6-16 可知，就二级指标而言，赣南脐橙生产使用的单位面积化肥施用强度由 2013 年的 31.88 千克/公顷下降到 2021 年的 20.02 千克/公顷，2013—2020 年单位面积化肥施用强度平均为 27.49 千克/公顷，累计下降 37.20%；单位面积农药施用强度由 2013 年的 1.93 千克/公顷下降到 0.99 千克/公顷，单位面积农药施用强度平均为 1.65 千克/公顷，累计下降 48.71%，说明赣南脐橙产业污染防治水平在不断提升。由此发现，人们在赣南脐橙产业生产过程中，环保意识不断增强，注重土壤污染问题，绿色可持续发展理念深入人心。但单位面积农膜使用强度由 2013 年的 1.57 千克/公顷上升到 2020 年的 1.81 千克/公顷，2013—2020 年单位面积农膜平均使用量为 1.75 千克/公顷，共上升 15.29%。

由图 6-2 可知，从赣南脐橙产业开放方面来看，2013 年以来，赣南脐橙外来市场主体新增比有所提升，国际化开放仍需加强，其发展水平在 0.0201 至

0.0696 内波动。由表 6-16 所示，就二级指标而言，外来市场主体新增比呈波动上升态势，由 2013 年的 0.81% 上升到 2020 年的 2.18%，增长了 169.14%，但整体来说，外来市场主体新增比相对于赣州本土市场主体来说，总量较小。出口量占比呈波动下降趋势，2013 年，赣南脐橙出口量 33 万吨，占赣南脐橙产量 21.29%，2014 年受黄龙病影响，赣南脐橙产量及出口量均受到了严重影响，呈现持续下降状态，2018 年有所回升，赣南脐橙出口量达到 29 万吨，出口量占比 21.12%，直至 2020 年，受到新型冠状病毒感染疫情的影响，赣南脐橙出口量仅为 27 吨。说明赣南脐橙的发展吸引了外来市场主体参与赣南脐橙生产经营，但应进一步扩大对外开放，形成内外联动的开放新格局。

由图 6-2 可知，从赣南脐橙产业共享方面来看，由 2013 年的 0.0118 上升到 2020 年的 0.1541，2015—2016 年有小范围下降，2016—2019 年持续上升，2019—2020 年有所下降，总体呈上升趋势，增加约 13 倍。由表 6-16 可知，就二级指标而言，农村居民人均可支配收入逐年上升，由 2013 年的 2425 元上升到 2020 年的 5729 元，累计增长 136.25%，较 2019 年增长 10.39%。城乡居民人均可支配收入比也呈现逐年下降的趋势，由 2013 年的 3.34 下降到 2020 年的 2.84，累计下降 14.97%，较 2019 年下降 2.74%，均达到了研究期间的峰值。2020 年赣南脐橙产业共享水平发生下降的原因：一是赣南脐橙带动就业人数由 2013 年的 713342 人上升到 2020 年的 750744 人，累计增长 5.24%，但较上年下降 3.84%；二是赣州市农村居民恩格尔系数由 2013 年的 38.10% 下降到 2020 年的 35.50%，累计下降 6.82%，但较 2019 年上升 6.29%，且高于全国农村恩格尔系数 32.7%。这说明赣南脐橙自 2013 年以来对赣州农民就业增收效果显著，不愧为"兴农果""富民果"，但也应注意建立农民持续增收长效机制，让赣南脐橙对农民产生长期可持续发展的就业增收效益。

二、新发展理念下赣南脐橙产业高质量发展的障碍因素分析

赣南脐橙产业高质量发展综合指数包含不同的一级指标，不同的一级指标包含多项二级指标，各一级指标和二级指标对赣南脐橙产业高质量发展综合指数的现实影响存在差异性。因此，在分析和评价赣南脐橙产业高质量发展水平的基础上，本书进一步引入障碍度模型进行障碍因素分析，计算出赣南脐橙产业五大维度以及所有指标的障碍度，并找出制约赣南脐橙产业高质量发展水平前三的指标，以深入挖掘阻碍赣南脐橙产业高质量发展的制约因素。通过对制约因素进行分析，找出目前赣南脐橙产业高质量发展中存在的问题与不足，进而为其发展提出有针对性的建议奠定好基础。

(一) 分析方法

利用熵值法构建的指标权重,可进一步运用障碍度模型分析影响赣南脐橙产业高质量发展水平的制约因子主要有哪些,障碍度模型是对多维度综合评价法在横向对比方面的补充与说明,能更好地解决现实中的多目标、多属性的决策问题,可更具有针对性地发现赣南脐橙在产业发展过程中存在的问题。因此,本书在评价赣南脐橙产业高质量发展的基础上,进一步引入障碍度模型对其进行诊断和分析,从而找出制约脐橙产业高质量发展的关键因素。

障碍度模型采用因子贡献度、指标偏离度和障碍度三项指标对赣南脐橙产业高质量发展水平的障碍因子进行诊断,分析制约赣南脐橙产业高质量发展的主要因素。具体测算过程如下:

首先,定义因子贡献度:

$$R_j = F_j \times W_j \tag{6-7}$$

式中:R_j 为因子贡献度,指具体指标对赣南脐橙产业高质量发展目标的影响程度;W_j 为第 j 个单项因素的权重;F_j 为第 j 项单项因素所属子系统的指标权重。

其次,定义指标偏离度:

$$D_j = 1 - X_j \tag{6-8}$$

式中:D_j 为第 j 项指标的偏离度,指具体指标与高质量发展理想目标之间的差距;X_j 为经标准化后第 j 项指标的归一化值。

最后,定义障碍度。

二级指标障碍度:

$$H_j = \frac{R_j \times D_j}{\sum_{j=1}^{m} R_j \times D_j} \tag{6-9}$$

一级指标障碍度:

$$I_j = \sum H_j \tag{6-10}$$

式中:H_j 为一级指标障碍度,指二级指标对赣南脐橙产业高质量的影响程度;I_j 为二级障碍度,指一级指标对赣南脐橙产业高质量发展的影响程度。

根据式(6-7)~(6-10)可计算得到各指标障碍度,其值越大,表示对实现赣南脐橙产业高质量发展总目标的阻力越大。

(二)障碍度分析

1. 一级指标障碍度因子分析

赣南脐橙产业高质量发展共涉及创新、协调、绿色、开放、共享五大部分，用障碍度模型计算 2013—2020 年赣南脐橙产业高质量发展一级指标的障碍度，如表 6-17 所示。根据表 6-17 中的障碍度，可绘制赣南脐橙产业高质量发展子系统障碍度演变趋势变化图，如图 6-3 所示。

表 6-17　2013—2020 年赣南脐橙产业高质量发展一级指标障碍度　　单位：%

年份	创新	协调	绿色	开放	共享
2013	23.34	17.53	34.86	2.15	22.12
2014	22.57	11.63	45.37	0.19	20.24
2015	15.88	16.01	49.16	2.10	16.85
2016	15.82	18.15	45.45	1.72	18.87
2017	12.67	18.53	53.87	1.45	13.18
2018	13.00	24.61	50.34	0.26	11.80
2019	10.58	36.13	42.14	3.34	7.72
2020	5.94	36.47	37.33	4.34	15.92

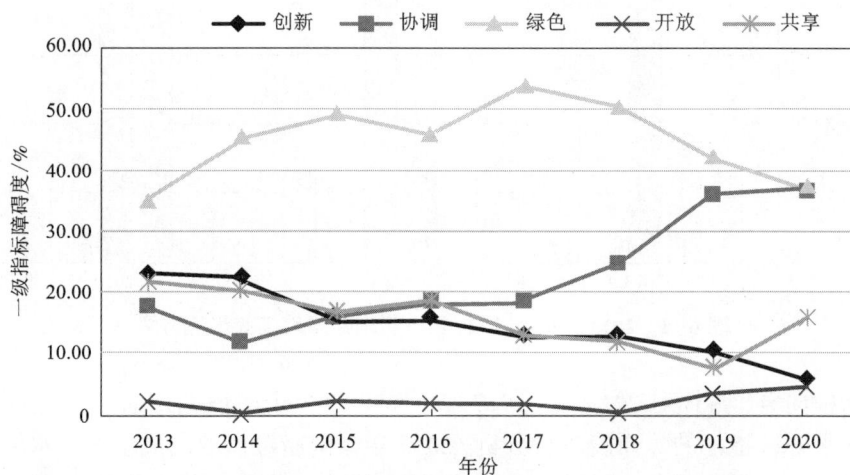

图 6-3　2013—2020 年赣南脐橙产业高质量发展一级指标障碍度变化趋势图

从纵向看，由表6-17和图6-3可知，创新、协调、绿色、开放和共享对赣南脐橙产业高质量发展的障碍度作用强度呈现不同态势。

在2013—2020年这8年间，一级指标中创新因素的障碍度表现为逐年下降，从2013年的23.34%下降至2020年的5.94%，降幅为17.40%，这可能与赣州市政府持续将科技创新注入赣南脐橙苗种研发、机械设备研发、食品深加工等产业链各环节密切相关。一级指标中协调的障碍度呈先下降后稳步上升的趋势，从2013年的17.53%下降至2014年的11.63%，后又从2014年稳步上升至2020年的36.47%。一级指标中绿色的障碍度呈先波动上升后下降的趋势，2013—2017年绿色对赣南脐橙产业高质量发展的障碍度呈现波动上升趋势，从2013年的34.86%波动上升至2017年的53.87%，增长幅度达19.01%，2017—2020年绿色的障碍度陡然下降到37.33%，但其障碍度始终维持在较高水平，因此，赣南脐橙产业生态环境保护与治理是赣南脐橙产业高质量发展面临的最重要的一个难题。一级指标中开放的障碍度呈先下降后波动上升的趋势，但始终处于较低水平，从2013年的2.15%下降到2014年的0.19%，降幅达1.96%，后又从2014年波动上升至2020年的4.34%，增幅达到4.15%。一级指标中共享的障碍度表现为先下降后上升的趋势，从2013年的22.12%下降至2019年的7.72%，降幅14.40%，2020年又上升至15.92%。

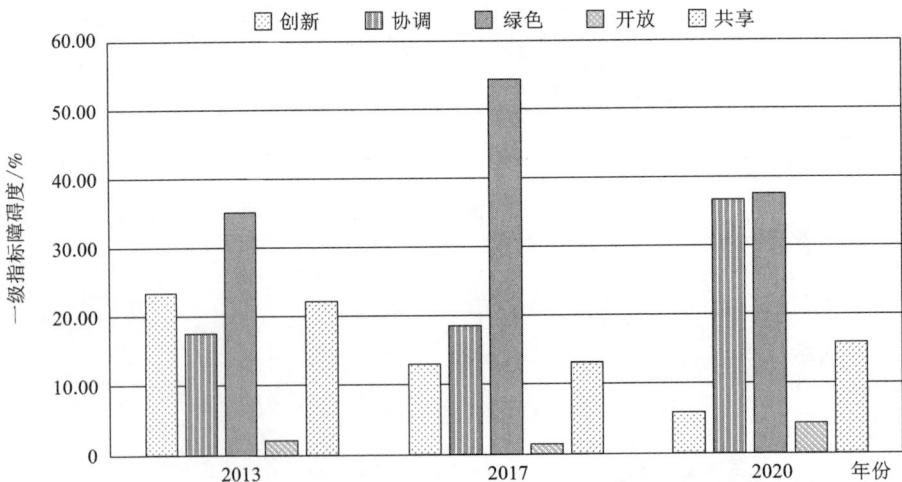

图6-4　2013、2017、2020年一级指标障碍度变化趋势图

从横向看，具体对2013年、2017年、2020年3个时段赣南脐橙产业高质量发展水平一级指标的障碍度进行分析，2013年赣南脐橙产业高质量发展水平的障碍因子排序依次为绿色、创新、共享、协调、开放。此阶段赣南脐橙产业高质量

发展的 5 项一级指标除开放外，其他指标的障碍度均高于 15%，障碍因子较为分散，说明该阶段赣南脐橙产业高质量发展的各方面均处于较低水平。2017 年，赣南脐橙产业高质量发展的一级指标障碍度排序依次为绿色、协调、共享、创新、开放。其中，绿色和协调的障碍均超过 15%，其他三个指标低于 15%，影响赣南脐橙产业高质量发展的因素开始集中在绿色和协调发展两方面。2020 年，赣南脐橙产业高质量发展的障碍因子明显集中，绿色依旧是赣南脐橙产业高质量发展进程中的最大障碍因子，障碍度达 37.33%，协调的障碍度在近几年有所上升，障碍度达 36.47%，两者共计 73.80%。因此现阶段应更加关注赣南脐橙产业生态环境保护与治理和产业协调发展。

2. 二级指标障碍度因子分析

仅依据一级指标障碍度识别赣南脐橙产业高质量发展的障碍因子难免会掩盖子指标的个体差异，因此本书在一级指标障碍度分析的基础上，进一步对赣南脐橙产业高质量发展二级指标障碍度进行分析，计算 2013—2020 年赣南脐橙产业高质量发展的二级指标的因子障碍度。

从纵向看，由图 6-5 可知，产业机械化的障碍度呈现波动下降趋势，说明赣南脐橙产业逐渐重视农业机械的运用；专利授权数量的障碍度也呈现下降趋势，说明赣南脐橙产业不断产出科技创新成果，如江西裕丰科技发展有限公司的"蜂语者"等；产业科技化的障碍度在 2018 年之前呈下降趋势，之后又急剧上升，从侧面反映出在利用高科技推动赣南脐橙产业创新发展的过程中，急需培养科技企业；家庭与农村合作社占比的障碍度总体呈现下降趋势，说明赣南脐橙产业逐渐涌现出一批更为团结和稳固的市场主体，为赣南脐橙产业发展注入了新理念与新模式。

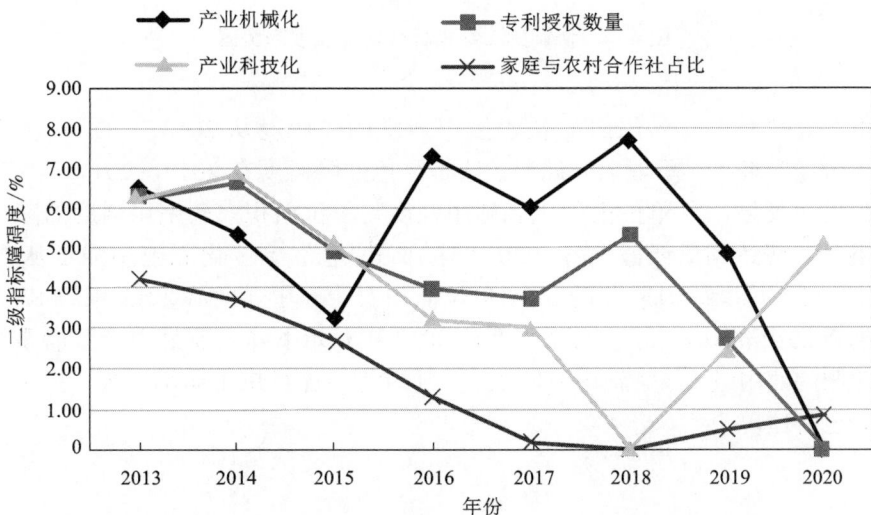

图 6-5 创新的二级指标障碍度发展趋势图

由图 6-6 可知，城乡居民人均消费支出之比的障碍度呈下降趋势，2020 年达到最低值，说明赣南脐橙产业促进农村增收取得成效。协调的障碍度从 2013 年的 17.53% 下降至 2014 年的 11.63% 的时间段内，主要由于赣南脐橙产值增长率和赣南脐橙产值与农业增加值之比的障碍度有下降趋势，赣南脐橙产业在此期间得到快速发展，产业附加值迅速提高。协调的障碍度后又从 2014 年的 11.63% 上升至 2020 年的 36.47%，主要由于赣南脐橙产值增长率与企业与个体工商户之比的障碍度有上升趋势，说明赣南脐橙产业增长率相较之前增长过慢。企业与个体工商户之比的障碍度从 2013 年的 0% 上升至 2020 年的 19.50%，说明赣南脐橙产业发展过程中，个体工商户数量较多，而缺少企业带头进行规模化经营。

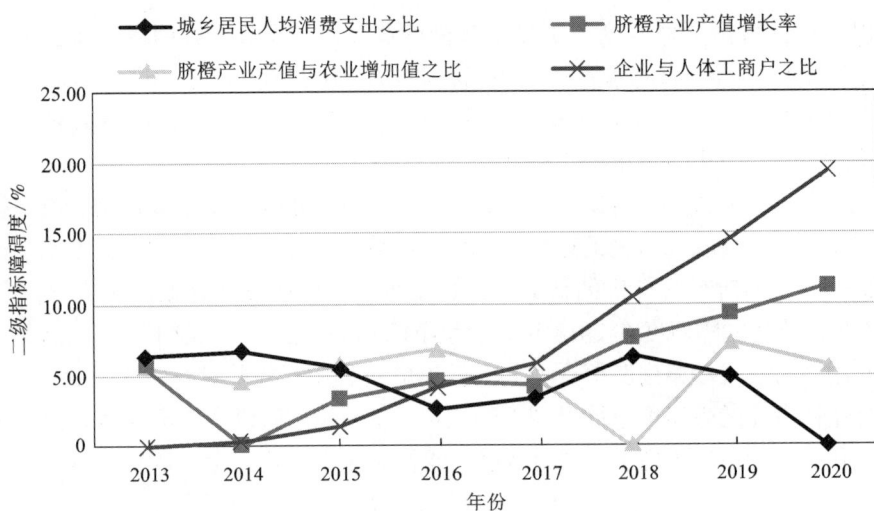

图 6-6　协调的二级指标障碍度发展趋势图

由图 6-7 可知，单位面积农膜使用强度的障碍度从 2013 年的 0% 上升至 2020 年的 37.43%，呈现上升趋势，这是绿色的障碍度在 2013—2017 年呈现上升趋势的主要原因。单位面积化肥施用强度与单位面积农药施用强度的障碍度处于下降趋势达到最低值，在 2020 年达到最低值，单位化肥施用强度从 2013 年的 17.64% 下降到 2020 年的 0%，单位面积农药施用强度从 2013 年的 17.23% 下降到 2020 年的 0%，绿色的障碍度从 2017 年开始下降主要是由于政府重视农药和化肥的使用量，鼓励施用农家肥、人工除草、进行虫害防治研发，推进全产业链绿色管理。

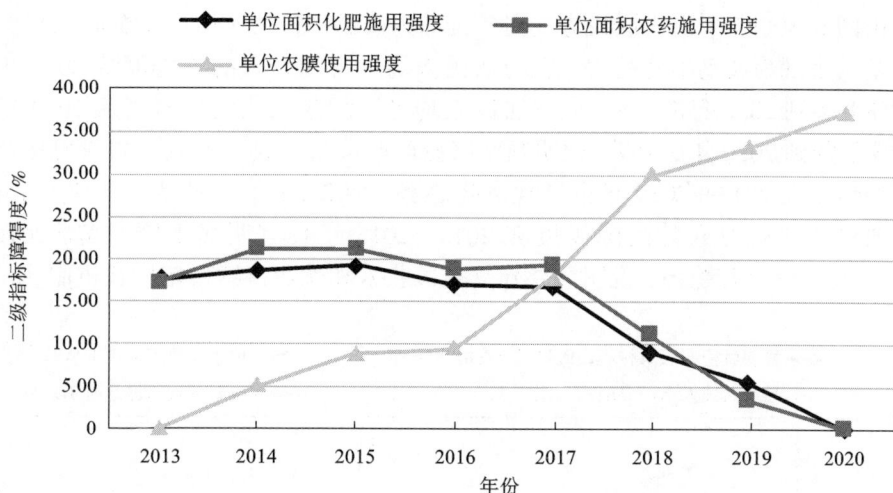

图 6-7 绿色的二级指标障碍度发展趋势图

由图 6-8 可知，开放的障碍度从 2013 年的 2.15% 下降到 2014 年的 0.19% 的时间段内，主要由于出口量占赣南脐橙产量的比值和外来市场主体与市场主体总量的比值的障碍度均有下降趋势，赣南脐橙出口贸易得到重视，赣南脐橙产业吸引外来经营者经营投资。开放的障碍度后又在 2014 年的 0.19% 上升至 2020 年的 4.34%，主要是出口量占比的障碍度上升较为明显，赣南脐橙国际市场开放发展面临诸多挑战。

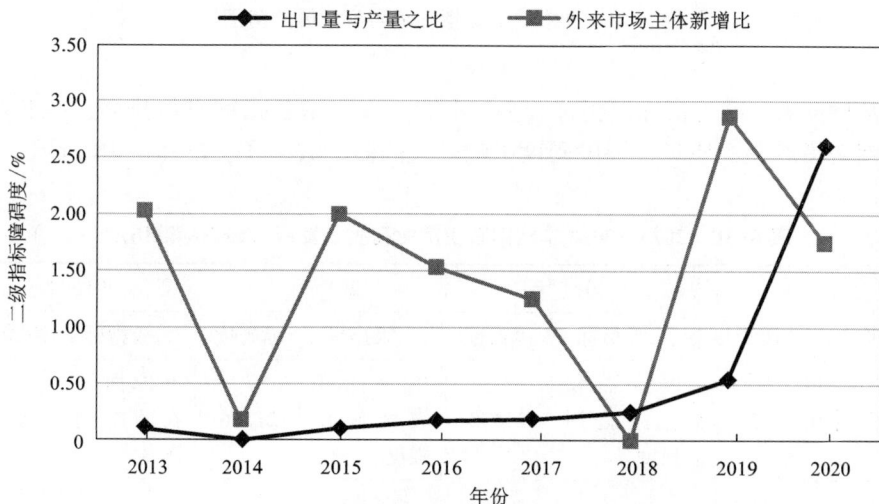

图 6-8 开放的二级指标障碍度发展趋势图

由图6-9可知，农村居民人均可支配收入、城乡居民人均可支配收入比的障碍度基本表现为波动下降趋势，农村居民人均可支配收入的障碍度从2013年的4.97%下降到2020年的0%，城乡居民人均可支配收入比的障碍度从2013年的6.19%下降到2020年的0%，说明赣南脐橙产业带动了农民增收。农村恩格尔系数的障碍度在2013—2019年也呈现下降趋势，但2020年又明显上升到8.75%。赣南脐橙产业就业人数的障碍度在2013—2015年具有明显下降趋势，2015—2020年又呈现上升趋势，说明需要建立农民收入和就业持续稳定增长机制。

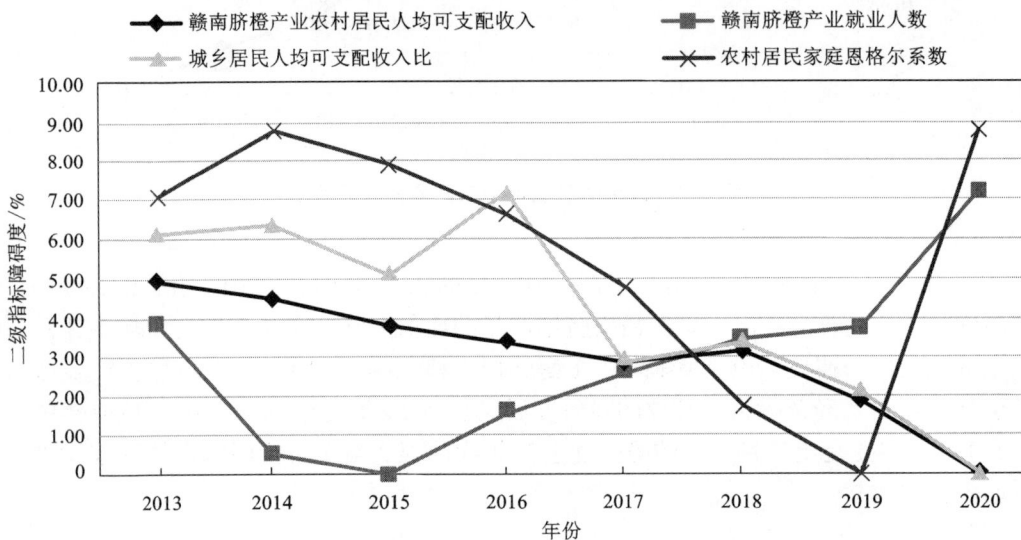

图6-9 共享的二级指标障碍度发展趋势图

从横向看，鉴于指标层指标较多，不能一一列举各指标具体排名，本书列出对赣南脐橙产业高质量发展障碍度影响较大的前十大因子，如表6-18所示。

表6-18 2013—2020年赣南脐橙产业高质量发展二级指标障碍度   单位：%

2013 年		2014 年		2015 年		2016 年	
二级指标	障碍度	二级指标	障碍度	二级指标	障碍度	二级指标	障碍度
单位面积化肥施用强度	17.64	单位面积农药施用强度	21.30	单位面积农药施用强度	21.16	单位面积农药施用强度	18.85

续表 6-18

2013 年		2014 年		2015 年		2016 年	
二级指标	障碍度	二级指标	障碍度	二级指标	障碍度	二级指标	障碍度
单位面积农药施用强度	17.23	单位面积化肥施用强度	18.71	单位面积化肥施用强度	19.20	单位面积化肥施用强度	17.05
农村居民家庭恩格尔系数	7.11	农村居民家庭恩格尔系数	8.82	单位面积农膜使用强度	8.81	单位面积农膜使用强度	9.55
产业机械化	6.53	产业科技化	6.85	农村居民家庭恩格尔系数	7.94	产业机械化	7.29
城乡居民人均消费支出之比	6.36	城乡居民人均消费支出之比	6.73	赣南脐橙产业产值与农业增加值之比	5.74	城乡居民人均可支配收入比	7.23
产业科技化	6.29	专利授权数量	6.67	城乡居民人均消费支出之比	5.53	赣南脐橙产业产值与农业增加值之比	6.81
专利授权数量	6.24	城乡居民人均可支配收入比	6.39	城乡居民人均可支配收入比	5.11	农村居民家庭恩格尔系数	6.63
城乡居民人均可支配收入比	6.19	单位面积农膜使用强度	5.36	产业科技化	5.08	赣南脐橙产业产值增长率	4.55
赣南脐橙产业产值增长率	5.60	产业机械化	5.34	专利授权数量	4.89	企业与个体工商户之比	4.14
赣南脐橙产业产值与农业增加值之比	5.58	赣南脐橙产业产值与农业增加值之比	4.53	赣南脐橙产业农村居民人均可支配收入	3.80	专利授权数量	3.97

续表 6-18

2017 年		2018 年		2019 年		2020 年	
二级指标	障碍度	二级指标	障碍度	二级指标	障碍度	二级指标	障碍度
单位面积农药施用强度	19.31	单位面积农膜使用强度	30.13	单位面积农膜使用强度	33.22	单位面积农膜使用强度	37.43
单位面积农膜使用强度	17.81	单位面积农药施用强度	11.17	企业与个体工商户之比	14.68	企业与个体工商户之比	19.50
单位面积化肥施用强度	16.75	企业与个体工商户之比	10.55	赣南脐橙产业产值增长率	9.24	赣南脐橙产业产值增长率	11.33
企业与个体工商户之比	6.07	单位面积化肥施用强度	9.05	赣南脐橙产业产值与农业增加值之比	7.31	农村居民家庭恩格尔系数	8.75
产业机械化	6.06	产业机械化	7.69	单位面积化肥施用强度	5.46	产业就业人数	7.20
赣南脐橙产业产值与农业增加值之比	4.92	赣南脐橙产业产值增长率	7.50	城乡居民人均消费支出之比	4.89	赣南脐橙产业产值与农业增加值之比	5.66
农村居民家庭恩格尔系数	4.92	城乡居民人均消费支出比	6.39	产业机械化	4.87	产业科技化	5.13
赣南脐橙产业产值增长率	4.77	专利授权数量	5.32	产业就业人数	3.74	出口量占比	2.61
专利授权数量	4.15	产业就业人数	3.47	单位面积农药施用强度	3.46	外来市场主体新增比	1.54
城乡居民人均消费支出之比	3.38	城乡居民人均可支配收入比	3.43	外来市场主体新增比	2.88	家庭就业与经营与农村合作社占比	0.85

　　从整体上看，随着新发展理念在赣南脐橙产业中的贯彻执行与外界变化的动态变化，影响赣南脐橙产业高质量发展的障碍因素向绿色中的单位面积农膜使用强度，协调中的企业与个体工商户之比和赣南脐橙产业增长率，共享中的农村居民恩格尔系数、赣南脐橙产业就业人数，开放中的出口量占比等逐渐转移的变化趋势。

　　具体来看，由表6-18可知，2013年赣南脐橙产业高质量发展中最大的障碍因子是单位面积化肥施用强度，障碍度为17.64%，前十位的障碍度总计84.77%，第十位指标为赣南脐橙产业产值与农业增加值之比，障碍度达5.58%；2017年最大障碍因子仍为单位面积农药施用强度，且障碍度有所上升，为19.31%，前十位的障碍度达88.14%，城乡居民人均消费支出之比排名最后，障碍度为3.38%；2020年最大障碍因子为单位面积农膜使用强度，障碍度为37.43%，前十位的障碍度总计达100%，家庭经营与农村合作社占比排第十名，障碍度为0.85%。由此可知，赣南脐橙产业高质量发展的障碍因子逐渐聚集，绿色环境可持续发展问题导致赣南脐橙绿色发展能力低下，从而严重制约着赣南脐橙产业高质量发展。

　　由表6-18还可知，各具体指标障碍度在2013年、2017年和2020年互有差异。2020年影响赣南脐橙产业高质量发展的障碍因子排名前三位的为单位面积农膜使用强度、企业与个体工商户之比、赣南脐橙产值增长率。障碍度最大的是单位面积农膜使用强度（37.43%），说明生态问题是赣南脐橙产业发展面临的硬性障碍，应坚决贯彻绿色发展新理念，坚持"绿色兴农"。障碍度排第二位的是企业与个体工商户之比（19.50%），可能原因为：赣南脐橙产业种植户居多，主要以个体工商户的类型进行赣南脐橙生产经营，企业数量不足导致个体工商户经营散乱，规模效益不显著，严重阻碍了赣南脐橙产业高质量发展水平。障碍度排第三位的是赣南脐橙产值增长率（11.33%），这可能是由于赣南脐橙产业在2013年受到黄龙病的影响，且在2020年受新型冠状病毒感染疫情的影响，产业发展仍处于恢复中。因此，赣南脐橙产业应该向产业链高端发展，开发产品深加工和高附加值产品。

第七章

赣南脐橙产业高质量发展结论、对策建议与展望

一、结论

　　赣南脐橙产业高质量发展是实现赣州乡村振兴的重要手段,本书以赣州市赣南脐橙产业和市场主体为研究对象,梳理赣南脐橙产业、市场主体发展现状,以及对赣南脐橙产业竞争力、赣南脐橙产业链成熟度、赣南脐橙产业就业增收效应、赣南脐橙产业高质量发展指数进行深入研究,得出以下结论:

　　1)本书基于赣州市市场监督管理局登记注册系统的数据,运用描述分析法对赣南脐橙种植面积、产量、品牌价值、出口、产业发展历程、相关政府政策支持文件、未来发展路径等产业发展状况进行分析,对截至 2022 年 7 月 15 日赣南脐橙产业市场主体累计登记注册量、市场主体累计保有量、市场主体组织形式发展、市场主体注册资金、市场主体存续时长等产业市场主体发展情况进行分析,并进一步总结出赣南脐橙产业市场主体发展特点,即赣南脐橙产业市场主体展现出三大"扎根情怀"、产业市场主体科技化趋高、高质量市场主体趋高等特点。此外,运用 Cox 比例风险回归模型来判断影响赣南脐橙产业市场主体经营存续时长的因素。

　　①赣南脐橙种植面积和产量呈稳步上升趋势,2013 年受到黄龙病影响,种植面积和产量有所下降,但近几年其种植面积与产量开始缓慢上升。品牌价值呈现先快速上升后平稳发展的趋势,2021 年,以品牌价值 681.85 亿元位列全国区域品牌(地理标志产品)第六位、水果类第一位。近年来,赣南脐橙出口量呈现下降趋势。赣南脐橙产业经历试种探索、引种调整、山上再造、发展壮大、转型提升、发展升级的发展历程。在其发展过程中,赣南脐橙产业受到国家、赣州市政府的

高度重视，50 余年来，党和政府稳主体、激活力、促发展的持续赋能，更有市场监管人笃行初心，久久护航。站在"十四五"的新起点上，赣南脐橙正朝着全国绿色有机农场品基地试点区、国家现代农业产业园、国家农业高新技术示范区、优势特色产业集群、全国绿色食品原料标准化生产基地方向发展。

②从市场主体总体发展概况看，截至 2022 年 7 月 15 日，赣南脐橙产业市场主体累计登记注册量呈现增长的态势，2017 年后增长速度减缓。赣南脐橙产业市场主体累计保有量累计上升，达 10108 户，赣南脐橙产业市场主体实现了从小农果到大产业的华丽蝶变。从市场主体组织形式发展状况看，企业占比 31.50%，合伙企业在企业中占比 83.96%，家庭经营在个体工商户中占比 27.60%，表明赣南脐橙产业正从传统的个体户经营、零散种植为主，向合作社和企业化经营、规模化发展转型。从注册资本看，50 万以上的占比高达 44.90%，100 万以上的占比达 23.72%，体现了创业者们对赣南脐橙产业的发展有较坚定的信心，也在一定程度上反映了各赣南脐橙产业市场主体有较强的发展实力。从存续时长看，经营超过 3 年的市场主体占比为 63.54%，超过 8 年的市场主体占比为 15.72%，相较全国中小企业平均 2.5 年的寿命，赣南脐橙市场主体有更好的坚守。

③赣南脐橙市场主体发展呈现出三大"扎根情怀"，即扎根本土，有 95.80% 的市场主体由赣南本地人创办经营；扎根乡村，在乡村经营的市场主体，占比高达 84.25%；扎根一线，位于产业链的种植销售一线环节的市场主体，占比 55.35%。进一步深入分析 2013—2021 年市场主体发展状况，赣南脐橙市场主体发展呈现市场主体科技化趋高、高质量市场主体综合占比趋高等特点。随着经济社会发展以及党和政府的持续赋能，赣南脐橙产业市场主体正在不断走向高科技化，高科技市场主体数量呈显著上升趋势，主要体现在：一是拥有专利、计算机著作权、科技研发部门人员实验室等从事脐橙科技研发的市场主体（如裕丰农业、绿萌等）数量逐年增多；二是采用科技设备、工具、技术进行经营的市场主体逐年增多，如脐橙 App、脐橙作业机器人、无毒苗木培育、智能分拣线等，科技强国国策在赣南脐橙产业发展中得到了很好的践行。此外，基于以上数据，运用熵值法可以得出，高质量市场主体综合占比整体也呈现趋高的趋势。

④通过对生产分析相关文献进行梳理，结合赣南脐橙产业发展的实际情况和数据的可得性，选择经营者进入市场时年龄、注册资本、脐橙市场主体盈利预期状况、恩格尔系数、组织形式、政策效应和经营范围 7 个因素构建了 Cox 比例风险回归模型，发现赣南脐橙市场主体总体生存状况良好，其经营存续时长受经营者进入市场时年龄、赣南脐橙市场主体盈利预期状况、恩格尔系数、组织形式、经营范围的影响。其中，经营者进入市场时的年龄在 30~55 岁的市场主体呈现出更持续的经营时长；赣南脐橙市场主体预期盈利，则经营存续时间越长；恩格尔系数越小，赣南脐橙市场主体经营存续时长越长；组织形式为合作形式的市场主

体比独资形式的市场主体呈现更持续的经营时长；经营范围为混营的市场主体比专营的市场主体呈现出更持续的时长。

2）本书运用 CiteSpace，通过对作者合作、机构合作、关键词共现和研究前沿进行分析，对关于产业竞争力相关理论研究和产业竞争力水平评价的模型方法进行了梳理与总结，在此基础上，遵循全面性、科学性、可操作性、可比性原则，从赣南脐橙生产要素竞争力、赣南脐橙产业规模化竞争力、赣南脐橙产业市场竞争力、赣南脐橙产出效益竞争力 4 个层面，共选取了赣南脐橙产量、赣南脐橙种植面积、赣南脐橙品牌价值、赣南脐橙市场占有率等 22 个二级指标，构建了赣南脐橙产业竞争力评价指标体系，运用主成分分析法对 2013—2021 年赣南脐橙产业竞争力水平进行综合评价，得出以下结论：

①2013—2021 年赣南脐橙产业竞争力得分逐年增强，上升趋势明显。

②2013—2021 年赣南脐橙产业竞争力的四大影响因子总体均呈上升变化趋势。首先，发展基础与市场主体因子得分上升趋势最稳定，呈现持续快速上升趋势，这与我国近九年经济发展迅速以及科技水平迅速提高有关，科技水平及经济水平的提高促进了赣南脐橙产业的高速发展，最大限度地促进赣南脐橙种植水平的提高，促使更多的市场主体加入到赣南脐橙产业链中谋求机会。其次，产业规模与产出效率因子呈先下降后上升的趋势，受黄龙病影响，2013—2016 年产业规模与产出效率因子得分逐年下降，2016 年以后，产业规模与产出效率因子得分逐年提高，这源于赣州市政府高度重视、积极引导黄龙病防治工作，大力支持果农继续种植脐橙。再次，生产要素投入因子得分呈现先上升后下降再上升的趋势，其中 2016 年为得分最低点，2016 年以后呈现快速上升趋势，这与该因子是赣南脐橙产业必需的生产要素投入有关。最后，市场认可因子的得分变化趋势与生产要素投入因子相似，呈现先上升后下降再上升的趋势。这是因为两个因子密切相关，赣南脐橙产出的规模和产品的质量会影响市场的认可程度，而赣南脐橙产业规模与产出效率又与当时的市场环境及自然条件有关。

③赣南脐橙产业竞争力的提升主要来自发展基础与环境的改善、市场主体参与程度的加深。随着我国经济和科技发展水平的提高，赣南脐橙产业相关基础设施建设及生产力水平应继续提升，吸引力更多市场主体加入赣南脐橙产业，带动赣南脐橙产业集群总产值的增加。

赣南脐橙产业的生产规模以及生产效率能够显著影响赣南脐橙产业的竞争力，农用化肥施用量、农药施用量和农用塑料薄膜使用量都影响着赣南脐橙的产量和品质，在赣南脐橙产业链竞争力中起着基础性作用。未来应有序扩大赣南脐橙种植面积，注重控制化肥、农药和薄膜用量，适当增加赣南脐橙产量，着重提升赣南脐橙品质。

市场占有率和品牌价值是赣南脐橙产业市场竞争力指标，应加强市场宣传，拓展商务活动，进一步扩大市场占有率，提升品牌价值。地理标志在提升品牌价值的过程中有着重要的作用，但其在商务活动中的使用量明显不足，应进一步加强市场主体主动使用地理标志的意愿，提升产品附加值和地理标志价值。

3）本书首先对产业链的内涵、产业链类型、产业链指标评价体系、产业链发展的相关研究进行梳理与总结；其次，对赣南脐橙产业链发展情况进行分析；最后，运用专家调查法从完整性评价、协调性评价、产业韧性评价3方面共11个指标构建了赣南脐橙产业链成熟度评价指标体系，邀请7位院校科研院所、政府部门、脐橙类企业、产业链研究、营销管理等相关领域的专家学者进行了深入访谈，运用层次分析法对赣南脐橙产业链成熟度进行评价。得出以下结论：

①从赣南脐橙产业链成熟度评价结果来看，赣南脐橙产业链成熟度评价等次为"较成熟"，且评价为"一般成熟"的比重较高。总体而言，赣南脐橙产业还没有形成完整的产业链条，不能保证产业的上、中、下游的畅通，特别是产品种类、包装、印花、仓储能力、物流、销售等系列配套跟不上，在原料供应、研发设计、品牌营销等方面还很薄弱，产业链协调性和产业韧性不够，产业转型升级任重道远。

②在准则层层面，评价指标权重依次为完整性、协调性、产业韧性评价。可以看出，赣南脐橙产业链的产业完整性对产业链成熟度影响最大，产业链完整性是前提。

③在指标权重层面，从完整性评价指标来看，产品链比重最大，其次是技术链，物流链比重最小。可以看出，产品链和技术链占重要地位，产品链是赣南脐橙产业发展的基础，是赣南脐橙产业链的基础环节，技术链是企业核心竞争力的重要体现；物流链所占比重最低，说明物流行业准入门槛较低，对整个赣南脐橙产业链成熟度影响更小。从协调性评价指标来看，供应链指标权重最大，其次是信息链，最后是契约链。可以看出，供应链作为产业链各环节企业对赣南脐橙资源整合能力的具体指标，对赣南脐橙产业链协调性的影响最大，说明相关供应链平台的打造很重要。从产业韧性评价指标来看，能力链所占权重最高，说明企业的管理能力、技术能力、生产能力、抗风险能力等越强，赣南脐橙产业链韧性越强，赣南脐橙产业链成熟度越高；同时资金链占比排第二，说明企业的财务弹性、财务决策也非常重要，也需要在发展中给予一定的重视。

④赣南脐橙产业链完整性介于"成熟"与"较成熟"之间，仅有较低比例专家认为完整性较差。其中，需求链等次为"较成熟"，反映出脐橙产业原材料需求，顾客需求较大，具有一定的市场，也要有发展的潜力。产品链的评价等级为"较成熟"，产品种类有短板，主要体现为脐橙深加工不足，产品比较少。技术链等次为"较成熟"，这反映出赣南脐橙产业链企业研发设计能力不足，如研发机构少、研发人员不多、产品专利数少、产品种类、科技转化率低，大部分企业不愿意在

研发设计上投入过多资金。生产链等次为"较成熟"，说明当前赣南脐橙产业链企业中，主要以加工制造企业为主，智能制造、规模制造能力不足，大部分企业生产设备相对落后，企业以粗加工为主，无科技含量。物流链等次为"成熟"，说明赣南脐橙供应链对推动赣南脐橙产业物流发展，提高赣南脐橙产业链成熟度有促进作用；但也反映出赣南脐橙物流环节没有做大、做强，产业规模还没有形成。价值链等次为"较成熟"，反映出该赣州对脐橙的推广力度大，自主品牌数量可观、品牌价值和影响力不错、电商平台发挥一定作用。综上发现，赣南脐橙产业链中，需求链、技术链和生产链是短板，亟须补强。

⑤赣南脐橙产业链成熟度中协调性评价等次为"较成熟"，赣南脐橙产业链协调性整体性不强，产业链各环节企业对脐橙资源整合能力还有待提升。其中，供应链指标的评价等次为"较成熟"，具体反映为赣南脐橙供应链平台少，平台入驻企业少，平台运行效率不够高，平台在整合上、中、下游脐橙产业链企业方面要加强。信息链指标的评价等次为"较成熟"，体现出赣南脐橙产业链之间信息共享、信息沟通有待提升，要提高企业之间信息传递的速度，实现信息资源共享。契约链指标评价等次为"一般成熟"，说明当前赣南脐橙企业之间上、下游关联度不够，赣南脐橙产业集聚不够，产业链之间没有达成一致共识。

⑥赣南脐橙产业链成熟度中产业韧性评价等次为"较成熟"，赣南脐橙产业链产业韧性不够好，尤其是面对当前国外贸易保护主义抬头和严峻复杂的新型冠状病毒感染疫情形势，赣南脐橙产业防范和化解重大风险能力较差，企业"活"下来过苦日子的底子薄。

其中，能力链指标的评价等次为"较成熟"，反映出赣南脐橙在企业的管理能力、技术能力、生产能力、抗风险能力等方面的能力有待加强，急需加快产业转型升级步伐，实现企业的智能制造，积极推动节能工厂、数字车间、自动化改造，提升企业的综合能力。资金链指标的评价等级为"较成熟"，这反映出赣南脐橙产业链中的企业的财务决策能力、产权债务能力还有待提高，以提升资金链的稳定性。

4)本书对产业发展的就业增收效应相关文献进行了理论综述，基于这些理论基础，运用熵值法构建了赣南脐橙产业整体发展水平，探究其与农民就业增收效应的一元回归关系，在此基础上，进一步运用向量自回归（VAR）模型探究赣南脐橙产业链的种植环节、加工环节和服务环节与就业水平和农民收入之间的关系。

①运用熵值法选取市场主体数量、注册资金、家庭经营占个体比、农村合作社及有限公司占企业比、经营者年龄在 30~55 岁占比、单位产值产量、种植面积、品牌价值等拟合赣南脐橙产业整体发展水平，与就业人数进行一元回归分析，发现：赣南脐橙产业整体发展水平与就业人数之间存在着高度显著的线性关系，赣南脐橙发展水平每提升 1 个单位，就可以带来 2.228 个单位的就业人数增

加。可见当地赣南脐橙的发展对就业人数增加作用较明显。

②将赣南脐橙产业链的育苗、种植、农资、分选、加工、包装、销售、仓储、运输、旅游、设备制造11个环节归纳为种植环节、加工环节、服务环节，并基于三个环节的相关数据构建了种植水平、加工水平和服务水平，运用VAR模型探究赣南脐橙产业链上种植水平、加工水平、服务水平、就业人数之间的相互作用关系。经过平稳性检验、稳定性检验、协整检验、Granger因果检验、脉冲响应函数等一系列分析后发现：种植水平和加工水平的正向扰动冲击对就业水平的正向影响效果较为显著，且持续时间较长，而服务水平的正向扰动对就业水平产生负向影响。因此，为了提高就业水平，可以从种植水平和加工水平发力，具体的做法有扩大种植面积、加工产品多样化、市场多元化、加强技术和设备的研发投入等。而后，进一步进行方差分析，发现加工环节对就业水平的影响最大，应同时重点关注加工环节对就业人数的影响。

③运用熵值法选取市场主体数量、注册资金、家庭经营占个体比、农村合作社及有限公司占企业比、经营者年龄在30～55岁占比、单位产值产量、种植面积、品牌价值等拟合赣南脐橙产业整体发展水平，与农民收入进行一元回归分析，发现：赣南脐橙产业整体发展水平与农民收入之间存在着高度显著的线性关系，赣南脐橙发展水平每提升一个单位，就可以带来1.612个单位的农民收入增加，可见当地赣南脐橙的发展对收入增加作用较明显。

④将赣南脐橙产业链的育苗、种植、农资、分选、加工、包装、销售、仓储、运输、旅游、设备制造11个环节归纳为种植环节、加工环节、服务环节，并基于三个环节的相关数据构建了种植水平、加工水平和服务水平，运用VAR模型探究赣南脐橙产业链上种植水平、加工水平、服务水平、农民收入之间的相互作用关系。经过平稳性检验、稳定性检验、协整检验、Granger因果检验、脉冲响应函数等一系列分析后发现：种植水平和服务水平的正向扰动冲击对农民收入的正向影响效果较为显著，且持续时间较长，也就是说种植水平或服务水平的提升，可以带来农民可支配收入的增长。加工水平的正向扰动对农民收入产生负向影响，这也和实际情况相符合，加工产业对于农民来说门槛较高，其基础设备、技术、人员投入较高，在农民实现加工产业升级前期会对农民收入产生负向的影响作用，在中后期产生正向影响但不显著。而后，进一步进行方差分析，也发现前期可通过提高服务水平来提高收入水平，后期可通过提高种植水平来稳定收入水平。综上所述，提高农民收入可以从种植水平和服务水平发力。

5)本书对产业高质量发展的内涵、评价指标体系、模型方法进行了梳理与总结，并列举出部分农业高质量发展的指标体系，在此基础上，结合新发展理念以及赣南脐橙产业的实际发展情况，遵循科学性、全面性、可行性、客观性原则，从创新、协调、绿色、开放、共享五个方面共选取17个指标因子构建了赣南脐橙产业高质量发展评价指标体系，运用熵值法对 2013—2020 年赣南脐橙产业高质量发展整体水平和各子系统发展水平进行评价，并运用障碍度模型发现，明确制约赣南脐橙产业高质量发展障碍因子为单位面积农膜使用强度、企业与个体工商户之比、赣南脐橙产值增长率。得出以下结论：

①2013—2020 年，赣南脐橙产业高质量发展水平虽有小幅度波动，但整体呈现增长态势。2013—2014 年，受《国务院关于支持赣南等原中央苏区振兴发展的若干意见》等政策红利的影响，产业规模持续扩大，呈上升趋势；2015—2016 年，由于 2013 年受到黄龙病的影响，赣南脐橙产业高质量发展水平有所下降；2017—2020 年，开始回升，说明通过采取相应措施，赣南脐橙病害防治效果凸显，呈现稳步上升趋势，2020 年达到赣南脐橙产业高质量发展综合水平的峰值。由此可见，赣南脐橙产业高质量发展态势良好，主要得益于政府注重赣南脐橙产业高质量发展，出台了一系列政策，不断转变赣南脐橙发展方式、转化增长动力、优化产业结构、追求绿色可持续发展，统筹推进赣南脐橙产业现代化发展。

②截至 2020 年底，赣南脐橙产业高质量发展得分依次为绿色发展水平、创新发展水平、共享发展水平、协调发展水平、开放发展水平。从 5 个一级指标的增幅来看，排序依次是创新发展水平、共享发展水平、绿色发展水平、协调发展水平与开放发展水平。赣南脐橙产业高质量发展水平虽然整体提高，但是赣南脐橙产业高质量发展的五个方面各有差异，协调性不高，2013—2020 年，赣南脐橙产业高质量发展水平主要靠创新、共享和绿色拉动，协调和开放是赣南脐橙产业高质量发展的薄弱环节。

③2013—2020 年，赣南脐橙产业创新水平不断提高，呈平稳增长态势，其中，专利授权数量提升最快，家庭经营与农村合作社经营占比也得到快速发展，科技化市场主体占比和产业机械化程度呈现小幅上涨趋势。近 8 年来，赣南脐橙机械化运用程度不断提升，脐橙 App、无人机喷药作业、脐橙机器人、智能分拣技术、数字技术等被市场主体广泛运用，赣南脐橙相关创新成果不断涌现，新型农业经营主体引导的新业态新模式为赣南脐橙产业发展注入新动能。

协调发展水平一直在 0.0661 至 0.1259 之间波动，其中，赣南脐橙产值与农业增加值之比上升最快，赣南脐橙产值增长率也有小幅度提升，城乡协调水平有所改善，但企业与个体工商户之比存在下降趋势，赣南脐橙产业化规模经营还需进一步提升。赣州市城乡均衡发展趋势向好，赣南脐橙产业结构有所改善，市场主体发展失衡问题日益凸显。

绿色发展水平处于先下降后上升的态势，其中，单位面积农药施用强度下降最快，单位面积化农用化肥施用强度也呈现下降趋势，但单位面积农膜使用强度却有所上升。赣南脐橙产业在化肥农药污染防治方面进步显著，然而资源消耗高，农膜使用量上升问题仍不容忽视。

开放水平在 0.0201~0.0696 波动，其中，外来市场主体新增比呈波动上升态势，但整体来说，外来市场主体新增比相对于赣州本土市场主体，总量较小，赣南脐橙产业出口量占比处于波动下降趋势。2013 年以来，赣南脐橙外来市场主体新增比有所提升，国际化开放仍需加强。

共享水平总体呈上升趋势，农村居民人均可支配收入逐年上升，城乡居民人均可支配收入比也呈现逐年下降的趋势，赣南脐橙带动就业人数较 2013 年有所增长，但较 2019 年有所下降，农村居民恩格尔系数处于下降态势，但较 2019 年有所上升。赣南脐橙自 2013 年以来对赣州农民就业增收效果显著，不愧为"兴农果""富民果"，但也应注意建立农民持续增收长效机制，让赣南脐橙对农民产生长期可持续发展的就业增收效益。

④根据障碍度模型对影响赣南脐橙产业高质量发展的一级指标障碍因子和二级指标障碍因子进行深入分析，认为 2013—2020 年，创新因素、协调因素、绿色因素、开放因素和共享因素对赣南脐橙产业高质量发展的障碍度作用强度呈现不同态势。创新发展层障碍度表现为逐年下降；协调发展层障碍度呈现先下降后稳步上升的趋势；绿色发展层障碍度呈波动上升后下降的趋势，但始终处于较高水平；开放发展层障碍度呈现先下降后波动上升的趋势，但始终处于较低水平；共享发展层障碍度表现为先下降后上升。总体来看，现阶段赣南脐橙产业高质量发展水平的障碍因子主要集中在绿色维度和协调维度。因此现阶段应更加关注赣南脐橙产业生态环境保护与治理和产业协调发展。

统计 2013—2020 年二级指标层主要障碍因子变动情况，发现：随着新发展理念在赣南脐橙产业中的贯彻执行与外界变化的动态变化，影响赣南脐橙产业高质量发展的障碍因素有向绿色维度中的单位面积农膜使用强度，协调维度中的企业与个体工商户之比和赣南脐橙产业增长率，共享维度中的农村居民恩格尔系数、赣南脐橙产业就业人数，开放维度中的出口量占比逐渐转移的变化趋势。

二、政策建议

当前赣南脐橙产业总体发展态势良好，但存在不少问题：①脐橙产业标准化、规模化水平不高；②脐橙产品精深加工不足，加工产品附加值不高；③脐橙产业整体研发创新能力提升缓慢，技术服务体系不完善；④脐橙产业链各环节协调水平低，信息沟通与共享水平低；⑤脐橙产业韧性不强，风险防范意识不足，抗风险能力弱；⑥脐橙产品海外市场占有率低，出口量呈现下降态势；⑦脐橙产业从业人员结构失衡，缺乏专业技术人才；⑧脐橙产业发展过程产生的环境污染问题有待解决；⑨赣南脐橙地理标志使用率不高。为促进赣南脐橙产业高质量发展，针对以上分析得出的结论，从赣南脐橙市场主体层面、赣南脐橙产业层面、政府层面三个层面提出以下具体建议。

（一）政府层面相关建议

从政府层面提出的相关建议主要是围绕保障赣南脐橙产业健康、高质量发展进行展开，政府层面的相关建议主要有以下3条：

①进一步扩大政策扶持范围并完善技术服务体系。经过半个多世纪的发展，赣南脐橙产业发展迅速，已经进入了一个新的发展历史阶段，面对新时代我国农业供给侧结构性改革以及脐橙产业新挑战，增强赣南脐橙产业竞争力对赣州市政府出台的产业扶持政策提出了更高的要求：a. 在赣南脐橙种植、加工、销售等全产业链上制定相应的扶持政策，积极拓宽产业发展的资金来源渠道，积极引导民间资本、外资对赣南脐橙产业资金的注入，进一步促进赣南脐橙产业的发展，如加大对赣南脐橙产业发展的财政投入，加大果业金融支持力度，赣州市财政可设立果业高质量发展专项资金，建立健全风险保障机制。b. 进一步推进赣南脐橙产业数字化建设，推动完善技术服务体系，制定相关扶持政策。c. 细化赣南脐橙产业相关政策支持，优化赣南地区营商环境，如在人才培养、金融保险、市场管理等方面制定扶持政策。d. 加快建立健全赣南脐橙产业发展法律法规，如制定赣南脐橙产业保护的相关法规，明确赣南脐橙从苗木到果品生产、采后处理与加工、果品营销、服务保障、监督管理、法律责任等，为赣南脐橙产业高质量发展提供保障。

②加快基础设施建设。一方面，围绕赣南脐橙规模基地配套完善种植基地的水、电、路、育苗大棚、病虫灾害防控等基础设施，以推动赣南脐橙标准化生产，加快提升赣南脐橙的种植水平以及抵御自然灾害和市场风险的能力，如倾斜和保障赣南脐橙市场、果品贮藏加工等项目所需建设用地，加大脐橙产业用地、用电、用水以及道路基础设施建设等优惠政策扶持，降低果业经营主体的要素投入成本。另一方面，围绕信丰、安远、寻乌等赣南脐橙重要产地，加快建设赣南脐橙的产地市场和销售网络体系，进而提高赣南脐橙的市场竞争力。

③加强组织领导，优化政府服务流程，严格落实各政府单位责任，强化督查考核。继续精简多部门、多层级实施的重复审批流程，坚持一类事项原则上由一个部门统筹、一件事情原则上由一个部门负责，避免多头管理，严防变相审批，提高政府办事效率。加快建立健全赣南脐橙产业链链长责任制，强化单位责任落实监督，如把脐橙产业发展情况纳入县（市、区）高质量发展综合考评的重要内容，采取日常调度、专项督查、综合考核等方式，落实对各地果业高质量发展的督查考核。

（二）赣南脐橙产业层面相关建议

从赣南脐橙产业层面提出的相关建议主要为了帮助解决赣南脐橙产业发展面临的诸多问题，促进赣南脐橙产业高质量发展，赣南脐橙产业层面相关建议主要有以下5条：

1）优化产业链结构，提升产业链价值，聚焦产业链薄弱环节，精准补链、延链、强链，加强产业链各个环节的联系沟通，寻求产业发展新模式，形成增长新动力。

①从种植环节发力，提高脐橙种植面积与脐橙种植水平，推进赣南脐橙标准化生产和规模化种植。一方面，赣州市政府要按照"因地制宜、发挥优势"原则做好赣州市赣南脐橙产业规划，确定不同区域赣南脐橙的优生区和适生区，要加快淘汰赣南脐橙非适生区，避免盲目种植影响赣南脐橙品质。另一方面，赣州市政府要鼓励支持有条件的赣南脐橙市场主体扩大种植面积，并加大技术和设备的研发投入、人员投入以提高种植水平，降低种植成本。具体可从以下4个方面实施：

a.加快新品种培育。赣南脐橙目前主要品种为纽荷尔脐橙，深受消费者喜爱，但黄龙病一直是阻碍赣南脐橙产业发展壮大的重要因素。因此，应加强赣南脐橙的育种工作，加大柑橘品种单株选优力度，实行新品种选育奖励和品种权属保护制度，强化品种储备，培育出更加优质、高产、抗病虫害的新品种。在优化赣南脐橙品种的同时，可根据市场需求和赣南地区生产条件引进新品种进行多样化种植。

b.加强赣南脐橙苗木体系建设，全面推进赣南脐橙标准化和生态化建设。一方面，要加快建立健全赣南脐橙品种和苗木保障体系，夯实高品质栽培的种苗基础，如实施"沃土工程"、建设南方野生水果(柑橘)种质资源库、加强苗木定点繁育管理等。另一方面，要推进赣南脐橙标准化生产，以降低自然风险和市场风险，提高农户收益，如严格落实《赣南脐橙标准化果园认定办法》《赣南脐橙高品质栽培基地认定办法》；加快推进以村、乡(镇)为区域单元的"一村一品"示范村镇、农业产业强镇和以县(市、区)为区域单元的现代农业示范园区、农业标准化示范区建设；加快制定赣南脐橙富硒示范基地认定和管理办法，建成并认定一批富硒脐橙示范基地；持续推动全市域创建全国绿色有机农产品基地试点区、国家现代农业产业园、优势特色产业集群、国家农业高新技术示范区、全国绿色食品原料标准化生产基地等。

c.加强农业投入品监管，提高赣南脐橙产业发展过程中的环境污染治理意识。加强农业投入品流通市场监管，加强流通市场主体诚信建设，推行农药、肥料购买实名制、定额制管理，落实农药安全间隔期规定。提高种植主体对由农业投入品造成的环境污染问题的重视，落实种植主体责任，实行投入品建档管理，把投入品建档管理情况作为各类认证和创建的重要内容，实行挂钩联动。深入实施"药肥双减"，加强农业投入品包装废弃物回收及无害化处理管控。开展违禁投入品专项整治，严厉打击销售假劣农资及违法使用禁限用药物行为。

d. 持续防控黄龙病，加快完善监测预警体系。要切实做好柑橘黄龙病、柑橘木虱等危险性病虫害预测预报工作，发挥综合防控示范基地示范引领作用。如推广无人机飞防，完善统防统治、联防联控机制，协调应用生物和物理防治、科学精准用药等绿色防控技术，把柑橘黄龙病严格控制在低流行状态，确保产业发展安全。

②从加工环节发力，提高脐橙加工水平，补齐精深加工短板，提升赣南脐橙产品附加值。赣南脐橙市要做大、做强，不能只靠时令水果的销售，还要加强综合利用方式的开拓，瞄准赣南脐橙深加工产业，发展脐橙酥、脐橙糕、脐橙酒、脐橙精油、脐橙果汁等脐橙深加工产品，提升果品附加值，丰富市场供给，提升赣南脐橙产业化的整体水平。适应产业规模和市场发展需求，积极引进精深加工企业。支持果业企业与科研院所联合开发脐橙精深加工产品，延长赣南脐橙产业链，完善脐橙供应链，提升脐橙产品价值链。

③从服务环节发力，提高服务水平。大力推动赣南脐橙产业延链、补链、强链，建设脐橙农家乐、产学研等服务项目等，拓展"脐橙+旅游""脐橙+康养""脐橙+文化"等新业态。推动赣南脐橙市场主体与电子商务的融合，培养脐橙产业专业电子商务人才，完善脐橙运输配送体系，提高脐橙仓储管理水平，提高脐橙售后服务保障等。

2) 加快赣南脐橙产业转型升级进度，建设赣南脐橙优质产品供应链，积极打造世界最大优质脐橙产业基地。

①加强赣南脐橙产业数字平台建设，加快实现赣南脐橙产业生产、运输、销售全链条数字化升级。一方面，要转变转型升级观念，脐橙产品开发和管理两手抓，从注重脐橙数量转向注重脐橙的质量和效益，从抓单一种植业转向抓关联配套脐橙产业和脐橙产业集群，大力引进果品精深加工企业，提升果品采后商品化处理能力，大力推广内部品质无损检测技术，建设赣南脐橙优质产品供应链。另一方面，赣南脐橙生产经营企业可在生产环节发力，如基于云计算和大数据技术打造新一代的ERP（企业资源计划）系统，以支撑脐橙相关企业加快开发脐橙相关应用，推动赣南脐橙产业生产环节创新；加快构建脐橙产业数字平台基础，如江西裕丰智能农业科技科技有限公司致力于智慧农业物联网、农业环节检测、物联网平台建设等领域，已形成果园数据统计平台、果园智能监控系统、农产品原产地保护平台等产品，为现代农业提供全程、智能、精准和高效的农事管理服务。

②要积极对接数字乡村建设战略，拓展建设赣南脐橙大数据中心，试点建设

一批智慧果园应用示范基地，促进果园生产管理的数字化、信息化、智能化。要加快赣南脐橙种植、生产、销售及管理环节的数字化转型升级，借鉴国内首个高端葡萄酒区块链溯源平台，建立赣南脐橙区块链溯源平台，打造世界最大优质脐橙产业基地。

3）坚持创新驱动赣南脐橙产业发展战略，加大科技投入，提升创新能力。

①加大科技投入，坚持创新驱动发展。要依托华中农业大学、赣南师范大学脐橙学院、中国农业科学院柑橘研究所、赣州市柑桔科学研究所等科研院所的技术优势，加大人才引进力度，如聘请国内一流专家组成产业专家顾问团，对赣南脐橙产业发展进行深入研究，并加快建立一支覆盖赣南脐橙产区的技术推广服务队伍，为赣南脐橙产业发展提供强有力的技术支撑。

②借助赣南苏区高质量发展院士专家战略咨询委员会平台，发挥好由院士专家与本土专家、企业家组成的咨询组作用，为赣南脐橙产业科技创新及时问诊把脉。加强与相关高等院校、科研院所及国家现代农业（柑橘）产业技术体系的战略合作，整合国家脐橙工程技术研究中心、市柑桔科学研究所、相关企业等科研力量和平台，围绕脐橙产业高质量发展的重要环节、重点任务、重大装备和关键技术开展协同攻关。

③加强新技术的研发示范与集成推广，推动新技术、新成果、新品种转化落地，全面提升赣南脐橙产业科技创新能力。具体表现在，进一步完善脐橙果园作业机械化技术体系，加快建设并加快推广脐橙示范园，不断壮大基层果业技术服务队伍，向果农推广各类先进科学的种植技术，加强果农间的种植交流。

4）建立赣南脐橙产业风险防控和保障机制.

建议由政府牵头，通过地方政府和市场杠杆作用建立赣南脐橙产业保险和赣南脐橙产业风险基金，在市场波动的情况下对赣南脐橙中小企业和果农实行保护性价格补贴。加大果业金融支持力度，用好财政惠农信贷通、农业产业振兴信贷通、脐橙贷等产品，积极为脐橙产业提供信贷支持。积极探索推进从苗木到果品的脐橙产业保险，不断扩大保险范围，建立健全风险保障机制。

5）加强赣南脐橙品牌管理，加快赣南品牌建设，全面提升赣南脐橙品牌影响力，积极开拓海外市场。

①建立健全赣南脐橙品牌保护机制，加大赣南脐橙品牌保护力度。要充分发挥赣州市各级市场监督管理局、果业局、公安局、农业农村局等部门的职能作用，积极开展赣南脐橙品牌保护专项行动，加大赣南脐橙品牌"打假"力度，及时查处假冒、以次充好等侵害赣南脐橙地理标志的违法违规行为。强化消费者维权意识，设立维权通道，如举报投诉电话。

②加快塑造赣南脐橙高品质品牌形象，完善并推广应用赣南脐橙品质品牌溯源系统。强化赣州市市场监督管理局知识产权局对赣南脐橙品牌的授权管理，严

格专用标志许可使用。对赣南脐橙加强赣南脐橙优质产品形象标识赋码认证、溯源管理，形成"区域品牌+企业品牌"融合发展良性格局。支持与肯定赣州市赣南脐橙协会在赣南脐橙品牌建设、维护等方面所做的相关工作，帮助提高赣州市赣南脐橙协会知名度，打造赣南脐橙品牌维护先锋队。

③加大品牌宣传力度，打造赣南脐橙知名品牌。一方面，要加强赣南脐橙种质创新及新品种选育，打造赣南地区特有的赣南脐橙品种。另一方面，要结合赣南当地特色与优势，充分梳理挖掘赣南脐橙产业发展五十余年历史，挖掘脐橙产品中的人文要素，丰富赣南脐橙品牌文化内涵，编撰《赣南脐橙志》，讲好赣南脐橙故事，利用国家地理标志保护产品的优势加大对赣南脐橙的宣传力度。要坚持办好赣南脐橙节会、组织承办中国柑橘学会年会等活动，打造全国水果品牌行业标杆，全面提升赣南脐橙影响力。

④积极开拓海外市场，提高对外出口量。当前，赣南脐橙在国内的市场占有率相对于其他脐橙品种是最高的，但海外市场占有率仍是赣南脐橙销售市场的一大硬伤。为提高海外市场占有率，应加大赣南脐橙品牌对外宣传力度，积极开拓海外市场种植基地、销售渠道等，让赣南脐橙走出国门，享誉海外。

（三）赣南脐橙市场主体层面相关建议

从赣南脐橙市场主体层面提出的相关建议，主要为了帮助解决赣南脐橙市场主体发展面临的诸多问题，促进赣南脐橙市场主体健康发展。赣南脐橙市场主体层面相关建议主要有以下5条。

1.明确多元主体职责，激发共创积极性

①企业作为赣南脐橙产业高质量发展的关键主体，要积极承担引导产业高质量发展方向的职责，以自身的行业影响力带动更多农户与合作企业等参与到信息与资源共享环节，与政府、行业协会携手完善有关脐橙产业发展与行业建设重点内容，不断强化产业整体的高质量发展能力，推动产业多主体共同发展。

②坚持兴农与富民并重，脐橙产业建设发展与农民增收双赢的发展思路。要立足于农民利益，牢固树立以民为本、农户为主的发展理念，以富民目标为前进动力，充分利用赣南山地资源，调动千家万户的积极性。通过发展果业，有效促进宜果山地的水土保持，形成了推动产业稳固发展的内生动力。农户作为脐橙生产的直接主体，不仅要维持现有的生产能力，积极提供土地和劳动力等生产要素，更要通过参与学习获得更多专业性技能，提高自身种植脐橙的能力，保证赣南脐橙的生产质量和果品品质；参与企业的生产加工等环节的农户，要规范自身行为，接受企业的技术指导，合理安排脐橙种植与生产，定期向企业进行生产情

况反馈。此外,还可利用自身的社交网络进行赣南脐橙品牌与企业产品文化的展示,提高企业与品牌的影响力。

③政府作为脐橙产业高质量发展的帮扶力量,能够在资金扶持与市场对接等方面创造便利。要发挥政府与行业协会的力量,完善落实有关帮扶政策,完善激励方式。积极为脐橙市场主体提供营销与宣传机会,推动赣南脐橙产品与品牌"走出去";扶持本地企业成长的同时,也可以投资引进一批大型优势企业,为赣州脐橙市场主体创造良好的发展环境,号召和吸引更多主体积极投入脐橙高质量发展活动,在社会形成高质量发展的良好氛围。坚持将果业发展列入市委、市政府的总体工作部署,并将其列入农业的第一大产业进行考核监督,强力推进产业发展。

2. 加强赣南脐橙市场主体规范化管理

提高对脐橙市场主体发展的关注,加强市场监督管理局数据库管理。根据市场监督管理局数据库中市场主体的注册登记数据,及时掌握赣南脐橙市场主体的发展情况,并根据不同市场主体特点实施相应的政策支持,帮助提高市场主体存续时长。加强脐橙市场规范管理,加大对经营者的合法权益的保护力度。维持市场经营秩序,严抓严打伪劣商标等行为,保障赣南脐橙市场主体健康发展。

3. 加大开放合作力度,推进"赣南脐橙"品牌建设

①加大对外开放力度,为投资者建立一个良好的市场环境。推进赣南脐橙国际性技术支撑平台建设,建立脐橙产业标准化体系,加快连通赣南脐橙市场主体与世界各地客商,在满足国内脐橙市场需求的同时,将赣南脐橙远销国外,将赣南脐橙市场推向国际化发展道路。同时鼓励支持本土赣南脐橙企业和个体工商户走出去,鼓励支持本土以外的市场主体走进来。优化本土城市营商环境,强化与赣南脐橙产业发展相关的基础设施建设水平。

②赣南脐橙想要走出去,必须要充分把握赣州"世界橙乡"的优势,加强"赣南脐橙"品牌建设。"赣南脐橙"品牌的建设应做到政府监督、企业主导、果农参与,建设好赣南脐橙行业协会,明确好"赣南脐橙"品牌所有权,并由行业协会实行对品牌的管理与维护。

4. 加快人才引进与培养,强化队伍建设

①加大扶持力度,吸引更多年轻力量。根据前文对赣南脐橙市场主体生存的分析结果,经营者进入市场时年龄在30~55岁的市场主体呈现出更持续的经营时长,政府部门应加大扶持力度以解决资金问题,为留住青年力量创造更好的物质基础和人文环境,吸引更多的年轻力量返乡,共同促进赣南脐橙产业市场主体高

质量发展。

②加强高科技人才的引进和培育。赣南脐橙产业市场主体的高质量发展，离不开科技创新的支撑，高科技人才的引进与培育至关重要。赣南政府应贯彻落实《赣南脐橙产业高质量发展行动计划（2021—2025年）》中的人才保障机制，制定高科技型人才的引进计划，积极引进专业专家。完善基层人员建设，为种植基层工作人员开展技术指导，为有问题的果农及果业公司实打实地解决难题。

5. 构建社会服务化体系，推进各市场主体协同发展

①引导扶持发展一批社会化服务组织。制定专项扶持政策，支持现有龙头企业充分发挥自身优势，向前端提供农资、生产托管以及向后端提供加工、营销、物流、信息等社会化有偿服务。积极培育适应现代果业发展需要的各类专业化、社会化服务组织，提供病虫统防统治、分选仓储、物流配送等服务。支持果业专业乡镇、村依托现有企业、合作社规范建设一批果业服务站。加大对基层市场主体的指导扶持力度，推进各市场主体协同发展。

②强化科技协同。加强相关科研高等院校、科研院所及国家现代柑橘产业技术体系之间的战略合作，整合国家脐橙工程技术研究中心、市柑桔科学研究所、相关企业等科研力量和平台，围绕赣南脐橙产业高质量发展的关键技术开展合作，推动新技术、新成果、新品种转化落地，全面提升赣南脐橙产业科技创新能力。

三、展望

在新时代中国特色社会主义的时代背景下，我们面临着发展机遇与风险挑战并存的局面。我们要严格落实习近平总书记在江西和赣州视察期间关于"坚持绿色发展"的重要要求，坚持以品种和苗木保障体系、人才和技术支撑体系、品质和品牌提升工程、全产业链社会化服务体系"四根柱子"为支撑，加快建设赣南脐橙优质产品供应链，打造世界级优质脐橙产业基地，统筹推进赣南脐橙产业高质量发展。我们要严格落实《赣南脐橙产业高质量发展行动计划（2021—2025年）》，到2025年，目标全市以脐橙为主的柑橘种植面积能达260万亩，其中脐橙200万亩；全市的柑橘黄龙病平均病株率控制在2%以下；标准化果园覆盖率能够超过85%，高品质栽培取得明显成效，优质果品率稳步提高；市级以上农业产业化（果业）龙头企业超过100家，脐橙产业链更加完善；赣南脐橙品牌价值位居全国地理标志产品价值榜前列；科技创新能力、市场竞争力和品牌影响力显著提升。

参考文献

[1] 张军扩,侯永志,刘培林,等. 高质量发展的目标要求和战略路径[J]. 管理世界, 2019, 35(7): 1-7.

[2] 孙祁祥,周新发. 科技创新与经济高质量发展[J]. 北京大学学报(哲学社会科学版), 2020, 57(3): 140-149.

[3] 王一鸣. 推动经济高质量发展要坚持问题导向[J]. 智慧中国, 2018(9): 32-34.

[4] 袁晓玲,李彩娟,李朝鹏. 中国经济高质量发展研究现状、困惑与展望[J]. 西安交通大学学报(社会科学版), 2019(6): 30-38.

[5] 丁任重,李标. 供给侧结构性改革的马克思主义政治经济学分析[J]. 中国经济问题, 2017(1): 3-10.

[6] 王锋,王瑞琦. 中国经济高质量发展研究进展[J]. 当代经济管理, 2021, 43(2): 1-10.

[7] 金碚. 关于"高质量发展"的经济学研究[J]. 中国工业经济, 2018(4): 5-18.

[8] 张涛. 高质量发展的理论阐释及测度方法研究[J]. 数量经济技术经济研究, 2020, 37(5): 23-43.

[9] 梁丹,陈晨. 经济高质量发展的支撑体系构筑及着力点研究[J]. 学习论坛, 2019(6): 33-39.

[10] 李晓钟. 我国制造业高质量发展评价与区域差异比较研究[J]. 社会科学家, 2022, 304(8): 17-25.

[11] 鲁钊阳,杜雨潼. 数字经济赋能农业高质量发展的实证研究[J]. 中国流通经济, 2022, 36(11): 3-14.

[12] 崔宏桥,吴焕文,朱玉. 服务业高质量发展评价指标体系构建与实践[J]. 税务与经济, 2022, 240(1): 85-91.

[13] 雷戎. 新时代中国出版业高质量发展的内在逻辑、实践路径与现实要求[J]. 出版科学, 2022, 30(6): 62-69.

[14] 沈路,钱丽. 黄河流域高质量发展水平测度、空间关联及影响因素分析[J]. 统计与决策, 2022, 38(13): 26-30.

[15] 刘海霞, 任栋栋. 黄河流域生态保护与经济协调发展的现实之困及应对之策[J]. 生态经济, 2021, 37(7): 148-153.

[16] 王山, 刘文斐, 刘玉鑫. 长三角区域经济一体化水平测度及驱动机制——基于高质量发展视角[J]. 统计研究, 2022, 39(12): 104-122.

[17] 张中良, 牛木川. 长江、黄河流域高质量发展的测算与比较研究[J]. 生态经济, 2022, 38(2): 59-66+74.

[18] 贾洪文, 张伍涛, 盘业哲. 科技创新、产业结构升级与经济高质量发展[J]. 上海经济研究, 2021(5): 50-60.

[19] 王旭霞, 雷汉云, 王珊珊. 环境规制、技术创新与绿色经济高质量发展[J]. 统计与决策, 2022, 38(15): 118-122.

[20] 赵涛, 张智, 梁上坤. 数字经济、创业活跃度与高质量发展——来自中国城市的经验证据[J]. 管理世界, 2020, 36(10): 65-76.

[21] 李本庆, 岳宏志. 数字经济赋能农业高质量发展: 理论逻辑与实证检验[J]. 江西财经大学学报, 2022, 144(6): 95-107.

[22] 张爱民. 做强赣南脐橙产业的对策与建议[J]. 江西农业学报, 2006(6): 218-221.

[23] 刘金星, 周运锦. 对赣南脐橙品牌化经营若干问题的研究[J]. 企业经济, 2005(7): 136-137.

[24] 陈翔, 王兆锋, 杨庆勇, 等. 赣南脐橙产业发展中存在的问题及对策[J]. 安徽农业科学, 2007(15): 4475-4477.

[25] 邓海富. 关于赣南脐橙品牌化经营问题的思考[J]. 农民致富之友, 2018(20): 29.

[26] 杨慧, 刘德军. 地理标志品牌建设的困境及对策[J]. 企业经济, 2014, 407(7): 22-26.

[27] 方财源. 赣南脐橙产业发展现状与对策[J]. 中国果业信息, 2006(4): 13-14.

[28] 彭剑. 关于赣南脐橙品牌化经营问题的思考[J]. 特区经济, 2007, 222(7): 260-261.

[29] 钟雪莹, 母赛花. 提升赣南脐橙品牌价值的策略研究[J]. 安徽农学通报, 2022, 28(5): 73-74.

[30] 胡婷婷, 黄敬辉. 赣南脐橙品牌建设制约因素及对策[J]. 中国经贸导刊, 2011(20): 45-46.

[31] 朱捡发, 陈旭明. 赣南脐橙品牌化发展路径研究与对策[J]. 东方企业文化, 2020(S2): 15-16.

[32] 汪淑群, 谢培菡. 基于 SWOT 分析的赣南脐橙特色产业发展现状分析[J]. 当代农村财经, 2021(2): 8-12.

[33] 齐文娥, 欧阳曦, 周建军. 区域品牌成长路径及其机理——基于赣南脐橙的案例分析[J]. 中国流通经济, 2021, 35(12): 90-101.

[34] 匡兵, 杨晓伶, 陈根生. 赣南脐橙产业现状与发展趋势分析[J]. 农业工程技术(农产品加工业), 2010(3): 34-37.

[35] 马小焕, 赖九江. 赣南脐橙产业现状浅析及对策研究[J]. 现代园艺, 2021, 44(17): 49-51.

［36］ 袁水秀. 赣南脐橙产业转型升级之思考［J］. 现代园艺，2020，43（19）：82-83.

［37］ 何望，祁春节. 农业供给侧改革下赣南脐橙产业转型升级的财政支持研究［J］. 经济研究参考，2016（29）：83-86.

［38］ 舒畅. 赣南脐橙产业现代化的路径探究［J］. 北方经贸，2019（7）：132-133.

［39］ 陈亚艳，接云云，李越荣，等. 赣南脐橙品质与营销的制约因素及产业发展对策［J］. 贵州农业科学，2016，44（12）：153-157.

［40］ YAYAN C. Constraints of Quality and Marketing of Gannan Navel Orange and Measures for Industrial Development［J］. Asian Agricultural Research，2017（4）：20-25.

［41］ 卢占军，钟八莲，郭慧. 赣南脐橙产业可持续发展的探讨［J］. 企业经济，2015（4）：149-152.

［42］ 杨小东，蒋荣. 赣南脐橙产业高质量发展策略分析——基于 SWOT 分析法［J］. 赣南师范大学学报，2022，43（5）：118-122.

［43］ 马小焕. 赣南脐橙产业发展现状分析及展望［J］. 绿色科技，2015（11）：147-148.

［44］ 肖鸿勇，王树春，吴宝荣. 冰冻灾害对赣南脐橙产业发展影响的深层思考［J］. 中国南方果树，2009，38（1）：67-69.

［45］ 曾祥明. 赣南脐橙产业发展问题及对策探讨［J］. 内蒙古林业调查设计，2011，34（3）：96-97+6.

［46］ 谭巧巧，黄小兰，秦泰春，等. 赣南脐橙产业发展现状及黄龙病防控探讨［J］. 江西科学，2022，40（5）：841-847.

［47］ 陈标强. 赣南脐橙果品市场营销浅析［J］. 柑橘与亚热带果树信息，2001（9）：6-7.

［48］ 余承铨. 以主攻销售城市为主线，建立县级脐橙市场营销机制［J］. 现代园艺，2007（8）：4-6.

［49］ 曾学昆，孙苑，王雪梅. 赣南脐橙市场销售模式分析［J］. 老区建设，2007（12）：26-27.

［50］ 杨斌清，林璐. 赣南脐橙果汁产品的营销策略探析［J］. 吉林农业，2010（11）：240-241.

［51］ 林如丹，陈澜祯. 电子商务环境下赣南地区水果企业网络营销研究［J］. 中国商贸，2011（5）：95-96.

［52］ 汪子茵，余露. 电商模式下赣南脐橙的营销策略探究［J］. 内蒙古科技与经济，2019（8）：33-34.

［53］ 钟贞魁，刘忠仁. 赣南脐橙产业物联网服务新业态的研究［J］. 现代营销（下旬刊），2015（8）：79.

［54］ 肖锋，张帆. 果类农产品电子商务运营模式探讨——以赣南脐橙为例［J］. 中国果业信息，2016，33（6）：1-4.

［55］ 张小联. 电商模式下赣南脐橙经销企业网络营销渠道建设新途径［J］. 现代营销（下旬刊），2016（5）：170.

［56］ 英瑛，石梦婕，刘莹超，等. 互联网背景下赣南脐橙全网营销浅析［J］. 现代经济信息，2018（1）：333.

［57］ 唐剑鸿. 新媒体视域下赣南脐橙网络营销策略优化研究［J］. 食品研究与开发，2021，42

(8)：229-230.

[58] 陈亚艳，罗新祜. 赣南脐橙出口现状及竞争力影响因素[J]. 贵州农业科学，2015，43
(2)：217-222.

[59] 陈亚艳. 基于省际比较视角的赣南脐橙出口竞争力评价[J]. 贵州农业科学，2015，43
(11)：194-197+201.

[60] 邓淑华，黄小兵. 基于自由贸易理论的赣南脐橙出口研究[J]. 价格月刊，2017(1)：77-81.

[61] 赵婷，谢丽芬. "互联网+"背景下赣南脐橙出口贸易状况分析[J]. 乡村科技，2021，12
(31)：53-55.

[62] 李婷婷，曾嘉敏，向冰. 赣南脐橙出口的制约因素及应对措施[J]. 中国储运，2022(2)：
167-168.

[63] 吴利华，刘宾. 企业生存理论研究的文献综述与机理分析[J]. 科技进步与对策，2012，
29(1)：156-160.

[64] 王森薇，郝前进. 初始规模、生产率与企业生存发展——基于上海市规模以上工业企业
的实证研究[J]. 经济管理，2012，34(7)：144-153.

[65] 王峰. 企业规模、效益、年龄和企业生存：理论与再认识[J]. 未来与发展，2011，34
(7)：73-79.

[66] 戚建梅，洪俊杰，仪珊珊. 多产品出口对企业生存影响的微观数据分析[J]. 世界经济研
究，2017(2)：25-37+135.

[67] 鲍宗客. 创新行为与中国企业生存风险：一个经验研究[J]. 财贸经济，2016(2)：85-99+
113.

[68] 陈鸽林，夏洪胜. 基于生存分析模型的企业生存问题及其影响因素研究综论[J]. 江苏商
论，2013(3)：63-66+71.

[69] 逯宇铎，于娇，刘海洋. 出口行为对企业生存时间的强心剂效应研究——来自 1999—
2008 年中国企业面板数据的实证分析[J]. 经济理论与经济管理，2013(8)：60-71.

[70] 张先锋，刘婷婷，吴飞飞. 高行政层级城市能否延长企业存续期？[J]. 财贸研究，2020，
31(1)：34-47+57.

[71] 杜本峰. 事件史分析及其应用[M]. 北京：经济科学出版社，2008.

[72] 刘进，符正平，方轮. 制造业转型升级研究的知识图谱分析：热点、演化和前沿[J]. 科
技管理研究，2020，40(5)：121-129.

[73] 陈悦，陈超美，刘则渊，等. CiteSpace 知识图谱的方法论功能[J]. 科学学研究，2015，
33(2)：242-253.

[74] 卓攀，董洪清，朱欣民. 四川省水果产业竞争力分析及其发展趋势研究[J]. 中国果树，
2022(8)：68-74.

[75] 乔俊勇，崔茂森. 山东省蔬菜产业竞争力评价及时空演变研究[J]. 北方园艺，2022，507
(12)：138-146.

[76] 李媛媛，王鲁泉，张栋. 我国葡萄酒产业竞争力提升路径探析[J]. 中外葡萄与葡萄酒，
2022，243(3)：78-83.

[77] 张丽莹, 马永青, 任咏梅, 等. 河北省桃产业竞争力实证分析[J]. 北方园艺, 2022, 503(8): 129-138.

[78] 霍晴, 吴曼, 赵邦宏. 我国大葱产业竞争力分析与对策[J]. 中国蔬菜, 2022, 397(3): 1-8.

[79] 吴琳, 李珍. 基于钻石模型的河北省肉羊产业国内竞争力分析[J]. 黑龙江畜牧兽医, 2022, 640(4): 6-14.

[80] 吴孔明, 毛世平, 谢玲红, 等. 新阶段农业产业竞争力提升战略研究——基于产业安全视角[J]. 中国工程科学, 2022, 24(1): 83-92.

[81] 赖靖雯, 陈天宝, 杜兴端, 等. 基于比较优势的四川生猪产业竞争力研究[J]. 养猪, 2022, 185(6): 63-67.

[82] 于永霞, 毛洪斌, 聂良文, 等. 广西蚕桑产业竞争力分析及高质量发展战略研判[J]. 广西蚕业, 2022, 59(2): 31-42.

[83] 何书朋, 赵羡文, 崔友川, 等. 烟台地区主要水果产业竞争力及影响因素分析[J]. 农学学报, 2022, 12(7): 94-100.

[84] 黄京, 刘瑞涵. 基于钻石模型的中国甜玉米产业国际竞争力分析[J]. 农业展望, 2022, 18(3): 108-116.

[85] 陈雄, 李琴, 安海燕. 基于钻石模型的安龙县食用菌产业竞争力研究[J]. 高原农业, 2022, 6(3): 302-309.

[86] 刘晓雪, 曹付珍, 李凯, 等. 全球蔗糖产业竞争力比较及中国提升路径探讨——基于巴西、澳大利亚、泰国、印度的比较分析[J]. 价格理论与实践, 2021, 450(12): 12-17+138.

[87] 马晓萍, 王明利. 基于产业发展视角的中国蛋鸡产业竞争力及国际比较[J]. 农业经济与管理, 2021, 70(6): 94-106.

[88] 余红红, 韩长志, 李娅. 中国省域核桃产业竞争力评价[J]. 北方园艺, 2021, 489(18): 161-167.

[89] 黄京, 刘瑞涵, 焦玉英, 等. 北京市草莓产业竞争力分析[J]. 北方园艺, 2021, 488(17): 150-156.

[90] 高希龙, 陈晓东, 赵羡文, 等. 基于资源基础论视角的烟台市葡萄酒产业竞争力分析[J]. 中国酿造, 2021, 40(6): 212-216.

[91] 肖亮, 黄智良, 李泉河. 四川省生猪产业国内竞争力探析[J]. 全国流通经济, 2021, 2299(31): 127-129.

[92] 何佳俊, 范丹, 胡智勇. 基于钻石模型的四川省生猪产业竞争力评价分析[J]. 决策咨询, 2021, 63(3): 30-35+38.

[93] 黄茹琴, 蔡臣. 四川蚕桑产业竞争力分析及对策研究[J]. 四川农业科技, 2021, 404(5): 72-74.

[94] 弋凤蕊, 刘瑞涵, 李仁崑. 中国甘薯产业竞争力区域比较研究[J]. 农业展望, 2021, 17(7): 61-66.

[95] 许贤斌, 孙宇俊, 金玥, 等. 基于钻石模型的西藏茶产业竞争力分析[J]. 高原农业, 2021, 5(4): 426-431.

[96] 赵姜, 赵安平, 王晓东, 等. 北京市食用菌产业竞争力评价及比较优势分析[J]. 中国食用菌, 2020, 39(10): 132-139.

[97] 张捷华, 张毅. 云南省咖啡产业竞争力现状分析及提升对策探究[J]. 农村经济与科技, 2020, 31(3): 186-188.

[98] 周林荣, 关晓溪, 张新. 基于比较优势指数法的贵州省区域茶叶产业发展形势与竞争力分析[J]. 茶叶通讯, 2020, 47(1): 128-134.

[99] 韩振兴, 牛文静, 朱涛, 等. 江苏省草莓产业集中度和竞争力分析[J]. 中国蔬菜, 2020 (1): 68-75.

[100] 彭思云, 罗燚, 谢挺, 等. 遵义市辣椒产业竞争力"钻石模型"分析与建议[J]. 辣椒杂志, 2019(1): 31-36.

[101] 高冰, 李名威, 张璐. 供给侧结构性改革背景下的河北省玉米产业竞争力分析[J]. 安徽农业科学, 2019, 47(11): 221-224.

[102] 刘斐, 李顺国, 夏显力. 中国谷子产业竞争力综合评价研究[J]. 农业经济问题, 2019 (11): 60-71.

[103] 李亮, 孙慧英, 李敏生, 等. 山西苹果产业竞争力研究[J]. 果树资源学报, 2020, 1(6): 71-75.

[104] 冯丰寸, 石道金. 诸暨市国家现代农业产业园香榧特色产业竞争力分析[J]. 企业改革与管理, 2019, 364(23): 209-211.

[105] 金莹, 韩东钊. 中国枸杞五大主产区产业竞争力综合评价研究[J]. 林业经济问题, 2018, 38(3): 86-91+111.

[106] 龙蔚, 张德亮, 李淑萍, 等. 中国马铃薯产业竞争力实证分析[J]. 世界农业, 2018(8): 189-196.

[107] 吴晓婷, 杨锦秀. 四川苍溪猕猴桃产业竞争力评价及其影响因素[J]. 贵州农业科学, 2016, 44(1): 177-181.

[108] 石秋艳, 宁凌, 杜军. 广东省工厂化水产养殖业竞争力评价研究[J]. 科技管理研究, 2015, 35(2): 64-68.

[109] 张俊才, 李建贵. 阿克苏地区红枣产业竞争力提升研究[J]. 广东农业科学, 2015, 42 (16): 186-192.

[110] 赵浩宇, 王健力, 孟璐, 等. 基于钻石模型的枣庄石榴产业竞争力实证研究[J]. 山东农业科学, 2014, 46(8): 146-149.

[111] 任瑞玉, 何继红, 董孔军, 等. 甘肃省小杂粮产业竞争力分析及对策建议[J]. 中国农业资源与区划, 2014, 35(4): 141-144.

[112] 麻双双, 马文学. 大兴安岭蓝莓产业竞争力评价指标体系研究[J]. 安徽农业科学, 2013 (4): 1771-1772+1781.

[113] 阿布力孜·布力布力. 新疆核桃产业竞争力比较与分析[J]. 中国果业信息, 2012(4):

17-19.

[114] 管仕平. 基于钻石模型的广西桑蚕产业集群发展模式研究[J]. 安徽农业科学, 2010, 38 (2): 937-939.

[115] 熊伟, 吴雪梅, 吴正亮, 等. 我国柑桔产销形势分析及提升三峡库区柑桔产业竞争力对策建议[J]. 中国果业信息, 2009, 26(7): 4-8.

[116] 谢昌贵. 规避化解风险 提升南丰蜜桔产业竞争力[J]. 现代园艺, 2006(6): 25-26.

[117] 姚齐源, 宋伍生. 有计划商品经济的实现模式——区域市场[J]. 天府新论, 1985(3): 1-4+11.

[118] 李心芹, 李仕明, 兰永. 产业链结构类型研究[J]. 电子科技大学学报(社科版), 2004 (4): 60-63.

[119] 郁义鸿. 产业链类型与产业链效率基准[J]. 经济与管理研究, 2005(11): 25-30.

[120] 曹媛媛. 基于产业链和系统动力理论的现代服务业发展研究[J]. 理论探讨, 2013(4): 93-96.

[121] 张铁男, 罗晓梅. 产业链分析及其战略环节的确定研究[J]. 工业技术经济, 2005(6): 77-78.

[122] 张耀辉. 产业创新的理论探索: 高新技术产业发展规律研究[M]. 北京: 中国计划出版社, 2002.

[123] 蒋国俊, 蒋明新. 产业链理论及其稳定机制研究[J]. 重庆大学学报(社会科学版), 2004 (1): 36-38.

[124] 龚勤林. 产业链延伸的价格提升研究[J]. 价格理论与实践, 2004(3): 33-34.

[125] 赵绪福. 产业链视角下中国农业纺织原料发展研究[D]. 武汉: 华中农业大学, 2006.

[126] 卢明华, 李国平, 杨小兵. 从产业链角度论中国电子信息产业发展[J]. 中国科技论坛, 2004(4): 18-22.

[127] 潘成云. 解读产业价值链——兼析我国新兴产业价值链基本特征[J]. 当代财经, 2001 (9): 7-11+15.

[128] 刘大可. 产业链中企业与其供应商的权力关系分析[J]. 江苏社会科学, 2001(3): 10-13.

[129] 龚勤林. 产业链空间分布及其理论阐释[J]. 生产力研究, 2007(16): 106-107+114.

[130] 郁义鸿, 张华祥. 电力改革对产业链运营绩效的影响分析[J]. 财经问题研究, 2014(8): 26-32.

[131] 范晓屏, 刘志锋. 网络化——产业集群发挥效应的关键[J]. 特区经济, 2005, (12): 283-284.

[132] 都晓岩, 卢宁. 论提高我国渔业经济效益的途径——一种产业链视角下的分析[J]. 中国海洋大学学报(社会科学版), 2006(3): 10-14.

[133] 刘贵富, 赵英才. 产业链的分类研究[J]. 学术交流, 2006(8): 102-106.

[134] 贺正楚, 曹德, 潘红玉, 等. 全产业链发展状况的评价指标体系构建[J]. 统计与决策, 2020, 36(18): 163-166.

[135] 毛蕴诗, KORABAYEV RUSTEM, 韦振锋. 绿色全产业链评价指标体系构建与经验证据[J].

中山大学学报(社会科学版), 2020, 60(2): 185-195.

[136]朱晓琳, 沈鹿. 绿色产业链评价模型构建探索[J]. 经济研究导刊, 2014, 247(29): 64-65.

[137]万娟秀, 蒋建平, 管庆玲. 制造业产业链高质量发展评价指标体系构建初探[J]. 中国标准化, 2022, 612(15): 50-53+71.

[138]董丽. 建筑产业链成熟度测度及影响因素研究[D]. 北京: 北方工业大学, 2021.

[139]潘为华, 贺正楚, 潘红玉. 习近平关于产业链发展重要论述的理论内涵与实践价值[J]. 湖南科技大学学报(社会科学版), 2021, 24(4): 67-75.

[140]黄泰岩, 片飞. 习近平关于产业链供应链现代化理论的逻辑体系[J]. 经济学家, 2022, 281(5): 5-13.

[141]张亚东, 王雄英. 乡村振兴战略背景下劳动力就业效应——基于农业产业化发展[J]. 学海, 2020(6): 26-32.

[142]杨果, 郑强, 叶家柏. 我国农业的就业和碳排放双重效应研究[J]. 改革, 2019, 308(10): 130-140.

[143]李启平, 阳小红. 土地流转、创意农业发展与农村劳动力就业提升[J]. 湖南科技大学学报(社会科学版), 2017, 20(2): 94-99.

[144]晏小敏. 新型农业的就业效应分析: 基于地理标志视角[J]. 商业经济与管理, 2014, 277(11): 79-84.

[145]王宁西. 农业现代化的就业效应分析[J]. 兰州学刊, 2013, 243(12): 70-74.

[146]李启平. 大农业促进农村劳动力就业分析——基于政治经济学视角[J]. 湖南科技大学学报(社会科学版), 2011, 14(06): 81-85.

[147]成德宁. 经济结构调整与就业扩张的战略思考[J]. 生产力研究, 2001(5): 44-46.

[148]顾乃华. 发展第三产业解决就业问题探讨[J]. 岭南学刊, 2002(2): 59-62.

[149]王云平. 产业结构调整与升级: 解决就业问题的选择[J]. 当代财经, 2003(3): 117-120.

[150]梁向东, 殷允杰. 对我国产业结构变化之就业效应的分析[J]. 生产力研究, 2005(9): 169-171.

[151]蒲艳萍, 蒲勇健. 三次产业与中国就业: 增长趋势及国际比较[J]. 生产力研究, 2005(6): 184-186+222.

[152]周建安. 中国产业结构升级与就业问题的灰色关联分析[J]. 财经理论与实践, 2006(5): 94-98.

[153]张晓旭. 中国就业增长与产业结构变迁关系的考量[J]. 统计与决策, 2007(24): 90-93.

[154]王庆丰. 我国产业结构与就业结构整体协调性测度研究[J]. 科技管理研究, 2009, 29(11): 112-114.

[155]李丽莎. 从产业结构研究经济增长对就业的贡献——探析我国就业弹性偏低的原因[J]. 企业经济, 2010(12): 64-67.

[156]徐孝昶, 上官敬芝. 产业结构与就业结构相互关系的演变及影响机制分析——基于江苏省区域内部差异的研究[J]. 南京农业大学学报(社会科学版), 2011, 11(4): 53-59.

[157] 邹一南, 石腾超. 产业结构升级的就业效应分析[J]. 上海经济研究, 2012, 24(12): 3-13+53.

[158] 陶秋燕, 汪昕宇. 可持续发展框架下产业结构调整对就业结构的影响研究——以北京地区为例[J]. 中国人口·资源与环境, 2013, 23(S2): 421-426.

[159] 卫平, 任安然, 李健. 中国产业结构和就业结构的关系研究——基于协调性和冲击性视角分析[J]. 经济问题探索, 2015(11): 54-62.

[160] 徐顽强, 薛亦丹, 张红方. 我国产业结构与就业结构协同推进研究[J]. 武汉理工大学学报(社会科学版), 2016, 29(5): 869-874.

[161] 宋锦. 产业转型、就业结构调整与收入分配[J]. 经济与管理研究, 2018, 39(10): 45-56.

[162] 徐波, 汪波, 朱琳. 我国产业结构与就业结构演进及动态测度[J]. 统计与决策, 2019, 35(18): 121-125.

[163] 章丽萍, 蒋尧明. 基于三螺旋理论的产业结构与就业结构耦合效应研究——以江西为例[J]. 江西社会科学, 2022, 42(5): 65-79+206-207.

[164] 宋洪远. 让农民口袋鼓起来——当前农村经济形式与对策建议[J]. 中国改革, 2000(6): 40-41.

[165] 马九杰. 农业、农村产业结构调整与农民收入差距变化[J]. 改革, 2001(6): 92-101.

[166] 王克喜, 毛圆圆, 谭幸. 中国农业产业化水平及其对农民收入的贡献率[J]. 湖南农业大学学报(社会科学版), 2012, 13(3): 14-21.

[167] 殷凤, 陈宪. 中国收入分配差距与产业结构转型[J]. 上海大学学报(社会科学版), 2013, 30(4): 70-83.

[168] 陈娟, 李文辉. 基于产业结构调整的我国收入分配差距研究[J]. 财经问题研究, 2014(1): 48-52.

[169] 聂雷, 何如海, 徐晨. 安徽省农业产业结构调整对农民收入的影响分析[J]. 广东农业科学, 2012, 39(16): 224-227.

[170] 刘松颖. 农业产业结构调整对农民增收和节能降耗影响实证分析[J]. 商业时代, 2013(19): 113-116.

[171] 余家凤, 易发云, 孔令成. 农业结构调整与农民收入相互关系的实证研究[J]. 统计与决策, 2014(1): 149-151.

[172] 汤丹. 我国农业结构调整对农民收入影响的区域差异[J]. 经济问题探索, 2016(2): 180-184.

[173] 杨玲. 农业产业结构对农民收入影响的多元线性回归分析[J]. 统计与决策, 2017(17): 118-120.

[174] 王海平, 周江梅, 林国华, 等. 产业升级、农业结构调整与县域农民收入——基于福建省58个县域面板数据的研究[J]. 华东经济管理, 2019, 33(8): 23-28.

[175] 曹菲, 聂颖. 产业融合、农业产业结构升级与农民收入增长——基于海南省县域面板数据的经验分析[J]. 农业经济问题, 2021(8): 28-41.

[176] 张成龙. 特色农产品发展模式研究[J]. 商场现代化, 2012(27): 18-19.

[177]徐向暹,杨华."三农"政策促进农业产业发展 农民收入增加——以甘肃农业产业发展和农民收入变化为例[J].甘肃农业,2015(21):5-6+18.

[178]闫磊,刘震,朱文.农业产业化对农民收入的影响分析[J].农村经济,2016(2):72-76.

[179]沈琼.用发展新理念引领农业现代化:挑战、引领、重点与对策[J].江西财经大学学报,2016(3):81-90.

[180]夏春萍,王德强.江汉平原农业产业化经营的几种典型模式及其效应的比较分析[J].乡镇经济,2004(6):11-13.

[181]牛若峰.农业产业化的理论界定与政府角色[J].农业技术经济,1997(6):2-6.

[182]钟有糁.农业产业化对农民收入的影响分析[J].农家参谋,2019(1):30+64.

[183]王雨馨,朱坤林.全面建成小康社会背景下农民增收对策[J].乡村科技,2020,11(29):51-53.

[184]付争春.农业产业化经营对农民收入的影响研究[J].山西农经,2020(12):89-90.

[185]林珍铭,黄月玲,林明明,等.桂林市农业与旅游业互动关系与融合发展对策分析——基于VAR模型和Granger因果检验[J].桂林理工大学学报,2022,42(2):507-514.

[186]黄龙俊江,刘玲玉,肖慧,等.农业科技创新、农业技术效率与农业经济发展——基于向量自回归(VAR)模型的实证分析[J].科技管理研究,2021,41(12):107-113.

[187]刘广宇,黎斌林,李新然.云南省农旅融合发展实证分析与模式构建——基于VAR模型的检验[J].生态经济,2020,36(6):135-141.

[188]黄浩,石研研.我国农业生产性服务业与农业经济增长的实证研究——基于VAR模型的计量分析[J].中国农机化学报,2019,40(10):217-221+231.

[189]周奉,苏维词,郑群威.基于VAR模型的产业用水与经济增长动态关联性研究——以贵州省毕节市为例[J].水土保持通报,2018,38(6):283-292.

[190]刘成,周晓时,陈莎莎,等.湖北省农业结构调整对农民收入的效应分析[J].中国农业大学学报,2017,22(9):201-211.

[191]刘红利,高峰.城镇居民食物消费结构变动对农业的影响——基于VAR模型的实证检验[J].中国农业资源与区划,2016,37(1):99-105+130.

[192]马英杰,马珍珍,吴淑梅.山东省农业产业化与农民收入关系分析——基于协整检验和VAR模型的实证[J].商业经济研究,2015,672(17):143-145.

[193]李青,陈红梅,王雅鹏.基于面板VAR模型的新疆农业用水与农业经济增长的互动效应研究[J].资源科学,2014,36(8):1679-1685.

[194]朱智文,柳晨.甘肃省产业结构与经济增长研究——基于VAR模型的实证分析[J].开发研究,2012,162(5):26-29.

[195]涂圣伟.我国产业高质量发展面临的突出问题与实现路径[J].中国发展观察,2018(14):13-17.

[196]柳天恩,武义青.雄安新区产业高质量发展的内涵要求、重点难点与战略举措[J].西部论坛,2019,29(4):116-124.

[197]付晨玉,杨艳琳.中国工业化进程中的产业发展质量测度与评价[J].数量经济技术经济

研究，2020，37(3)：3-25.

[198] 李英杰，韩平. 数字经济下制造业高质量发展的机理和路径[J]. 宏观经济管理，2021
(5)：36-45.

[199] 余泳泽，段胜岚，林彬彬. 新发展格局下中国产业高质量发展：现实困境与政策导向
[J]. 宏观质量研究，2021，9(4)：78-98.

[200] 崔耕瑞. 数字金融与产业高质量发展[J]. 西南民族大学学报(人文社会科学版)，2022，
43(2)：136-144.

[201] 张志强，钟炜林. 高技术产业高质量发展效率测算及区域差异分析[J]. 统计与决策，
2021，37(8)：14-17.

[202] 李林山，赵宏波，郭付友，等. 黄河流域城市群产业高质量发展时空格局演变研究[J].
地理科学，2021，41(10)：1751-1762.

[203] 牟玲玲，王晨曦，王欣然. 科技创新、高等教育与制造业高质量发展耦合特征及机理探
究——以京津冀为例[J]. 管理现代化，2021，41(6)：23-27.

[204] 刘国新，王静，江露薇. 我国制造业高质量发展的理论机制及评价分析[J]. 管理现代
化，2020，40(3)：20-24.

[205] 苏永伟. 中部地区制造业高质量发展评价研究——基于 2007-2018 年的数据分析[J].
经济问题，2020(9)：85-91+117.

[206] 傅为忠，储刘平. 长三角一体化视角下制造业高质量发展评价研究——基于改进的
CRITIC-熵权法组合权重的 TOPSIS 评价模型[J]. 工业技术经济，2020，39(9)：145-152.

[207] 杨念，王蔚宇. 农业高质量发展评价指标体系构建与测度[J]. 统计与决策，2022，38
(19)：26-30.

[208] 黎新伍，徐书彬. 基于新发展理念的农业高质量发展水平测度及其空间分布特征研究
[J]. 江西财经大学学报，2020(6)：78-94.

[209] 于婷，于法稳. 基于熵权 TOPSIS 法的农业高质量发展评价及障碍因子诊断[J]. 云南社
会科学，2021(5)：76-83.

[210] 董艳敏，严奉宪. 中国农业高质量发展的时空特征与协调度[J]. 浙江农业学报，2021，
33(1)：170-182.

[211] 黄海燕，康露. 新时代体育产业高质量发展的理论逻辑与实施路径[J]. 体育科学，
2022，42(1)：15-34+58.

[212] 王晨曦，满江虹. 中国体育产业高质量发展评价指标体系的构建：基于动力变革、效率
变革、质量变革[J]. 首都体育学院学报，2020，32(3)：241-250.

[213] 王晨曦. 我国体育产业高质量发展的动力体系重塑及系统评价[J]. 山东体育学院学报，
2021，37(3)：71-82.

[214] 康露，黄海燕. 体育产业高质量发展指数测度与综合评价——以上海市为例[J]. 成都体
育学院学报，2022，48(1)：55-63.

[215] 喻蕾. 文化产业高质量发展：评价指标体系构建及其政策意义[J]. 经济地理，2021，41
(6)：147-153.

[216] 范建华,秦会朵. "十四五"我国文化产业高质量发展的战略定位与路径选择[J]. 云南师范大学学报(哲学社会科学版),2021,53(5):73-85.

[217] 袁渊,于凡. 文化产业高质量发展水平测度与评价[J]. 统计与决策,2020,36(21):62-66.

[218] 丁仕潮. 中国文化产业高质量发展的时空演化特征[J]. 统计与决策,2021,37(21):119-122.

[219] 魏和清,周庆岸,李颖. 文化产业高质量发展水平测度与障碍因素分析[J]. 统计与决策,2022,38(13):11-15.

[220] 辛岭,安晓宁. 我国农业高质量发展评价体系构建与测度分析[J]. 经济纵横,2019(5):109-118.

[221] 刘涛,李继霞,霍静娟. 中国农业高质量发展的时空格局与影响因素[J]. 干旱区资源与环境,2020,34(10):1-8.

[222] 刘忠宇,热孜燕·瓦卡斯. 中国农业高质量发展的地区差异及分布动态演进[J]. 数量经济技术经济研究,2021,38(6):28-44.

[223] 张建伟,曾志庆,李国栋. 中国农业经济高质量发展水平测度及其空间差异分析[J]. 世界农业,2022(10):98-110.

[224] 徐孝新,孙自敏,刘戒骄. 我国粮食主产区农业高质量发展的区域差异及收敛性分析[J]. 技术经济,2022,41(2):86-95.

[225] 牛惠,吴潇,程慧娴,等. 黄河下游沿黄地市农业高质量发展水平评价及比较研究[J]. 中国农业资源与区划,2022,43(10):19-29.

[226] 黄修杰,蔡勋,储霞玲,等. 我国农业高质量发展评价指标体系构建与评估[J]. 中国农业资源与区划,2020,41(4):124-133.

[227] 高雪,尹朝静. 新发展理念下的中国农业高质量发展水平测度与评价研究[J]. 中国农业资源与区划,2023,44(1):75-83.

[228] 徐呈呈,胡蔚,张晓妮. 西安市都市农业高质量发展评价及对策研究[J]. 中国农业资源与区,2022:1-13.

[229] 芮旸,杨华,杨坤. 陕西省黄河流域农业高质量发展的时空演化特征及影响机理[J]. 中国农业大学学报,2021,26(5):141-152.

[230] 高维龙. 农业服务化对粮食产业高质量发展的影响效应及作用机制[J]. 广东财经大学学报,2021,36(3):61-76.

[231] 赵敏,夏同水,马宗国. 黄河流域生态保护和农业产业高质量发展评价研究[J]. 长江流域资源与环境,2022,31(9):2096-2107.

[232] 苏卉,党楠. 我国出版产业高质量发展水平测度[J]. 统计与决策,2021,37(10):57-60.

[233] 孙晓,刘力钢,演克武,等. 旅游产业高质量发展水平测度和区域差异分析[J]. 统计与决策,2022,38(19):92-97.

[234] 李忠斌,骆熙. 特色村寨文化产业高质量发展评价体系研究[J]. 民族研究,2019(6):32-47+139-140.

[235] 高崇敏，黄杰，许忠裕，等. 广西乡村特色产业高质量发展评价指标体系构建[J]. 南方农业学报，2022，53(8)：2373-2382.

[236] 刘丽. 中国高技术产业高质量发展路径研究——以产业链为视角[J]. 技术经济与管理研究，2021(11)：25-29.

[237] 梁伟森，方伟. 粮食产业高质量发展评价及其影响因素——基于广东省的经验证据[J]. 江苏农业科学，2021，49(12)：215-221.

[238] 包国强，黄诚. 中国传媒产业高质量发展的评价指标体系及模型构建——基于AHP-熵权法[J]. 现代传播(中国传媒大学学报)，2021，43(4)：1-8.

[239] 黄英明，支大林. 南海地区海洋产业高质量发展研究——基于海陆经济一体化视角[J]. 当代经济研究，2018(9)：55-62.

[240] 李明文，王振华，张广胜. 农业服务业促进粮食高质量发展了吗——基于272个地级市面板数据的门槛回归分析[J]. 农业技术经济，2020(7)：4-16.

[241] 王瑞峰，李爽，王红蕾，等. 中国粮食产业高质量发展评价及实现路径[J]. 统计与决策，2020，36(14)：93-97.

图书在版编目（CIP）数据

赣南脐橙产业高质量发展研究／钟少君等著. —长
沙：中南大学出版社，2023.5
ISBN 978-7-5487-5337-7

Ⅰ．①赣… Ⅱ．①钟… Ⅲ．①橙－产业发展－研究－
赣南地区 Ⅳ．①F326.13

中国国家版本馆 CIP 数据核字（2023）第 072875 号

赣南脐橙产业高质量发展研究
GANNAN QICHENG CHANYE GAO ZHILIANG FAZHAN YANJIU

钟少君　许菱　吴梦琪　刘惠　著

□出 版 人	吴湘华	
□责任编辑	刘颖维	
□责任印制	唐　曦	
□出版发行	中南大学出版社	
	社址：长沙市麓山南路	邮编：410083
	发行科电话：0731-88876770	传真：0731-88710482
□印　　装	长沙印通印刷有限公司	

□开　　本	710 mm×1000 mm 1/16	□印张 12.5	□字数 251 千字
□版　　次	2023 年 5 月第 1 版	□印次 2023 年 5 月第 1 次印刷	
□书　　号	ISBN 978-7-5487-5337-7		
□定　　价	78.00 元		